아이 키우기 좋은 마을, 살기 좋은 당진

학교와 마을이 함께하는 당진 마을교육공동체

학교와 마을이 함께하는
당진
마을교육공동체

초판 1쇄 인쇄 2021년 3월 11일
초판 1쇄 발행 2021년 3월 21일

지은이 나당진
펴낸이 김승희
펴낸곳 도서출판 살림터

기획 정광일
편집 조현주
북디자인 꼬리별

인쇄·제본 (주)현문인쇄
종이 (주)명동지류

주소 서울시 양천구 목동동로 293, 22층 2215-1호
전화 02-3141-6553
팩스 02-3141-6555
출판등록 2008년 3월 18일 제313-1990-12호
이메일 gwang80@hanmail.net
블로그 http://blog.naver.com/dkffk1020

ISBN 979-11-5930-186-5 03370

*가격은 뒤표지에 있습니다.
*잘못된 책은 바꾸어 드립니다.

아이 키우기 좋은 마을, 살기 좋은 당진

학교와 마을이 함께하는 당진 마을교육공동체

나당진 지음

살림터

여는 글

경쟁과 선발에 치중해 왔던 한국형 공교육의 문제를 민·관·학의 협력과 연대로 해결할 수 있을까. 마을교육공동체 만들기가 사회적 운동으로 확산하고 있다. 당진은 행복교육지구 사업을 시작한 지 4년이 됐다. 초보적인 수준이지만, 근래에는 공교육 혁신과 함께 마을교육자치도 고민하고 있다. 학교에서 지역사회로, 행복교육지구 사업에서 마을교육공동체 운동으로 변이하는 양상을 보이고 있다. 행복교육지구 사업도, 마을교육공동체 운동도 결국은 지역교육의 도약과 지역사회의 발전을 위해 학교와 마을의 관계와 질서를 탈구성deconstruction하는 일이다.

충남에서는 당진이 먼저 시작했다. 그러나 타 시도에 비하면 후발 주자다. 그런 까닭에 참조할 만한 선행 사례가 아쉬울 때가 많았다. 우리는 포럼과 세미나로 의제를 공론화하고, 강좌와 탐방을 통해 외부 사례를 벤치마킹했다. 타 지구의 경험과 노하우를 지역의 상황과 실정에 맞게 따오기 위한 것이다. 그렇듯 키를 잡으려면 담론도 중요하지만, 손에 잡히는 사례도 필요하다. 특히 한국 사회의 풍토에서 성장한 사례들은 지역교육과 지역 사업의 설계에 도움이 된다. 물론 외부 사례를 자기화하려는 노력이 필요하다. 결국은 자기 버전을 만들어야 하니까.

혁신교육지구와 마을교육공동체를 다룬 담론들이 많이 출간되어 있다. 그러나 현장 사례를 만나기가 쉽지 않다. 사례가 없는 것은 아니나 기록의 생산과 유통이 부족하기 때문이다. 더 많은 실험과 도전이 필요하고, 현장 사례를 기록하는 작업이 중요하다. 그런 맥락에서 당진의 오늘을 기록한다. 변변한 사례는 없으나 4년간 적지 않은 일들을 진행했다. 당진행복교육지구 사업에 참여했거나 관련이 있는 교원, 시민, 관계자들이 참여했다. 모두 현장에서 활동하는 이들이다. 지역교육과 지역사회의 동반 성장을 고심하는 이들에게 얼마간 도움이 되지 않을까.

체계적인 기록은 아니다. 텍스트, 사진, 영상 등 다양한 방식의 기록이 가능할 것이다. 우리는 포토 에세이 형식을 취했다. 이를테면 포토 에세이 아카이빙archiving인 셈이다. 자유롭게 쓴 짧은 글들을 묶는다. 학술적인 연구나 기록에 비해 가볍게 읽을 수 있다. 사례를 충분히 보여 주기에는 한계가 있으나 당진의 오늘을 넘겨 보는 데에는 무리가 없을 것이다. 글에 사진을 곁들여 보는 재미를 추가했다. 문자로는 기록할 수 없는 '그 순간들'을 보여 주기 위한 것이다. 어떤 에세이는 사진에 글을 곁들였다고 해도 틀리지 않을 것이다. 글과 사진은 상보적으로 기능한다.

추가하자면, 각자의 포지션에서 n개의 시선으로 바라본 기록이다. 주연도, 조연도 없다. 시선이 다양하다는 점에서 척도화된 기록과는 무관하다는 것이다. 말하자면 대문자가 아닌 소문자 기록이다. 한 시기에 같은 지역에서 활동했지만, 누군가에 의해 편집된 기록과는 거리가 멀다는 것이다. 따로 또 같이 공조의 리듬을 만들어 가는 이들의 집합적인 기록이니까. 현장에서 활동하는 이들의 사고와 감각을 볼 수 있을 것이다. 닮은 점도 있고, 어긋나기도 한다. 그럼에도 협력과 연대로 학교와 마을 곳곳에 작은 순환계를 만들어 가는 모습을 확인할 수 있을 것이다.

행복교육지구 아카이빙이지만, 포지션을 넘나드는 글들이 더러 있다. 그럼에도 당진의 오늘을 기록하는 글들이라서 함께 묶었다. 그 경계를 넘나드는 횡단의 쾌감이 적지 않다. 그런 글이 적다는 점이 아쉬울 뿐이다. 우리가 도모했던 일들, 또 당진의 오늘을 한눈에 조망할 수 있는 조감도를 그려 내지는 못했다. 계획적으로 작업한 기록이 아니기 때문이다. 몇몇 사람들이 에세이로 기록해 보자고 제안했고, 하고 싶은 이들이 쓰고 싶은 만큼 참여했다. 사실에 초점을 두기보다는 각자의 생각과 의견에 비중을 두었다. 글과 시선의 개인 편차는 '있는 그대로' 두었다.

1부는 창의체험학교와 관련한 기록이다. 당진교육지원청은 창의체험학교 운영으로 학교현장의 마을기반 교육을 지원한다. 두 가지 방식으로 운영한다. 하나는 학생들이 마을로 찾아가 체험하는 방식, 다른 하나는 교육기부자들이 학교로 찾아가 교육 활동을 진행하는 방식이다. 김옥규 선생님의 마을 교과서 집필기와 마을교사들의 활동기가 인상적이다. '마을교사 김효실입니다'의 김효실 선생님은 다년간 마을교사로 활동한 분이다. 교육기부도 아끼지 않는다. "니들이 장맛을 알아?" 장영란 선생님이 유쾌하게 한마디 던진다. 당진 비너스의 탄생 스토리에 웃음이 난다.

2부는 진로체험학교와 관련한 기록이다. 당진은 마을 곳곳에 진로체험 교육장을 운영한다. 지역사회의 교육자원과 인프라를 활용하여 학생들에게 프로젝트 수준의 진로탐색 기회를 제공하는 방식이다. 도슨트, 미디어, 목공예, 마을 아카이브 등 사례를 몇 가지 소개한다. 김경민 선생님이 묻는다. "너는 뭐가 되고 싶니?" 아이들은 진로가 늘 고민이다.

'뭐 하지, 뭐 할까.' 지역에서 개인 사업장을 운영하는 분들이 그런 학생들의 진로탐색을 돕고 있다. 지역문화상품 개발 프로젝트는 특이한 사례다. 상품 개발에서 창업까지, 장영란 선생님의 도전에 박수를 보낸다.

3부에서는 학교현장에서 있었던 일들을 기록했다. 구자경 선생님은 학생들과 함께 영화로 학교와 마을을 기록하고 있다. 2019년 청소년창작영상제에서 우수상을, 2020 제3회 김포국제청소년영화제에서 평화 부문 최우수상을 수상했다. 안능수 선생님은 학생자치, 학생참여예산제를 주제로 공교육에 질문을 던진다. "학교에서 아니 뭘(animal)! 키운다고?" 동물농장 이야기가 재미있다. 상상나래캠프도 볼 만하다. 조한준 선생님의 활동과 김옥규 선생님의 후속 프로젝트가 인상적이다. 코로나19 확산으로, 김경민 선생님은 자녀들과 함께 온라인으로 행사에 참여했다.

4부는 마을학교와 마을축제 운영진들의 이야기다. 2019년부터 민간위탁으로 추진하는 사업이다. 당진어울림여성회, 행복배움터 두레, 전대마을학교, 꽃자리어린이책인문학회가 에세이 작업에 참여했다. '어울림여성회'와 '꽃자리'는 오랫동안 활동해 온 단체다. '행복배움터 두레'와 '전대마을학교'는 신생 단체임에도 놀랍게 성장했다. 이효남 선생님의 마을교사의 포지션에 대한 고민과 김동미 선생님의 활동도 인상적이다. 주민자치회가 운영하는 마을학교를 누락한 점이 아쉽다. 읍면동 교육거버넌스와 마을교육자치, 그 실험과 도전에 관한 기록은 후일을 기약한다.

5부에서는 학교와 마을 곳곳에서 일하는 이들을 소개한다. 마돈나, 비너스, 봉자경, 혁코 등 별명도 재미있다. 교육현장에서 가슴으로, 두 발로 활동하는 분들이다. 둥지가 없는 둥지! 뻐꾸기 둥지 위로 날아가는 이들이다. 당진에 좋은 분들이 많지만, 에세이로 다 불러내지 못했다. 계획적인 작업이 아니기 때문이다. 여기에 다 옮길 수도 없는 일이다. 후속 작업에서 만날 수 있길 바란다. 일하다 보면 즐거울 때도 있고, 지칠 때도 있다. 인간관계처럼 어려운 일이 있을까. 모든 고통은 관계에서 오는 거니까. 그럼에도 우리는 그 심연 속에서 춤출 수밖에 없다.

6부는 성장과 도약의 '끌개'에 관한 기록이다. 주체, 시스템, 공간 등이 그런 끌개attractor 구실을 한다. 우선 행복교육지구와 교육 거버넌스를 요약했다. 다양한 활동의 기반이 되는 시민학습모임도 소개했다. 현직 교원들의 마을교육연구회 활동을 다루지 못한 점이 못내 아쉽다. 전종혁 선생님이 소개하는 《아미》 기자단은 다양한 소통 채널로 행복교육지구 홍보를 넘어 당진교육 소식을 전하고 있다. 곽승근 교장 선생님의 문화예술교육에 관한 고민과 실천도 눈여겨볼 만하다. 이문희 선생님의 사진은 '그 순간들'의 감응을 잘 보여 준다. 몇몇 마을 공간도 에세이로 옮겼다. 초등돌봄센터, 지역 미술관, 동네 책방 등 모두 소중한 공간들이다.

여섯 분야로 나눴으나 분류의 경계가 뚜렷하지는 않다. 당진교육의 도약과 지역사회의 발전을 위해 활동했던 당사자들이 기록에 참여했다는 점에서 의미가 있다. 에세이를 쓰면서 생각과 의견을 많이 나눴다. 미처 보지 못했던, 잘 몰랐던 서로의 현장과 활동을 알게 됐다는 점이 중요하다. 작업 과정이 서로의 현장과 자신을 돌아보는 과정이었던 셈이다. 우리가 누군지, 무엇을 하고 있는지, 어디로 향하고 있는지 질문을 던지는 시간이었던 셈이다. 우리가 그랬던 것처럼 누군가 당진을 열어 보고, 지역교육과 지역 사업을 설계하는 데 참고할 수 있기를 바란다.

기록하지 못한 현장과 일들이 많다. 당진시 관계자들의 기록을 추가하지 못한 점이 아쉽다. 지자체와 교육지원청 담당자들이 2020년 2월부터 행복교육지원센터에서 함께 일하고 있다. 알다시피 올해는 코로나19 장기화로 사업과 활동에 제약이 많았다. 2021년의 상황도 크게 달라질 것 같지는 않다. 그런 상황에 적응하고, 활동 방식의 전환을 모색할 것이다. 사업과 활동을 축소하거나 취소했던 올해의 방식을 그대로 반복하지는 않을 것이다. 당진시 담당자들도 2021년부터 신규 사업을 도입하고, 직영 사업을 확대해 나갈 것이다. 새로운 이야기가 쏟아질 것이다.

시간을 쪼개어 작업에 참여해 주신 이들에게 감사드린다. 단톡으로 소통하고, 일요일 오후에는 행복교육지원센터에서 모임을 가졌다. 돌아가며 에세이를 발표하고, 생각과 의견을 나눈 날들을 '어느 멋진 날'로 추억할 수 있길 바란다. 출판을 결정하고 진행해 주신 도서출판 살림터 관계자들께도 감사드린다. '아이 키우기 좋은 마을 살기 좋은 당진'을 만들어 가기 위해 가슴으로, 두 발로 일하는 이름 없는 이름 나당진을 만나고 싶다. 아직 만나지 못한 이들을 한번 초대하고 싶다.

2021년 2월

이름 없는 이름, 나당진

차례

3부 아이들의 행복한 미래

4부 마을학교 이야기

5부 가슴으로, 두 발로

6부 성장과 도약의 끌개

1부

학교와 마을 곳곳이 배움터

창의체험학교,
학교와 마을 곳곳이 배움터

윤양수

창의체험학교는 당진의 교육자원과 인프라를 학교 교육과 연계하여 마을기반 교육을 지원하는 온·오프라인 플랫폼이다. 2017년에 시작했고, 해마다 마을 체험처와 교육기부를 확대해 왔다. 교사들이 행복교육지원센터 누리집에서 원클릭으로 프로그램을 신청하고, 마을 체험처와 학교에서 교육 활동을 진행한다. 창의체험학교는 교육지원청 직영 사업이다. 교육지원청에서 차량 임차, 강사비, 체험비, 재료비 등 필요한 경비 일체를 부담하고, 마을교사와 교육기부자들이 교육 활동을 지원한다. 이와 관련한 모든 업무는 교육지원청에서 처리한다.

관내 교사들과 함께 당진시 곳곳에 있는 교육자원을 발굴하고, 원클릭 지원 시스템을 구축했다. 해마다 마을교사와 교육기부자를 선정하고, 교육 콘텐츠와 시스템을 업그레이드한다. 2018년에는 당진시 교육자원을 전수 조사했다. 인적 자원은 개인, 단체, 활동으로, 물적 자원은 역사, 생활문화, 생태환경, 산업경제 등으로 분류하여 정리했다. 마을기반 교육을 활성화하고, 학교와 마을의 협력과 상생을 도모하기 위한 작업이었다. 후속으로 교육자원을 한눈에 볼 수 있도록 자원 총괄표를 만들고, 교육자원 지도를 제작하여 학교현장에 배포했다.

'마을로 프로그램' 교육 자료집도 제작하여 교사들과 마을교사들에게 제공했다. 앞서 언급했듯 2018년에 마을 체험처와 교육자원을 조사하고, 2019년 12월에는 당진시 교육자원 안내 자료집을 제작하여 배포했다. 당진시 14개 읍면동의 체험처와 교육자원을 소개하고, 교육 활동을 안내하는 자료집이다. 이렇듯 창의체험학교 운영은 업무 부담이 적지 않은 사업이다. 때문에 학습연구년 교사의 도움을 받고 있다. 그러나 이는 운영의 부담을 교사에게 전가하는 기형적인 방식이다. 그런 점에서는 이와 같은 방식을 개선할 해법을 찾아야 한다고 본다.

창의체험학교는 두 가지 방식으로 운영한다. 하나는 학생들이 마을로 찾아가 체험하는 방식, 다른 하나는 교육기부자들이 학교로 찾아가 교육 활동을 진행하는 방식이다. 마을로 찾아가는 프로그램은 마을교사가 동행한다. 이동 중에 체험활동을 미리 안내하고, 체험처에 도착하면 마을교사가 교육 활동을 진행한다. '마을로 프로그램'은 초2~중1을 대상으로 운영한다. 체험처는 31곳, 프로그램은 총 35종이다. 2020년에는 코로나19 장기화로 마을교사들이 5명으로 줄었다. 활동이 없어 3명이 그만두었기 때문이다. '마을로 프로그램'은 아래의 표와 같다.

마을로 찾아가는 프로그램(예시)

분야	체험처	날짜	신청 기관	신청	인원
과학	충남산학융합원	2020. 10. 26(월)	당산초	6학년 1반	19
문화	아미미술관	2020. 9. 17(목)	송산중	1학년 3반	25
진로	신성대학교(제과제빵과)	2020. 9. 4(금)	당진중	1학년 11반	31
행정	당진시청, 당진시의회	2020. 9. 24(목)	호서중	1학년 3반	32
문화	필경사	2020. 9. 16(수)	상록초	5학년 2반	20
환경	당진시자원순환센터	2020. 9. 23(수)	계성초	6학년 6반	28
문화	기지시줄다리기박물관	2020. 11. 12(목)	원당초	3학년 2반	30

학교로 찾아가는 프로그램은 교육기부자들이 진행한다. 교사들이 원클릭으로 프로그램을 신청하면, 교육기부자들이 학교로 찾아간다. 대가 없이 활동하기 때문에 당진에서는 이들을 교육기부자로 명명한다. 이는 도내 타 지역에서 부러워하는 방식이기도 하다. '학교로 프로그램'은 초1~중3을 대상으로, 총 55종의 프로그램을 운영한다. 코로나19 장기화로 운영을 축소하긴 했으나 83명의 교육기부자들이 교육 활동을 지원하고 있다. 혹자는 교육기부자의 자격과 교육의 질을 따져 묻기도 한다. 당진은 해마다 프로그램 만족도를 조사한다. 이를 바탕으로 준비 팀 교사들이 기존의 프로그램을 필터링하고, 신규 프로그램 도입을 충분히 검토

하여 차기 프로그램을 선정한다. 보수 없이 지속가능한 방식인지 묻는 이들도 있다. 그럴 때면 희망하는 이들이 이미-항상 도처에 있다고 답한다. '학교로 프로그램'은 아래의 표와 같다.

학교로 찾아가는 프로그램(예시)

분야	프로그램	강사	대상	주요 활동
인성	성격유형 검사	Wee센터	중1	강점과 약점 찾기 마시멜로 챌린지
역사	호락호락(好樂好樂) 문화재 수업	장영란	초1~6	만 원권 지폐 속 문화재 읽기
진로	현대제철과 함께하는 직업인 진로교육	강성묵	초6 중1	영상으로 보는 일관제철소 진로직업 이해, 진로 설정
다문화	세계시민교육(일본)	시미즈 치아끼	초1~6 중1~3	국가 간 공통점과 차이점 찾기 퀴즈, 만들기 체험
환경	적정기술 교육	임수진	중1~2	기후 위기와 지구온난화 재생에너지 체험, 적정기술
과학	생활 속 과학 이야기	김정곤	초3~6	생활 속 과학, 생명과학
예술	스토리텔링으로 배우는 재미있는 서양 미술	김효실	초4~6	서양 미술, 비하인드 스토리 슈링클스에 명화 그리기

추가하자면, '마을로 프로그램'은 2017년 10종으로 시작하여 2018년 16종, 2019년 22종, 2020년 31종으로 늘었다. 지속적으로 확대할 방침이다. '학교로 프로그램'은 2018년 51명으로 시작했고, 2020년에는 83명이 참여했다. 이와 함께 12월 교육과정 취약기에는 관내를 비롯하여 인접 시·군까지 마을 탐방도 지원한다. 운영의 내실화를 위해 교육기부단 워크숍과 마을교사 연수도 여러 차례 진행한다. 교육기부자와 마을교사들의 의견을 수렴하고, 답사와 시연 등 프로그램 운영을 준비하는 활동이다. 워크숍과 연수 프로그램은 해마다 개선해 가고 있다.

창의체험학교 '마을로 프로그램'과 '학교로 프로그램'은 일회성 체험과 단시 수업 위주로 진행한다. 부실하다는 말이 아니다. 현장 교사들이 교육과정을 운영하기 위해서는 일회성 체험도, 단시 수업도 필요하다. 그럼에도 중1~고3 학생들의 관심과 요구 수준을 충족하기에는 한계가 있다고 본다. 교육과정을 적극적으로 재구성하는 교사들의 기대에 부응하는 데에도 한계가 있다. 이 같은 이유로 당진은 중고등학생들을 지원하기 위해 진로체험학교를 운영하고 있다. 일회성 체험과 단시 수업을 넘어 프로젝트 수준의 진로탐색을 지원하는 방식이다.

최근 여러 시·도에서는 마을기반 교육에서 혁신의 가능성을 찾고 있다. 지역의 자원과 인프라를 활용하면, 학생들에게 다양한 경험과 살아 있는 배움을 제공할 수 있다. 그런 맥락에서 창의체험학교는 공교육의 혁신과 도약에 얼마간 기여할 수 있다고 본다. 마을과 지역사회가 학생들의 배움터가 되고, 학부모와 지역 주민들이 학생들의 배움과 성장을 돕는 교사가 되어야 한다. 공교육에 관여하는 모든 구성원들의 지혜와 손이 필요한 일이다. 학생들이 지역사회에서 성장하고, 그 일원으로 살아갈 수 있도록 선순환 구조를 만들어 가야 할 것이다.

버그내 마을 교과서 집필기

김옥규

2016년 선배 교사의 권유로 학교 밖 '전문적 교사학습공동체' 모임에 참여하게 되었다. 당진 관내에서 열정을 가진 여러 명의 교사가 자발적으로 조직한 모임으로, 여러 교육 활동을 함께 하며 자기계발과 보람도 느낄 수 있다고 했다. 그 후로 정기적으로 만나서 설정한 목표를 위한 과제를 수행했고, 교육에 관한 이야기도 나누며 서로의 경험과 노하우를 공유했다.

2018년의 목표는 마을교육공동체 연구였으며, 합덕읍을 소개하는 초등학생용 마을 교과서를 제작해 보급한다는 과제를 설정했다. 제목은 '버그내 마을 교과서'로, 버그내는 합덕의 옛 지명이다. 삽교천을 한자로 범근내, 범근천, 범천 등으로 기록했는데, 후에 범근천泛斤川을 이두식으로 표현한 것이 '버그내'라고 한다. 또한 버그내 마을에 '버글버글' 사람이 많았다는 의미도 가지고 있다.

마을 교과서를 집필해 보급하면, 교육자료로 활용해 학생들이 자기 마을을 더 잘 이해하는 데 도움이 될 거라고 생각했다. 4월에 마을 교과서 제작을 위한 세부 계획을 수립하고, 5월에 14명으로 구성한 집필 TFT에 참여했다.

처음으로 시도하는 작업이었기에 막연함이 컸다. 수차례 회의를 거쳐 등장 캐릭터인 덕이, 연호, 이장님을 디자인했고, 단원 구성 초안을 수정해 목차를 정했다. 1부와 2부로 나누어 1부는 총론적인 내용으로, 2부는 직접 마을을 둘러볼 수 있도록 체험 프로그램으로 구성했다. 내가 맡은 주제는 '버그내의 역사 탐방길' 체험 프로그램이었다.

버그내 지역에는 선사시대부터 사람이 살았음을 알려 주는 선사유물과 고인돌이 있고, 주변이 평야인 버그내의 산에 오르면 아산, 예산 지역까지 볼 수 있어 군사적 요충지로 기능했다고 한다. 또한 마을을 가로지르는 커다란 하천인 삽교천이 흘러 배를 이용한 무역과 교통의 중심지로 이름을 널리 알렸던 곳이라 전해진다.

버그내의 번성했던 옛 모습을 생각하며 유적을 살펴보았는데, 모두 처음 듣는 것들이었다. 이미 널리 알려져 사람들이 찾는 다른 탐방길과는 달리, 오랜 역사에 묻힌 탓인지 아니면 현재 사유지가 되어 버려서인지 인터넷 지도에서도 검색되지 않았다. 오래된 문헌들에 나오는 기록을 토대로 어렵게 탐방에 나섰다.

먼저 둔군봉에 올랐다. 평야 지역의 봉우리라 경사가 완만하여 어렵지 않게 정상에 오를 수 있었다. 사방이 탁 트여 후백제의 견훤이 고려군과 싸우기 위해 이곳을 차지했다고 한다. 또한 조선 후기 동학농민운동 당시에는 관군이 주둔하였다고 하여 둔군봉屯軍峰이라는 이름이 붙었다. 봉기한 농민과 대립한 관군의 안타까운 역사가 떠올랐다. 지금은 등산로 외에 어떤 흔적을 찾아보기 힘들다.

다음으로 성동산성을 탐방했다. 성동산성은 후백제의 견훤이 고려와 싸우기 위해 흙으로 쌓은 토성이다. 성동산에 올라 정상부에 성동 윗절 '용연암'이라는 작은 절을 발견했다. 스님께 성동산성에 대해 아는지 여

줬더니 친절히 성터로 안내해 주셨다. 얼마간 풀숲을 걸으니 절 주변을 흙으로 쌓은 성벽을 볼 수 있었다. 성벽에 올라서니 너른 예당평야가 시원하게 내려다보였다. 후백제의 견훤이 요새로 만들 만한 명당이었다. 스님은 구덩이처럼 파인 곳을 가리키며 말에게 먹일 물을 담아 두었던 말 우물터라고 말씀하셨다. 지금도 이 주변에서 통일신라 이전의 도자기 파편 등 유물이 흔하게 발견된다고 하셨다.

스님이 용연암의 옛이야기도 들려주셨다. 석가탄신일이 되면, 성동리 마을 사람들이 풍물놀이를 하는 풍속이 있어 이를 의아하게 생각했는데, 옛날에 남사당패가 이곳 용연암에서 겨울을 나고 이동했다는 기록을 접하고 이해가 되었다고 하셨다. 남사당패의 영향으로 마을에 풍물놀이 전통이 생겨났을 거라 말씀하셨다.

성터를 다시 오르다 보니 언덕에 큰 돌덩이 3기 정도가 있었다. 돌덩이 밑에 무엇인가가 있을 것이라는 이야기, 돌 밑에 어딘가로 이어지는 땅굴이 있을 것이라는 이야기 등이 전해진다고 말씀하셨다. 그리고 돌을 두드렸을 때 신기한 공명음이 들리며, 돌 주위의 바닥을 발로 세게 밟으면 땅이 울리는 소리가 들린다고 하셨다. 바닥을 쿵 하고 밟아 보니 실제로 신기한 진동이 전해졌다. 더 신기한 점은 돌덩이와 주변의 돌에 새겨져 있는 한자 혹은 그림문자였다. 노지에 오래 방치되어 글귀를 알아보기 힘들었지만, 오래된 흔적임이 틀림없었다. '지하에 석굴이 있을까, 석굴암에 버금가는 백제의 매장문화재가 있지는 않을까' 하는 상상을 해 봤다.

옛 자취가 아직 곳곳에 남아 있으나 발굴과 보호가 부족해 안타까웠다. 더구나 이 흔적들은 골든타임이 얼마 남지 않아 보였다. 잘 관리하면 훌륭한 문화 유적지로 되살아날 수 있으리라 생각했다. 며칠 뒤 당진

시청 문화관광과 문화재팀에 매장문화재 발견신고서를 제출하고, 「매장문화재 보호 및 조사에 관한 법률」에 따라 조속한 조사와 발굴을 요청했다. 일주일 뒤 답변을 받았다. 발굴 가치를 따져 봤을 때 '경제성이 떨어진다', '사유지라 개발에 한계가 있다', '국유지로 수용하는 것도 만만치 않다'는 내용이었다. 아쉬움에 성동산성 성벽이 자꾸 떠올랐다.

마지막으로 선사유적지와 고인돌을 찾아 나섰다. 소소리 선사유적은 초기 철기시대 유적으로, 1990년 밭을 경작하다가 발견한 유물이라고 한다. 유물은 국립중앙박물관에 소장되어 있고, 현장에 가 보니 밭으로 이용하고 있었다. 합덕리 고인돌은 구릉에 있는 사유지라 통행이 불가능했다. 지역 사람을 통해 땅 주인에게 연락해 허락을 받고 들어갔다. 고인돌로 추정되는 큰 바위가 있고, 주변에 무덤이 함께 있었다. 어렵게 찾아갔지만, 체험학습 장소로 활용하기는 어려워 관련 내용을 마을 교과서에 담는 선에서 마무리했다.

어느덧 11월이 되어 교과서 초안을 완성하여 심의를 받았다. 제법 근사하게 출판된 마을 교과서는 2019학년도 합덕 지역 초등학교에 보급되었다. 초등 4~6학년을 예상 독자로 하여 개발했으나 교육과정을 고려해 3~4학년 학생들에게 활용했다고 한다. 마을의 역사와 전통을 학생들의 발달 수준에 맞게 엮어 교육과정과 연계한 보조 교육자료로 활용해 재미있게 마을을 알아볼 수 있었다고 한다.

상당히 고된 작업이었지만, 완성된 마을 교과서를 보며 함께한 교사 학습공동체 선생님들과 보람을 나누었다. 마을 교육과정 운영을 위한 마을 교과서 개발의 첫 단추를 채웠다는 데 의미가 컸다. 학생들은 버그내 마을을 더 잘 이해하고, 마을 안에서 주인 정신과 애향심을 갖고 성장할 것이다. 한편 빠르게 발전하는 당진의 상황에 맞게 초기에 개발한 마을 교과서를 수정·보완하는 후속 작업도 이어져야 한다. 이 개정 작업에 학생들도 참여한다면 더욱 교육적 의미가 클 것이다.

2020년에는 송악읍 편 마을 교과서를 집필할 계획이었으나 코로나19 확산으로 시작조차 못하고 말았다. 추후 다른 마을 편도 개발하여 보급할 예정이다. '가장 지역적인 것이 가장 세계적이다'라는 말처럼 학생들이 마을의 역사와 문화의 품 안에서 배우고, 지역사회를 혁신하는 로컬 크리에이터로 성장하길 기대한다.

마을교사 김효실입니다

김효실

창의체험학교 마을교사로 일한 지 4년이 흘렀다. 처음엔 마을교사가 뭔지 몰랐다. 마을에 있는 선생님? 교사 앞에 왜 마을이 붙었지? 마을교사에 지원해 보라는 권유에 대체 그게 뭐냐고, 뭐 하는 사람이냐고 물었던 기억이 난다.

줄곧 서울에서만 살다가 당진 남자 만나서 이곳으로 내려오게 되었다. 친구도 없고, 지인도 없고, 갈 데도 없고, 놀 곳도 없고, 지루하고 답답해서 죽을 지경이었다. 어느 정도 육아가 끝나고 나니 슬슬 일하고 싶었는데, 어린이집에서 아이가 돌아오는 4시에 끝나는 직장이 있을 리가 없었다. 아이가 클 때까지 좀 더 기다렸다가 나중에 학원 강사라도 할 요량으로 전공서와 역사 도서를 탐독하고 있을 때였다.

역사기행 모임 한은경 선생님이 당진교육지원청에서 마을교사를 선발하니 넣어 보라고 무언가를 나눠 주었는데 그닥 관심이 없었다. 마을교사의 역할이 뭔지 잘 모르기도 했지만, 현장을 돌아다니는 일을 별로 좋아하지 않았다. 선생님이 무조건 다 지원하라고 해서 회원 모두가 지원했지만 나만 넣지 않았다.

어느 날, 면접을 보러 오라는 연락을 받고, 회원들이 함께 모여서 어떻게 대비하면 좋을지 걱정하는 모습을 보았다. 그 모습을 보고 나도 넣어 볼 걸 그랬나, 왠지 후회가 되기 시작했다. 오전 9시부터 12시까지 3시간 정도만 근무하면 되니 아이 키우는 엄마가 일하기에 시간적으로도 괜찮았다.

선생님이 나눠 주신 모집 공고문을 다시 보니 마침 그날이 원서 마감일이었다. 냅다 지원서 양식을 내려받아 당진교육지원청 담당자 이메일로 서류를 제출했다. 다음 날 담당자로부터 연락이 왔다. 마감 시간이 지나서 제출했으니 내년에 다시 지원하면 좋겠다는 '거절'의 전화였다.

"제가 지금 모집 안내문을 보고 있는데, 날짜 마감일만 있지, 마감 시간은 없는데요? 홈페이지 게시물을 확인해 봤는데, 거기에도 마감 시간은 따로 없었어요."

그때 내게 전화를 주신 분은 학습연구년 교사로 당진교육청에 근무하고 계셨던 우강초 박이준 선생님이었다. 담당 장학사님과 상의해 보겠다고 하고 전화를 끊었는데, 기다리는 30분이 엄청나게 길게 느껴졌다. 마을교사에 대해 별생각 없었지만, 막상 거절을 당하고 보니 그 순간 발끈하고 오기가 생기면서 마을교사가 꼭 되고야 말겠다는 결심까지 섰다.

다시 전화가 왔다. 마감 시간 명시가 안 되어 있는 것을 확인했으니 면접을 보러 오라고 하셨다. 한은경 선생님의 권유와 박이준 선생님, 인정남 장학사님의 허락 덕분에 감사하게도 면접 기회를 잡았다. 차도 없고 장롱면허였던 나를 어떤 회원이 픽업하여 당진교육지원청으로 데리고 갔다. 같이 면접을 봤는데 아이러니하게도 그분은 떨어지고 내가 붙었다. 한동안 너무 미안했다.

그렇게 2017년 3월에 마을교사가 되었다. 당진교육지원청에서 배정해 준 학교에 가서 한 학급의 학생들을 버스에 태우고, 박물관이나 체험지에 가서 체험 안내, 안전지도, 체험지에 따라 해설도 진행했다. 체험지에 대한 기본적인 정보는 알고 있어야 하기에 책을 뒤지고, 정보를 검색하다 보니 공부가 많이 됐다. 마을교사가 된 첫해에는 '처음이라 그렇지, 내년엔 좀 더 편할 거야'라고 생각했지만, 체험처는 매년 늘어나고 이상하게 공부를 하면 할수록 모르는 게 더욱 늘어났다. 박물관에 여러 번 방문하고 해설사를 쫓아다니면서 모르는 걸 풀어 나갔다. 유난스럽게 군다고 다른 마을교사에게 눈총도 받았지만, 나는 그냥 뒤에 쫓아다니면서 안전지도만 하는 마을교사는 되기 싫었다.

박물관에는 해설사가 있기 때문에 마을교사가 굳이 해설을 할 필요가 없다. 그런데 해설사가 다른 일정으로 자리를 비운 경우, 다른 관람객에게 해설하고 있는 경우에는 학생들에게 해설을 못 해 줄 때가 있다. 그때 불만을 내뱉거나 어쩔 줄 몰라 발을 동동 구르는 마을교사보다 당당하게 진행할 줄 아는 준비된 마을교사이고 싶었다. 조금만 노력하면 되는 일이고, 애정이 있으면 가능한 일이다.

체험지에 해설사가 없는 곳, 이를테면 안국사지, 삽교호관광지, 자원순환센터, 면천읍성, 당진시장 등과 같은 곳은 마을교사가 해설을 하는데, 아이들의 똘망똘망한 눈동자가, 내 말에 귀 기울이는 모습이 얼마나 귀엽고 예쁜지 모른다. 처음에는 내가 이런 일을 어떻게 하나 싶었는데, 벌써 4년째 하고 있다.

4년 동안 창의체험학교를 통해서 꽤 많은 교사들을 만났다. 아이들을 대하는 담임교사의 모습을 현장에서 마주하게 된다. 어떤 마인드로 학생들을 대하는지 엿보려고 하지 않아도 드러나기 마련이다. 거짓 없이 98% 정도는 너무나 괜찮은, 좋은 선생님들이었다.

한번 보고 어떻게 아느냐고 할 수도 있지만, 하나를 보면 열을 안다는 말이 있다. 안전 문제 등으로 예민해진 탓인지 화만 내는 담임선생님도 몇 분 계셨지만, 대부분은 아이들을 아끼는 마음과 애정이 느껴져서 마음이 훈훈해진 적이 많다. 우리 아이 담임선생님이면 좋겠다 싶을 정도로 정말 온화하신 분을 만나고 나면, 몇 년이 지나도 그분의 성함과 얼굴이 기억난다.

마을교사는 돈을 벌 수 있는 직업도 아니고 명예가 있는 것도 아니지만, 나는 마을교사를 통해서 사회로 나오고, 일과 연계된 좋은 사람들을 만나고, 마을 구석구석을 누비며 우리 마을에 대해 애정을 갖게 되었으니 진심으로 고맙다.

고향이긴 하지만 별다른 추억이 없는 서울보다 당진이 더 고향 같은 이유도 마을교사로 활동한 덕분인 것 같다. 윤양수 장학사님의 권유로 비영리 마을교육공동체도 설립하고, 대표를 맡아서 운영하고 있다. 더욱 확장된 세계로 들어가게 된 것도 마을교사가 연결고리가 되었기 때문이다.

2020년 창의체험학교 마을교사 활동을 12월 7일 자로 마감했다. 당진중학교 마지막 수업을 마치고, 당진교육지원청에 마이크, 마을교사 조끼, 손 소독제, 구급약품 등을 반납하는데 이상하게 마음이 짠한 게 너무 슬펐다. 매해 마지막 수업이 끝나면 물품을 반납하는데 이런 적은 없었다. 내 곁을 지켜 준 든든한 친구와 이별하는 느낌이랄까. 헤어지기 서운하여 휴대폰을 꺼내서 사진을 한 장 찍어 두었다.

마을교사를 언제까지 할 수 있을지는 모르겠다. 분명한 건 후배들을 위해서라도 어느 시기에는 떠나야 한다는 것이다. 창의체험학교 프로그램은 우리 마을에 있는 자원을 알리고, 숨어 있는 체험지를 발굴하여

마을에 대한 관심과 애정을 고취시킨다는 점에서 '학생들'에게 매우 좋은 프로그램이라고 한다. 하지만 내 생각은 다르다. 창의체험학교는 '마을교사'에게도 엄청나게 좋은 프로그램이다. 마을교사로서 누릴 수 있는 모든 혜택을 내가 다 누린 것 같아 미안할 정도이다.

유능한 마을교사가 많이 들어와서 창의체험학교 프로그램의 질이 더욱 높아지고 확대되었으면 좋겠다. 그래야 당진에서 아이를 키우고 있는 나도 신이 날 것 같다. 행복교육지구 사업으로 창의체험학교가 2017년도에 시행된 이후 세 분의 장학사님과 네 분의 학습연구년 교사가 열정을 쏟았다. 마을교사로서, 학부모로서 감사하다는 말씀을 제대로 드린 적이 없는데, 이 자리에서 꼭 전하고 싶다. 당진교육을 위해 애써 주셔서 정말 감사하다고.

당진 비너스의 탄생

장영란

오늘 사과나무를 심고, 내일 따 먹겠다고 기대하는 사람은 없다. 모내기를 마치자마자 추수를 생각하는 사람도 없다. 마을교육도 그렇다. 거름을 주고, 풀도 매고, 가끔 약도 쳐야 한다. 그래도 떨어지는 열매가 있고, 쭉정이가 생기기 마련이다.

나는 마을교육과 관련한 연수를 받고, 책도 읽고, 시민학습모임에도 참여한다. 지역의 문화유산을 활용하는 교육 프로그램도 개발하고, 당진교육지원청 마을교사로도 활동한다. 딱히 포지션을 말할 수는 없으나 나는 분명 마을교육공동체를 위한 어느 언저리에서 호미질을 하고 있다.

대형 크레인을 동원하는 고층 아파트 공사 현장은 하루가 다르게 진척되는 공정을 바로바로 확인할 수 있다. 하지만 마을교육은 누가 풀을 뽑고 터를 닦는지 잘 드러나지 않는다. 돌덩이를 치우고 사과나무 한 그루를 심어 놓아도 잘 표가 나지 않는다. 그럼에도 지역사회의 일원으로서 소명의식을 갖고 묵묵히 마을교육을 실천하고 있다.

2017년에 당진행복교육지구가 출범했고, 이듬해부터 창의체험학교 마을교사로 활동해 왔다. 문화관광해설사가 할 수 있는 일이 지역의 문화

유산 해설이라 당진시 정미면에 있는 안국사지를 선정해 신청했지만, 교육기부라는 용어가 몹시 부담스러웠다. 학교 선생님들 앞에서 내가 잘할 수 있을까. 나 같은 사람이 기부라니! 하던 일이나 잘하면 되지 싶었다. 그렇게 머릿속이 시끄러울 때마다 나는 안국사지를 찾았다. 동선을 짜고, 들려줄 이야기를 구상하고, 시간을 계산하면서 시뮬레이션해 보곤 했다. 수업을 시작하기 전까지 무려 네 번을 답사했다.

정미초 5학년 학생 29명으로 기억한다. 고려 시대 충청도의 지방색이 짙은, 예술성도 비례감도 완성도도 찾아보기 힘든 거대 석불을 어떻게 소개할까? 아이들이 석불의 외모만 보고 못생겼다고 폄하하면 어쩌나 싶었다. 다행스럽게도 5학년은 역사를 배우고 있었다. 그런 점에서 흥미로운 역사 수업, 호감이 가는 문화재 수업을 할 수 있을 거라고 생각했다.

그때 얻은 별명이 당진의 비너스다. 빌렌도르프의 비너스! BC 25000~BC 20000년경의 사람들은 배가 고팠을 거고, 종족을 늘리고 싶었을 것이다. 그들의 염원을 반영해 조각했을 미의 여신! 당시에는 풍요와 다산이 절실했다. 커다란 엉덩이, 과장된 가슴, 울룩불룩한 배는 현대인의 시선으로 보면 볼품이 없다. 그러나 아름다움의 기준은 시대마다 다르다. 빌렌도르프의 비너스는 당시 미의 여신임이 틀림없다. 구석기 시대에는 뗀석기를 사용했다는 고정관념도 깨 주고 싶었다.

안국사지 석불도 조형미나 미적 섬세함이라고는 찾아볼 수 없는 사각기둥형의 투박한 모습이다. 고려 사람은 누구나 쉽게 그런 불상에 다가가 소원을 빌고, 미래를 꿈꾸었을 것이다. 석불 역시 대웅전에 존귀한 모습으로 앉아 있기보다는 절 마당으로 나와 고달픈 백성들을 빨리 반기고 싶었을 거라고 상상했다.

염솔천을 지나 정미초등학교로 갔다. 교무실로 찾아가 교감 선생님께 인사를 드렸다. “작은 학교인 줄 알았는데 5학년이 29명이나 되네요.” 신청은 5학년 담임이 했지만 전교생이 29명이고, 아홉 분의 선생님들도 동행한다고 하셨다. 잠깐 당황했다. 눈높이를 어디에 맞추어야 할지 걱정스러웠다. 나를 소개하기 위해 준비한 빌렌도르프와 밀로의 비너스 사진, 안국사지 석불과 비슷한 은진미륵 사진, 또 비교 자료로 준비한 석굴암 본존불의 대형 사진을 끌어안으며 긴장을 풀려고 심호흡을 거듭했다.

버스에서 내려 소박한 고려의 돌계단에 아이들을 앉히고 인사를 나누었다. 병풍처럼 나를 둘러싼 아홉 분의 선생님들은 내 뒤통수를 뜨겁게 했다. 그보다 더 뜨거운 복병은 송아지만 한 견공이었다. 견공은 요사채의 가족이다. 평소 사람을 좋아해 스스럼없이 다가오는데, 녀석은 모두가 자기를 반기지는 않는다는 사실을 알 턱이 없다. 두려움에 비명을 지르는가 하면, 고학년 아이들은 머리를 쓰다듬고 예뻐한다. 덕분에 수업을 진행할 수 없을 정도로 아수라장이 되어 버렸다. 첫 수업에 대한 기억은 도랑만 해진 염솥만큼이나 나를 부끄럽고 움츠러들게 한다.

물론 첫 시작이 그랬다고 나머지 수업이 엉망이 된 것은 아니다. 두 번째 수업부터는 조금씩 살이 오르는 체험학습으로 진화하였다. 초파일 전날이었을 것이다. 경내를 꽉 채운 연등을 보며, 아이들에게 빈자일등貧者一燈 설화를 들려주었다. 이야기의 주인공 ‘난다’는 구걸로 연명하는 가난한 여인이었다. 그럼에도 푼돈을 모아 기름을 사고, 등을 만들어 붓다에게 공양을 올렸다. 수많은 등불 가운데 난다가 바친 등만이 새벽까지 꺼지지 않았다고 한다. 공양은 재물이 아니라 정성스러운 마음이 중요하다는 메시지를 전하는 일화다. 이야기를 경청하는 아이들의 표정이 엄숙했다. 누군가의 정성으로 밝힌 연등이 손에 닿고 머리를 스쳐도 조심스레 살피며 피해 가던 아이들의 공덕, 지금 생각해도 두 손을 모으게 한다.

안국사지 마지막 체험학습은 탑동초 5학년 학생들이었다. 담임선생님의 요청으로 면천 영탑사까지 학습의 장을 넓혔다. 물론 담당 장학사님께 알리고 허락을 받았다. 영탑사의 문화재와 유리광전에 대한 일화는 특별하지 않았다. 다만 칠층석탑을 지나 의두암으로 가는 길에 있었던 일이 아직도 가슴을 뛰게 한다. 초록초록한 오솔길을 일렬로 걸어갈 때였다. 누가 시작했는지 아이들이 '숲속을 걸어요'란 동요를 부르고 있었다. 나는 목소리에 자신 있는 친구에게 마이크를 내밀었고, 금세 떼창으로 번져 숲속에 생기를 더해 주었다. 지나가는 등산객들도 함께 신나서 격려의 박수를 보내 줬다. 이것이 마을교사 첫해의 기억이다. 당진 비너스의 탄생 스토리가 시작된 계기, 안국사지에서 진행한 창의체험학교 이야기다.

다음 해에 안국사지는 당진교육지원청 마을로 프로그램의 정식 체험처가 되었다. 나는 합덕농촌테마파크에서 새로운 체험학습으로 마을교사 2년 차를 시작하였다. 이제는 마을교사 명찰에 빌렌도르프의 비너스 사진을 붙이고 다닌다. 나는 그렇게 11.1cm의 작은 조각상을 숭배한다. 당진 마을교육공동체가 풍요로운 결실을 맺을 수 있도록, 마을교사들을 많이 출산해 달라고 기도한다. 열매가 빨리 맺지 않는다고 성급히 포기하지 않게 하소서!

안녕?
과학 문화재야

장영란

하던 일을 마치기에는 이르고 무엇을 시작하기엔 늦은 시각, 평일 오후 세 시다. 버스 한 대가 합덕수리민속박물관 주차장으로 들어섰다. 보좌관을 시작으로 시의원들이 우르르 내렸다. 그들은 관련 공무원의 안내로 얼마 전에 준공한 합덕농촌테마공원으로 향했다. 박물관으로 들어가리란 예상은 빗나갔지만 빠질 수가 없어 동행하게 되었다. 수십억 원의 예산이 들었는데 개미 새끼 한 마리 보이지 않는다고, 말투가 곱지 않다. '그럼, 사람들을 불러들이면 되겠네.' 간단하다.

나는 합덕농촌테마공원을 창의체험학교 '마을로 프로그램' 체험처로 신청했다. 박물관이 휴관하는 월요일, 오뉴월이 좋다. 8회의 날짜를 정하고 프로그램을 어떻게 운영할지 구상했다. 우선 수리박물관 학예연구사와 프로그램을 상의했다. 학생들이 오면 간단히 활동할 수 있는 측우기와 앙부일구 입체 퍼즐을 구입해 달라고 요청했고, 비가 오면 월요일에도 박물관을 사용할 수 있도록 허락받았다. 이제 어떻게 진행할지 정하면 된다.

합덕농촌테마공원은 무자위 조형물에서부터 인공 시냇물이 흐른다. 물길을 따라가다 보면, 바닥분수를 지나 초가집이 있고, 용두레를 비롯

한 수리 도구 체험을 위한 저수지와 물레방앗간이 나온다. 솟대와 서낭당을 거쳐 밭갈이하는 농부와 인사를 나누고 시냇물을 건너면 측우기, 앙부일구, 혼천의, 천상열차분야지도, 자격루 등 과학 문화재를 볼 수 있다. 이런 교육용 문화재가 여기 있는 게 어색하다고 생각할 수도 있다. 하늘을 읽어 날씨를 예측하고, 계절과 시간을 알아서 농사에 도움이 되게 하는 것이 전통 시대 제왕의 가장 큰 의무였다는 걸 모르는 사람들의 생각이다.

5월, 창의체험학교 '마을로 프로그램' 신청이 들어왔다. '안녕, 과학 문화재야!'란 프로그램이다. 고학년이길 바랐지만 8회 모두 저학년 학생들이었다. 쉽고 재미있는 체험을 위해 몇 가지 준비물이 필요했다. 우선 세종 시대 과학 관련 업적 카드를 30세트 만들었다. 천문학 박물관인 만원권 지폐를 복사해 코팅도 했다. 지폐 뒷면은 천상열차분야지도를 바탕으로 혼천의와 보현산 천문대 망원경 그림이 있다. 흥미 유발을 위해 평소 사용하는 지폐 뒷면의 그림을 활용해 보려는 의도다.

공원에는 국보 제228호인 천상열차분야지도 각석을 확대해 누구나 쉽게 별자리를 볼 수 있도록 만들어 놓았다. 고구려 천문도를 기본으로 조선의 하늘을 새겨 놓은 주극원, 여름밤의 은하수, 중국의 천문도에서는 찾아볼 수 없는 별자리 '종대부' 등 1,467개의 별을 통해 당시의 천문과학 수준을 볼 수 있다. 재미있는 것은 하늘나라도 임금이 사는 자미원, 관리들의 터전 태미원, 백성들의 생활공간 천시원으로 구분해 땅에 사는 우리들의 세상과 같다고 생각했다는 이야기를 들려줬다. 이것을 계기로 세종 때 천문과학이 화려하게 꽃을 피웠다고. 『칠정산』이란 역법서도 소개했다. 당시 전 세계에서 자기 나라 하늘을 기준으로 달력을 만들 수 있는 기술을 가진 나라는 중국, 이슬람, 우리나라로, 세계 3위의 천문학 강국이었다는 것을 말해 주며 아이들과 함께 우쭐했던 기억에 지금도 웃음 짓는다.

해시계 앙부일구의 영침 읽는 방법과 세계에서 가장 먼저 개발한 측우기, 최고의 엔지니어 장영실도 출연했다. "근년 이래로 세자가 가뭄을 근심하여, 비가 올 때마다 젖어 들어간 푼수를 땅을 파고 보았다. 그러나 비가 온 푼수를 정확히 알지 못했으므로, 구리를 부어 그릇을 만들고 궁중에 두어 빗물이 그릇에 괴인 푼수를 실험하였다." 『세종실록』에 나오는 기록이다. 세종 23년 4월 29일의 이 기록을 통해 세자 이향도 강수량을 측정하는 일에 관심을 가졌고, 후에 대나무나 나무로 만든 주척을 이용해 동일하게 강우량을 측정했다는 사실을 알게 했다. 그렇게 교육용 문화재를 둘러보고 측우기 입체 퍼즐을 만들어 본다. 그러고는 주변 정자에 앉아서 세종 업적 카드놀이로 수업을 마친다.

초등 저학년이라 다소 어려운 내용이지만 힘들어하는 기색은 별로 없다. 실물을 만지고, 중요 부분을 찾아보고, 입체 퍼즐로 재연하고, 게임으로 학습을 마무리하자면 한 시간 정도 걸린다. 다음은 신나는 물놀이가 기다린다. 바닥분수에서 물놀이, 인공 시냇물에서 고무신 배 띄우기로 아이들과 나는 개구쟁이로 변해 버린다. 바지춤을 단단히 하고, 바짓자락은 종아리까지 걷어 올린다. 아이들처럼 신발을 벗어 던지면 준비 끝. 신난다. 체험학습 마무리는 신나면 된다. 공부한 과학 문화재를 다 기억하지는 못하더라도 최소한의 관심이면 족하다. 이것이 맑은 날의 풍경이었다.

비 예보가 있는 날은 담임선생님과 통화가 길어진다. 취소할지, 수리민속박물관으로 들어갈지, 우산을 쓰고 산책을 할지 고민은 담임선생님의 몫이다. 학교는 기억나지 않지만 3학년이었다. 다 같이 우산을 쓰고 충청남도 기념물 제70호인 합덕제방을 걸었다. 여기가 어떤 문화재이고, 가치는 어떻고, 얼마나 중요했는지는 한마디도 없었다. 비포장 흙길을 그냥 걸었다. 길바닥에 물이 고여 있으면 피해 가든지, 물탕을 튀기고 가든지 스스로 선택했다. 아스팔트 포장이 아니어도, 콘크리트 포장이 아니어도, 빗길이어도, 흙길이어도 좋았다. 빨리 가라고, 빨리 오라고 재촉하는 이도 없다. 그저 삼삼오오 희희낙락이다. 교실을 벗어나 자연과 일체가 되어 보는 것도 좋은 체험이다. 체험은 그렇게 진행되었다. 마을교사 2년 차 때 있었던 일이다. 아이들에게 또 다른 경험을 선물한 선생님의 선택에 박수를 보낸다.

꼬마 명탐정,
면천읍성의 보물을 찾아라

장영란

레트로, 뉴트로 면천이 들썩들썩한다. 2020년 생생문화재 사업 '면천읍성 360도 투어'가 시작되었기 때문이다. 면천의 여러 문화자원들을 구석구석 탐방하고 즐길 수 있는 체험형 역사교육 프로그램.

2019년부터 당진교육지원청 창의체험학교 마을로 프로그램과 연계하여 당진시가 사업을 준비해 왔다. '면천읍성 360도 투어'는 '꼬마 명탐정, 읍성의 보물을 찾아라!', '각자성돌이 뭐예유?', '달빛이 스며드는 소리', '읍성을 부탁해!'라는 네 개의 콘셉트로 기획하였다.

이 체험은 21세기 아이들이 면천을 무대로 10세기 고려의 개국공신 복지겸의 딸 영랑과 18세기 연암 박지원 군수와 20세기 만세운동에 참여한 면천보통학교 학생들이 시간을 초월해 소통할 수 있는 기회를 열어 놓은 것이다.

당진시 관내 30여 명의 초등학생들과 함께 체험학습을 시작하였다. 마을 주민들이 꼬마 명탐정들에게 면천 문화유산의 수호신인 '천수호'를 찾아 달라고 의뢰한다. 천수호는 체험을 재미있게 진행하기 위해 프로그램을 준비하면서 만든 가상의 수호신 캐릭터이다. 시간 내에 천수호를 찾지 못하면, 읍성의 보물이 사라지게 된다. 주어진 시간은 단 2시간!

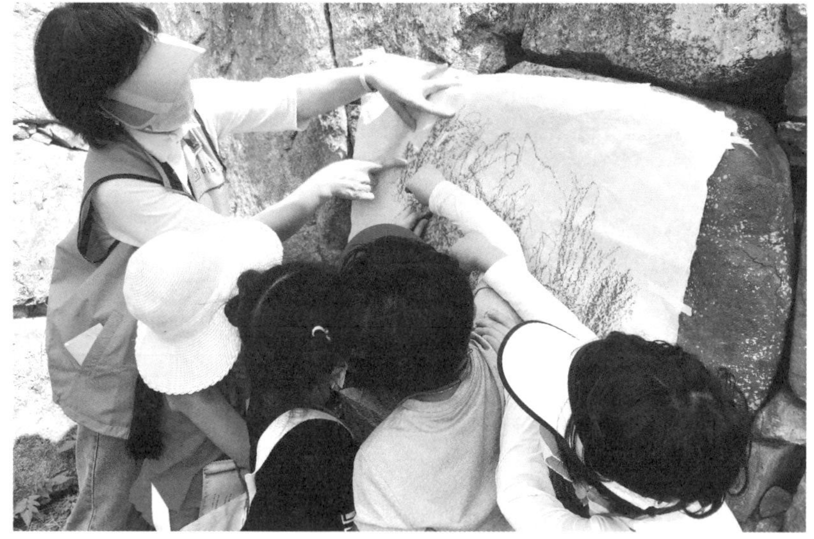

꼬마 명탐정들은 지도를 보고 면천읍성 곳곳을 누비며 미션을 해결하고 숨겨진 보물과 천수호를 찾아내야 한다.

천수호가 자신을 찾을 수 있도록 읍성 여러 곳에 단서를 남겨 놓았다. 단서를 찾기 위해서는 미션에 성공해야 한다. 주어진 미션은 일곱 가지다. 서벽-각자성돌을 해석하라, 풍락루-장수를 이겨라, 오래된 미래 책방-박지원을 찾아라, 은행나무-100일 된 두견주를 구하라, 군자정-연꽃 만들기, 3·10만세운동기념비-태극기를 그려라, '그 미술관'에서는 편지 쓰기를 한다.

꼬마 탐정들이 흥미롭게 미션을 수행할 수 있도록 마을교사를 배치하였다. 마을교사들은 탐정들의 호기심을 꺼내고, 상상력을 꺼내고, 자신의 천재성을 꺼내어 과제를 수행할 수 있도록 최소한의 역할로 탐정들을 돕는다. 나의 역할은 면천읍성의 보물을 지키는 수호신 천수호다. 탐정들의 수고와 노력으로 천수호는 구출된다.

첫 미션 장소는 서벽의 각자성돌 앞이었다. 각자성돌은 성벽을 쌓을 때 공사 책임을 명확히 하려는 목적으로, 요즘 말로 바꾸면 '공사실명제'라고 할 수 있다. 성벽이 금방 무너지면 벌을 받고, 다시 쌓는 수고를 또 해야 한다. '기미년 옥천시면 장육십척 사촌己未年 沃川始面 長六十尺 四寸.' 기미년(세종 21년, 1439년)에 충청북도 옥천군의 장정들이 성을 쌓기 시작한 지점을 나타낸다. 척은 약 30cm, 촌은 약 3cm에 해당하니까 육십척 사 촌은 18m 12cm다. 마을교사가 500여 년 전에도 이런 기록을 남긴 우리 선조들이 대단하다고 소개했고, 탐정들도 공감했다.

천연기념물 제551호 은행나무에서도 미션을 수행한다. 옛날 고려라는 나라가 시작될 때 공을 많이 세운 복지겸 장군이 이름 모를 병에 걸리고 말았다. 좋다는 약은 다 써 봤지만 병이 낫지 않자 그의 딸 영랑이 아미산에 올라 정성껏 기도를 했다. 그렇게 100일의 시간이 흐르던 어느 날, 영랑의 효심에 감동한 신령님이 나타난다. "아미산의 진달래꽃을 따서 안샘의 물로 술을 빚어 백일 동안 숙성시킨 후 너의 아비에게 드려라. 그리고 은행나무 두 그루를 심어 정성을 다하면 아비의 병이 나을 것이다." 하고는 뿅~ 사라졌다는 이야기.

이렇게 은행나무와 아미산 진달래, 안샘의 물을 통해 면천 두견주(국가 무형문화재 86-2호)가 탄생했다는 배경 설화를 들려주었다. 면천군수 박지원은 동문에 붙어살던 귀신 이야기를 통해 소개했다. 3·10 면천학생독립만세운동 기념탑에서는 주인공 원용은과 동지들의 숭고한 뜻을 알렸다.

나는 천수호란 캐릭터를 통해서 '우리 문화유산은 관심을 갖고 찾아주어야 좋아한다', '수호신 혼자서 문화유산을 지키기에는 힘이 너무 모자란다', '그러니 나를 구하고 지켜 준 것처럼 앞으로도 자주 찾아 달라'고 부탁했다. 도서관의 두꺼운 책 속에서 만난 역사도 분명 의미는 있다. 하지만 성돌 하나하나를 촉감과 시각으로 확인하면 그때 그 장정들의 땀 냄새를 느끼겠지, 그냥 지나쳤을 은행나무에게 따뜻한 미소라도 보내 주겠지, 아! 면천이 이렇게 흥미로운 가치가 있었구나 하는 생각이 들었을 거야, 이런 기대로 마무리하며 오늘 면천 역사의 주인공인 탐정들에게 감사의 인사를 했다.

이번 체험학습을 진행하는 여러 마을교사들도 조용히 큰 몫을 했다. 그들을 보면서 '홍익'이라는 낱말이 떠올랐다. 아이들에게 흔쾌히 자신의 사업장을 내주고, '성공'을 한 번 더 경험하도록 돕고, 마을의 문화 발전을 위해 십시일반 정성을 모으는 모습이 돋보였다.

홍익인간은 고조선과 임시정부의 건국이념이고, 오늘날 우리나라의 교육이념이기도 하다. 그들이 살아온 경험이, 교육철학이, 또는 하고 있는 어떤 활동이 다른 사람에게 이로움을 줄 수 있다면, 그것은 행복한 일이다. 오늘처럼 서로서로 홍익을 실천하는 것이야말로, 우리가 추구하는 마을교육공동체가 바로 설 수 있는 힘의 근원이다. 이런 실천들은 저 명탐정들이 민주시민으로 성장하는 데 보탬이 되지 않을까? 행복하게 자란 아이가 행복한 세상을 만든다.

면천읍성 투어, 각자성돌이 뭐예유?

이문희

주말이 되면 학부모들은 자녀와 어디를 갈까 고민한다. 하지만 멀리 가지 않아도 주위 소식에 관심을 가지면 유익한 프로그램을 만날 수 있다.

최근에는 당진시 면천에 다양한 행사와 프로그램이 있다는 정보를 알고 많은 사람들이 방문하고 있다. 면천에서 진행하고 있는 문화재청 생생문화재를 취재하러 간 토요일 오후는 날씨가 후덥지근했다. 생생문화재는 문화재 활용사업으로 각 지역의 특성에 맞는 프로그램으로 진행하고 있다. 생생문화재 사업인 면천읍성 360도 투어는 당진시 초등학생들이 참여하는 체험 프로그램이다.

약 20명의 초등학생과 학부모들 그리고 프로그램을 진행하는 마을교사들이 면천읍성 서문에 모여 있었다. 학부모들이 면천읍성 이야기를 열심히 듣고 있으니 아이들도 더욱 집중을 하였다. 날씨가 덥다고, 햇볕이 따갑다고 멈출 수 없는 것이 자녀교육에 대한 부모의 뜨거운 관심이다.

면천은 오랫동안 당진의 중심지로 기능했던 역사·문화 도시이다. 1914년 행정구역 통폐합 이전까지 행정구역상 현재의 당진시 대부분 지

沔川郡趾

역을 포함하는 정치·경제·행정의 중심지였다. 면천에는 면천 은행나무, 풍락루, 군자정, 3·10 학생독립만세운동 기념비 등 많은 문화유산이 있다. 그중 면천읍성은 둘레 약 1,200m의 네모꼴에 가까운 타원형 형태로 세종 21년(1439년)에 완성되었다. 현재 충청남도 기념물 제91호로 지정되어 있다. 면천읍성은 왜구의 잦은 침입으로부터 지역 주민을 보호하고, 약탈에 대한 방어와 지역의 행정적 기능을 수행했다. 조선 시대 성을 쌓은 규정이 가장 잘 반영된 우수한 유적으로 매우 큰 가치가 있는 기념물이다.

문화재, 문화유산, 유적, 역사 등은 고루하다고 생각하며 거리가 멀게 느끼는 사람들이 많다. 더욱이 하루가 다르게 변화하는 현재를 살고 있고, 미래지향적인 학생들에게는 관심의 대상에서 멀어져 있다. 면천읍성 360도 투어는 지역에 있는 역사·문화를 배우고 체험할 수 있도록 하는 문화재 활용 사업이다. 공부로만 생각하고 어렵게 느꼈던 역사·문화를 좀 더 쉽고 친숙하게 접근할 수 있게 하였다.

'각자성돌이 뭐예유?'는 면천읍성 360도 투어 프로그램 중 하나이다. 조선 시대 공사 실명제였던 각자성돌에 대해 알아보고, 읍성이 만들어지는 과정을 배워 보는 체험형 프로그램이다. 각자성돌은 과거에 공사가 끝난 후 그 구간에서 부실이 발생하면 보수를 책임진다는 표시를 한 돌이다. 돌에는 군현의 이름이 새겨져 있는데, 공사 부실이 발생하면 해당 군현에서 보수를 책임진다.

면천읍성 서문에서 각자성돌에 대한 설명을 듣고, 직접 찾아서 확인해 보는 초등학생들의 눈망울이 똘망똘망하였다. 학생들은 이 체험을 통해 각자성돌이 지금의 공사 실명제와 유사하다는 점과 읍성의 축조 시기를 알게 되었다. 옛 면천초등학교였고 현재는 관아를 복원 중인 곳으로 이동하였다. 면천 관아의 문루였던 풍락루와 천년의 효심이 깃든 면천 은행나무 전설을 알게 되는 면천 스토리텔링은 계속 이어졌다. 학생들은 더워도 짜증 내지 않고 열심히 경청하며 질문에 대답하였다. 그 모습이 대견한 학부모들은 더위를 식히기 위해 손 선풍기와 부채로 연신 바람을 일으켜 주었다.

면천읍성 안에 있는 '그 미술관'으로 이동하여 빨갛게 익은 볼의 열기와 땀을 식히며 잠시 쉬었다. 다시 이어진 각자성돌에 대한 보충 설명과 면천읍성의 치성, 옹성, 여장 등 성곽의 구조에 대해 듣게 되었다. 내용을 다 이해하기 어려울 수도 있지만, 귀를 쫑긋하며 듣고 있는 학생들과 부모님들의 관심은 대단하였다. 뜨거운 얼굴의 열기만큼 식지 않는 열정이었다.

성곽의 구조를 좀 더 자세히 알아보고 이해하려는 활동을 위해 조를 나누었다. 다섯 모둠으로 나누고 조원이 함께 블록을 이용하여 읍성을 쌓는 활동이었다. 옛사람들이 성곽을 쌓았던 것처럼 블록으로 쌓아 보는 학생들의 모습은 매우 진지했다. 학생들 옆에서 부모님들이 살짝 도와주며 함께 완성하였다. 부모님이 옆에 계셔서 아이들에게 든든할 수도 있지만 조금 과한 손길은 아쉬웠다. 오래전에 읽었던 『자녀교육의 이름으로 저지르고 있는 77가지 죄』란 책이 생각났다. 내용을 정확하게 기억하지는 못하지만, 나 또한 교육이란 이름으로, 도와준다는 명목하에 나의 방식으로 참견했던 경험이 강한 아쉬움으로 남아 있다.

생생문화재는 옛것, 문화유산, 문화재, 역사 등을 학생들에게 재미있고 흥미로운 활동을 통해 쉽게 이해할 수 있도록 해 주는 프로그램이었다. 문화재에 숨겨져 있는 다양한 의미를 찾아 현대와 어울리는 새로운 가치를 부여할 수 있는 교육의 기회가 많으면 좋겠다. 그런 경험을 통해서 문화유산의 뛰어난 가치와 소중함을 알 수 있기 때문이다. 내가 살고 있는 지역의 문화재를 더욱 사랑할 수 있는 기회가 되었고, 가족이 함께한 시간이 소중한 추억으로 남을 것이다.

니들이
장맛을 알아?

장영란

우강면 창리에 있는 보나된장에서 이루어지는, 두렁콩 고추장 만들기 체험으로 로컬푸드와 로컬에듀가 만났다. 두렁콩은 논두렁에 심어서 두렁콩이고, 서리 내릴 때 수확한다고 해서 서리태라고도 부르는 검은콩이다. 특히 논농사가 발달한 우강·합덕 지역에서 쌀 다음으로 많이 생산되는 지역 특산물이다. 평소 지역 특산물을 이용해 체험학습 프로그램을 하고 싶었고, 드디어 행복배움터 두레에서 두렁콩 고추장 만들기 체험을 설계하였다. 마을학교 보나된장은 고추장, 간장, 된장, 청국장 등 전통 장류를 당진시 로컬푸드 매장에 납품하고 있는 전통 식품 제조업체다.

아이들이 버스에서 내리면 체험학습이 시작된다. 논과 논 사이의 경계가 논두렁이고 여기에 심은 콩을 두렁콩이라고 한다. 오뉴월에는 벼와 보리를 구별해 알아보고, 칠월에는 연보라색 콩꽃을 볼 수도 있다. 이렇게 마을 어귀의 자연환경을 보면서 체험장으로 이동하며 '온 마을이 학교'임을 실감한다. 보나된장에 도착하면 장독 너머 멀리 소들평야를 볼 수 있다. 잘 다듬어진 잔디 마당 끝에 장독대만 봐도 어떤 체험이 이루어질지 짐작할 수 있다. 우리는 전통 발효 식품에 대한 의견을 나누며

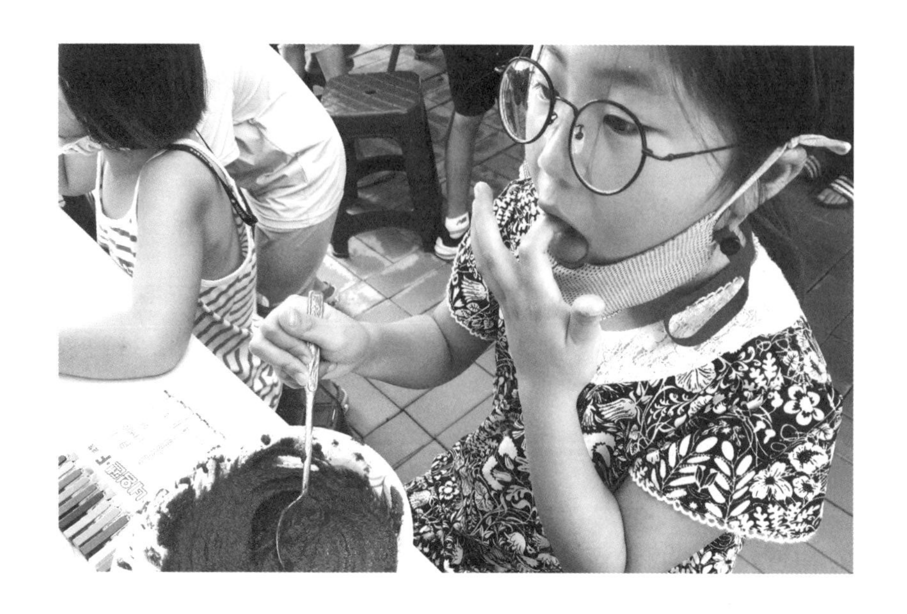

체험 준비를 한다. 모두 콩이 주원료이고 많은 음식의 조미에 이용되며 저장성이 매우 우수하다는 사실에 감탄한다.

재래식 고추장의 주원료는 메줏가루, 고춧가루, 곡물가루, 소금이다. 찹쌀이나 멥쌀, 혹은 보리나 밀의 가루를 쪄서, 끓인 엿기름물로 삭힌다. 삭히는 과정을 거치면 전분이 당화되어 묽어진다. 이때 메줏가루, 고춧가루를 섞고 소금으로 간을 맞추어 숙성시킨다. 하지만 체험학습에서 이러한 전통 방식을 그대로 고수할 수는 없었다. 다양한 레시피를 수집하고 비교하였지만 여러 번의 시행착오를 거쳐 방법을 찾았다. 곡물을 엿기름으로 삭히는 과정 대신 식혜를, 고추장의 발효와 숙성 과정은 전통 간장을 사용하기로 했다. 최종 레시피가 나왔다. 두렁콩 가루, 고춧가루, 메줏가루, 소금, 전통 간장, 식혜와 맛내기 재료는 물엿으로 정했다.

체험 시 계량법을 익히기 위해 요리용 디지털 저울과 흰색 뚜껑의 용기를 구입했다. 뚜껑이 빨간색이어야 할 것 같은 고정관념을 버리고 흰색을 선택한 이유는 따로 있다. 뚜껑에 나만의 상표를 그리기 위해서였다. 솜씨가 있으면 상상한 그림이 상표로 완성되었고, 그렇지 못하면 이름이나 유통기한을 써넣기도 했다. 각자 개성 있는 상표가 완성되면 고추장 만들기가 시작된다.

체험을 위한 모든 재료가 준비되면 정해진 재료의 양을 정확히 계량한다. 저울 사용이 미숙한 아이들을 위해 자세한 설명을 해도 늘 실수가 있기 마련이다. 똑같은 재료의 정량을 혼합해 섞어도 어떤 학생은 너무 묽어서 고춧가루를 더 넣어야 하고, 어떤 학생은 너무 되직해서 물엿을 더 넣어야 한다. 이때 가장 빛을 발하는 분이 있다. 보나된장 대표 김명순 선생님이다. 한번 눈길만 스쳐도 어떤 재료로 보완해야 할지 금방 답

이 나온다.

처음 마을학교 이야기를 꺼낼 때는 펄쩍 뛰던 분이다. 누구를 가르칠 능력도, 가르쳐 본 경험도 없고, 마을교사라는 호칭도 부담스럽다고 했다. 전통 장을 담가 로컬푸드 매장에 납품하고는 있지만 체험학습용 레시피도 없고, 발효 과정도 없이 소량으로 당장 맛을 낼 수도 없다고 했다. 그렇지만 수집한 자료를 토대로 먼저 실습을 해 보고, 어느 정도 고추장 형태가 나오면 차차 보완하자고 설득했다. 그랬던 분이 지금은 마이크를 두려워하지 않는다. 혹시 좀 더 발전된 체험학습은 없을까 고민하기도 하고 당진농업기술센터에 교육 정보만 있으면 열 일을 제쳐 두고 뛰어가기도 한다.

덩달아 신이 난 건 동네 주민들도 마찬가지다. 오랜만에 들려오는 아이들의 재잘거림을 귀찮아할까 걱정했는데 오히려 좋아하신다. 도대체 이 집에 무슨 일이 있나 하고 들렀다가 한껏 웃고 가신다. 어느 날은 수고한다며 아이스크림을 사다 주셔서 체험을 끝내고 잔디밭에 둘러앉아 나눠 먹은 적도 있었다. 마을에 아이들의 발자국 소리가 난다는 건 모두에게 희망적인 것이다. 그 소리가 희망을 마중하는 소리로 들려온다.

사실 두렁콩을 이용한 고추장 만들기 체험이 활성화되면 이웃에게도 도움이 된다. 마을 주민 대부분이 80대 고령자인데 자급자족하고 남은 콩이나 고추 등 잉여 농산물을 보나된장에서 소매가로 매입해 주기 때문이다. 읍내 장으로 나가기가 어려운 분들께는 이것도 큰 혜택이다. 교육을 매개로 서로 만나게 되고, 연쇄적으로 지역경제의 작은 순환계가 형성된다는 것이다.

이렇게 크고 작은 문제들을 해결해 가며 준비했는데 체험학습은 삼사십 분이면 끝이 난다. 정해진 양의 재료를 계량해 잘 혼합하고 자신이 꾸민 용기에 알뜰하게 옮겨 담으면 된다. 짧은 체험 시간을 보완하기 위해 화전과 비빔밥을 준비했다. 학교에서 반별로 체험 신청이 들어오면 아이들과 화전을 부친다. 가족 단위의 체험일 때는 비빔밥이 인기다. 만든 고추장을 용기에 옮겨 담은 후 그 그릇에 제철 나물을 넣고 참기름 살짝, 보나고추장 한 숟가락을 넣으면 맛있는 한 끼로 충분하다. 야채를 꺼리는 아이들도 자기 손으로 비빈 비빔밥은 신이 나서 먹는다.

마을학교 체험 프로그램을 운영하면서 학교는 지역사회로 나가고, 지역사회는 학교로 들어가야 하는 이유를 다시 한 번 확인했다. 저울 사용법을 꼭 과학 시간에 배워야 할 필요가 있을까. 지도책을 놓고 지리적 환경과 생산물의 관계를, 글과 이미지로 전통 음식을 접하는 게 의미가 있을까. 마을 주민들이 학생들에게 배움터를 제공하고, 교육의 주체가 되는 마을교육공동체! 로컬의 미래가 여기에 있다.

두렁콩 고추장 먹고 코로나를 물리치자

마을교육 고추장 만들기 체험

이문희

가을 들판이 노랗게 물든 추석 명절쯤이면 오곡백과가 풍성하다. 하늘의 구름과 노란 들판이 어우러진 가을 풍경은 우리들의 마음을 풍요롭게 해 준다. 추석을 며칠 앞둔 토요일 오후, 당진시 우강면의 한 들판을 거닐었다. 한 주를 번잡하고 치열하게 살았다면, 휴일에는 여유롭게 보내고 싶은 마음이 간절하다.

우강 들판을 거닐며 가을 감성에 빠져 보고 싶은 생각도 있었지만, 카메라를 어깨에 걸고 동네 길에서 찾아볼 것이 있었다. 우강면 특산물이라고 하는 두렁콩을 눈으로 확인해 보고 싶었다. 두렁콩은 논두렁이나 밭두렁에 심는 콩을 말한다. 두렁콩을 찾는 일은 어렵지 않았다. 논 가장자리에 노란 벼와 더불어 수확을 앞두고 있는 두렁콩을 곳곳에서 쉽게 찾아볼 수 있었다.

마을교육공동체 전통 음식 체험이 있는 날이어서 우강면으로 취재를 갔다. 기지초 학생 대상 가족 단위로 참여하는 두렁콩 고추장 만들기와 비빔밥 체험이었다. 체험 시간은 오후 4시 30분부터 시작이지만, 동네 한 바퀴 돌아보고 체험 장소인 보나된장에 일찍 도착하였다. 보나된장 대문 앞에는 백일홍이 만발했고, 항아리들이 마당에 줄지어 있는 것을

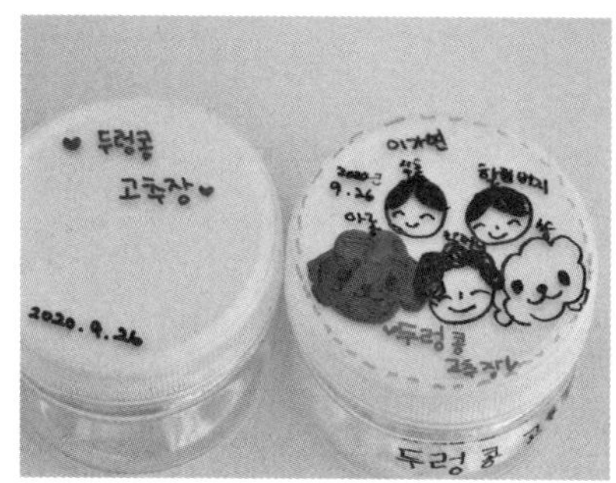

보니 물어보지 않아도 장 담그는 집인 것을 알 수 있었다. 잘 가꾼 정원과 깨끗하게 정돈된 항아리들을 보면서, 보나된장은 맛을 보지 않아도 맛있을 거란 생각이 들었다. 주인장의 깔끔한 손길이 장맛 또한 책임질 것으로 보이기 때문이다.

보나된장에서는 고추장 만들기 체험을 위한 만반의 준비를 하고 학생들을 기다렸다. 체험장에는 고추장 만드는 과정에 사용할 계량 저울이 있고, 고춧가루, 메줏가루, 천일염, 찹쌀 식혜 등 고추장에 들어갈 재료들이 가지런하게 준비되어 있었다. 밖에서 왁자한 소리가 웅성웅성 들리더니 고추장 만들기를 체험할 가족들이 도착하였다. 마당에 모여 행복배움터 두레의 장영란 선생님이 프로그램 일정을 설명하였다.

체험 참여자를 반으로 나누어 한 팀은 고추장을 만들고, 다른 한 팀은 고추장을 넣을 용기에 나만의 상표 만들기를 하였다. 그리고 각 팀의 과정이 끝나면 역할을 바꿔서 진행하였다. 고추장을 만드는 팀은 보나된장 대표의 설명대로 체험을 시작하였다. 계량 저울 사용법을 설명하고 순서대로 고춧가루, 메줏가루 등 재료를 계량하여 고추장을 만들었다. 가장 어린 참가자는 네 살 어린이였다. 마스크를 쓰고 숟가락보다 작은 손으로 계량을 하는 모습이 참 귀엽다. 엄마, 아빠와 함께 하는 체험이 아이들에게는 마냥 즐겁게 보였다.

또 다른 팀은 고추장을 담을 용기 뚜껑에 나만의 상표를 만들기 시작했다. 병뚜껑에 그린 그림들이 각자 개성 있고 다양한 생각으로 표현되었다. 그중에서 "두렁콩 고추장을 먹고, 코로나19를 물리치자"라고 쓴, 시대적인 상황과 흐름을 반영한 문구가 매우 인상적이었다.

한 주 동안 직장에서 열심히 일하고, 휴일에는 쉬고 싶을 텐데 아이들과 함께하는 아빠들의 모습이 진지하다. 자녀와 이야기 나누며 같이 만들어 보는 고추장 맛은 그 어떤 고추장과도 비교할 수 없는 가족의 장맛이 될 것이다. 고추장을 만들어 나만의 상표를 그린 병에 넣고 두렁콩 고추장 만들기 체험을 마무리하였다.

잠시 휴식 시간을 가졌다. 장독대 옆에 노랗게 익어 가는 감을 쳐다보며 쉬고 있는 사이 테이블 위에는 비빔밥 체험을 위한 준비가 되어 있었다. 고추장 만들기에 열심이었으니 이제는 고추장 맛을 보며 비빔밥으로 영양 보충을 할 시간이다. 갖가지 나물들이 준비되어 있고 윤기가 자르르한 갓 지은 흰쌀밥이 식욕을 자극했다. 커다란 양푼에 나물과 밥을 넣고 달걀 프라이를 얹었다. 그리고 두렁콩으로 만든 고추장과 고소한 참기름을 넣어 쓱쓱 비벼서 양푼을 가운데 두고 가족끼리 맛있게 먹으니 꿀맛이다. 아이들에게 고추장 비빔밥은 가족과 함께한 아름다운 추억이 될 것이다.

두렁콩 고추장 만들기는 잊혀 가는 우리의 전통 먹거리 중 하나를 체험해 보는 뜻깊은 프로그램이었다. 다양한 종류의 나물과 고추장, 기름이 어우러져 맛있는 비빔밥이 된 것처럼 교육지원청과 학교, 그리고 우리가 살고 있는 마을과 연계해서 이루어지는 마을교육공동체 프로그램은 앞으로도 더욱 기대해 볼 만하다.

시시施施[1]한 교육기부

김효실

당진교육지원청에서 운영하는 창의체험학교 '학교로 프로그램'은 2018년에 시작한 행복교육지구 사업으로, 교육기부자들이 학교로 찾아가 교육 활동을 지원하는 방식이다. 첫해에는 지원 시기를 놓쳐서 참여하지 못했다. 이듬해에도 예기치 못한 일이 생기는 바람에 또 시기를 놓치고 말았다. 뒤늦게 교육지원청에 문의하였지만 이미 마감이 된 후라 어쩔 수가 없었다.

초등학생을 대상으로 서양화가를 소개하고, 명화를 '읽어 주는' 수업을 하고 싶었다. 화가마다 독특한 자기 세계가 있는데 그것을 알고 나면 그림이 훨씬 잘 보인다. 또한 그림을 통해 그 시대와 역사적 배경도 엿볼 수 있다.

당시 학예사 시험을 준비하고 있을 때라 미술사 관련 전문 서적을 많이 봤는데 내용이 딱딱하고 용어도 어려웠다. 다음 해에 실시하는 교육기부에 꼭 참여하고 싶어 틈틈이 도서관에 가서 미술 관련 어린이 도서를 뒤적였다. 초등학교 미술 교과서를 참고하여 어린이들에게 익숙한 그

1. 시시(施施)는 좋아하는 모양, 신이 나는 모양을 뜻한다.

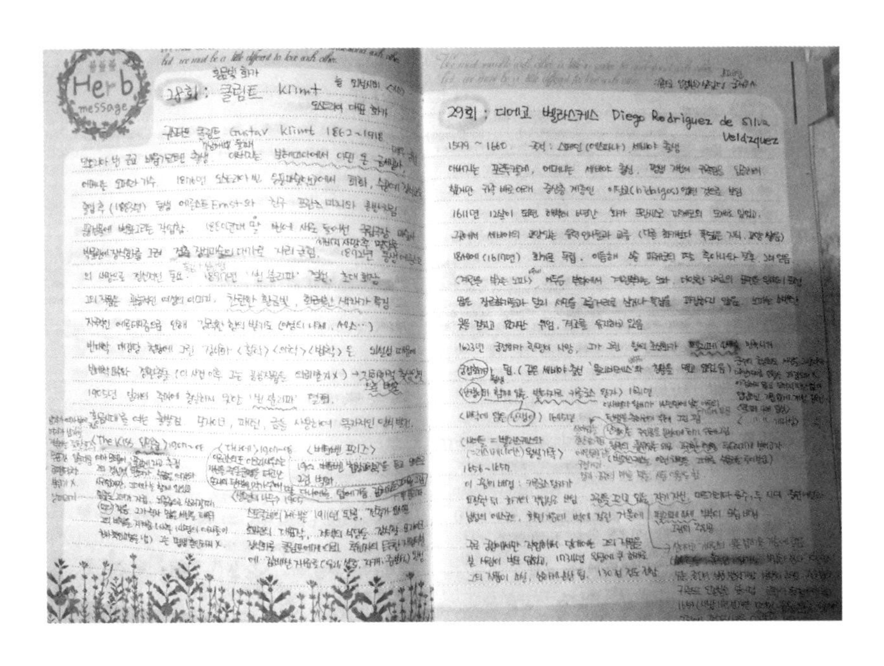

림과 화가 목록도 작성했다. 그렇게 '스토리텔링으로 배우는 서양 미술' 강의를 완성하였다.

문득 미술 전공자도 아니고 미술관에서 근무한 적도 없는데 미술 관련 수업을 해도 되나? 내게 그런 자격이 있는지 의문이 들었다. 교육지원청에서 자격 미달이라고 안 받아 주면 어쩌지…. 취미 수준의 얕은 지식을 가지고 수업을 하겠다고 나선 건 아닌지 걱정이 됐다.

「박물관 및 미술관 진흥법」에 따라 시행하는 준학예사 자격시험에 합격한다면 자격은 갖출 수 있었다. 문제는 1년에 한 번 있는 시험이라 다음 해에 학교로 프로그램에 참여하려면 한 번에 붙어야 한다. 자격 미달, 수준 미달로 또 참여하지 못할까 봐 '스트레스'를 받아 가며 열심히 공부했다. 학교로 프로그램이 촉매제 역할을 해 준 덕분인지 그해 12월,

시험에 합격하여 좀 더 떳떳하게 아이들 앞에 설 수 있게 되었다.

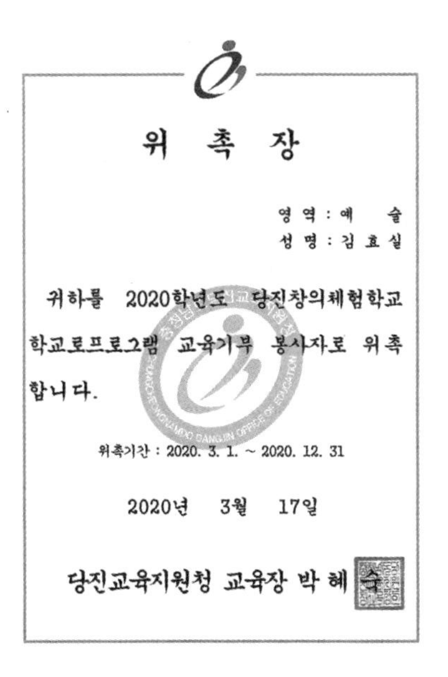

위 촉 장

영 역 : 예 술
성 명 : 김 효 실

귀하를 2020학년도 당진창의체험학교 학교로프로그램 교육기부 봉사자로 위촉합니다.

위촉기간 : 2020. 3. 1. ~ 2020. 12. 31

2020년 3월 17일

당진교육지원청 교육장 박 혜 숙

이듬해인 2020년 3월, 창의체험학교 '학교로 프로그램' 교육기부자로 위촉되어 위촉장을 받았다. 이것을 받기까지 3년이나 걸렸다. 창의체험학교 '마을로 프로그램'에서 마을교사로 활동하고 있기 때문에 늘 박물관이나 유적지 등 마을에서만 학생을 만났던 터라 학교 교실에서의 만남이 기대되고 설렜다.

당진교육지원청 학교지원센터에서 '모나리자', '별이 빛나는 밤', '밤의 카페테라스', '진주귀고리를 한 소녀' 등의 레프리카(원작의 보존이나 학습을 위해 복제한 제품)를 지원해 주었다. PPT나 프린트로 볼 수 없는 세밀한 붓 터치, 명암, 물감 자국 등을 관찰할 수 있어서 진품과 다름없는 감동을 준다.

하지만 코로나19라는 직격탄을 맞아 학교로 프로그램은 순조롭게 진행되지 못했다. 수업이 줄줄이 취소가 되어 1학기에는 1회, 2학기에는 2회만 남게 됐다. 이마저도 상황에 따라 얼마든지 취소될 가능성이 있었다.

7월 6일, 첫 수업을 하러 전대초등학교로 갔다. 마스크를 써서 아이들의 얼굴이 1/3만 보였다. 마스크 위로 반짝이는 눈망울을 보면서 레오나르도 다빈치, 베르메르, 고흐의 이야기를 해 주고 레프리카를 함께 감상했다.

2학기가 시작되었지만 아직도 두 번째 수업에 나가지 못하고 있다. 코로나19가 다시 확산되어 수도권을 중심으로 사회적 거리 두기를 2.5단계로 높였기 때문이다. 종교시설 집합금지 행정명령 기간이 연장되고, 당진 관내 모든 박물관이 휴관 상태이다. 무엇보다 대부분의 초등학교에서 온라인 수업을 하고 있으니 전대초등학교에서의 첫 수업이 올해의 마지막 수업이 될지도 모르겠다. 학교지원센터 이재복 주무관님이 필요하면 레프리카를 몇 개 더 구매해 주겠다고 했는데 수업에 나갈 수가 없어 아쉬움이 남는다.

올해는 코로나19 때문에 학교로 프로그램 운영에 차질을 빚었지만 '2019 학교로 프로그램 만족도 조사' 결과를 보면, '참여한 교육기부 프로그램에 만족하느냐'는 질문에 '매우 그렇다'가 71%, '그렇다'가 19%로 담임교사의 만족도가 90%에 육박한다. 민·관·학이 협력하여 이뤄 낸 기념비적인 성과이다. 해마다 참여하는 교육기부자 수도 늘어난다고 하니 당진에는 따뜻한 마음을 가진 사람이 참 많은 것 같다.

이런 선진적인, 훌륭한 프로그램 덕분에 당진의 미래인 우리 아이들이 많은 기회와 혜택을 누린다. 당진에서 자라고 있는 나의 아이들도 혜택을 받으니 나 역시 교육기부를 통해 나누고 싶다. 학교로 프로그램이 오랫동안 지속됐으면 좋겠다.

2부

진로체험, 꿈을 찾는 나침반

당진 클라스,
마을 곳곳에 진로체험 교육장 개설

중고등학생들에게 다양한 진로탐색 기회 제공

윤양수

당진교육지원청은 초1~중3 대상으로 창의체험학교를 운영하고 있다. 창의체험학교는 도내 타 시·군에 비해 앞서가는 마을기반 교육 플랫폼이다. 창의체험학교는 학생들이 마을로 찾아가 체험하는 방식, 교육기부자들이 학교로 찾아가 교육 서비스를 제공하는 방식이다. 2020년에는 마을 체험처 31곳을 선정하였으며, 83명의 교육기부자들이 학교로 찾아간다. 그러나 이는 일회성 체험과 단시 수업 위주로 진행된다는 점에서 중1~고3 학생들의 요구 수준을 충족하기에는 한계가 있다. 뿐만 아니라 중등은 초등과 달리 수업 시간 운영에도 제약이 따른다.

중1~고3 학생들의 진로 설계와 성장을 돕기 위해서는 다른 지원 체계가 필요하다고 본다. 이 같은 맥락에서 당진교육지원청은 중1~고3 학생들을 지원하기 위해 마을기반 진로체험체계 구축을 중장기 과제로 설정하고, 올해부터 마을 곳곳에 진로체험 교육장을 개설하여 운영한다. 학생들이 직업 세계의 변화에 능동적으로 대처할 수 있도록 다양한 진로탐색 기회를 제공하려는 것이다. 이를 위해 2019년에 3개 교육장을 인큐베이팅하였으며, 2020년에는 15개 교육장을 개설했고, 2021년에는 20개 이상을 개설하는 방식으로 점차 확대·운영할 방침이다.

현재 충남교육청 미래인재과에서는 진로교육 관련 정책 생산과 직업교육을, 충남교육청연구정보원 진로진학부에서는 주로 진로·진학 교육을 담당하고 있다. 자체 조례에 따라 진로교육센터를 운영하고 있으며, 관할 시·군 교육지원청에도 진로직업체험지원센터를 설치하여 학생들의 진로직업체험을 지원하고 있다. 또한 단위학교에서도 창의적 체험활동, 자유학년제, 선택 교과 등 정규 교육과정 운영 시간에 일상적인 진로교육을 실시하고 있다. 그럼에도 학생들의 관심과 요구 수준에 맞는, 충실한 진로교육 서비스를 제공하는 데에는 한계가 있다.

특히 4차 산업혁명 시대, 프리 에이전트Free Agent의 시대에 대처할 수 있는 다양한 진로탐색 기회를 제공하지 못하고 있다는 지적이 크다. 학생들의 진로탐색과 설계를 지원하기 위해서는 상담실, 체험실, 전시관, 도서관, 강의실, 세미나실, 동아리실, 카페 등 다양한 시설과 공간이 필요하다. 시·도 교육청 단위에서 진로교육원 건립에 힘을 기울이는 것도

그런 이유 때문이다. 이와 함께 학생들의 진로체험과 진로탐색을 지원하는 시스템을 구축하여 진로교육 서비스를 제공할 필요가 있다고 본다. 그러나 지역교육지원청 단위에서 앞서 언급한 시설과 공간을 모두 갖추고, 진로교육 서비스를 제공하는 것은 쉽지 않은 일이다.

당진시는 중소도시다. 대도시에 비해 진로체험 교육자원과 인프라가 상대적으로 빈약한 편이다. 그럼에도 제한적이나마 지역사회의 인프라와 교육자원을 활용하여 진로탐색 기회를 제공할 수 있다. learning by doing! 존 듀이John Dewey가 말했듯 직접 경험해 봐야 알 수 있다. 당진교육지원청이 운영하는 진로체험학교는 방과 후, 주말, 방학 중에 단위학교 정규 교육과정 시간에 접하기 어려운 진로체험을 제공하는 방식이다. 참고로 2019년 당진행복교육지구 사업 평가 연구 결과 학생과 학부모의 경우 진로체험에 대한 요구가 1순위로 나타났고, 2019년 하반기에 3개 교육장을 인큐베이팅한 결과 학생들의 만족도도 매우 높게 나타났다.

당진교육지원청이 운영하는 진로체험학교는 마을기반·현장기반 진로체험을, 일회성 체험을 넘어선 프로젝트 수준의 진로탐색 기회를 제공하는 방식이다. 현존하는 다양한 직업군을 탐색하는 진로탐색형 체험과 직업세계의 급격한 변화에 맞게 새로운 진로와 직업을 창출하는 진로창조형 체험을 지향한다. 추가하자면, 기존의 틀에 맞추는 진로교육도 필요하긴 하나 무정형, 유동성, 고용 없는 성장 등을 특징으로 하는 미래사회 직업세계의 변화에 맞게 격格 혹은 규격規格을 따라가는 방식을 넘어 틀을 깨는 파격破格의 방식도 필요하다.

반복하자면, 학생들이 직업세계의 변화에 대응할 수 있도록 올해부터 마을 곳곳에 진로체험 교육장을 개설했다. 처음 시작이 늘 그렇듯 부족한 게 많다. 진로체험체계 구축을 위한 지역사회와의 협력체계 구축, 자유학년제 연계 진로교육 지원을 위한 학교와 마을 간의 연결 시스템 구축, 당진교육지원청 진로직업체험지원센터 기능과 역할 재정비, 학교 급별 진로전담교사 역할 제고, 진로교육 지원과 관련한 시 조례 제정, 안정적인 예산과 인력 확보, 지자체와 업무 분담 등 해결해야 할 과제가 많다. 민·관·학이 손잡고 힘을 모아야 가능한 일들이다.

2020년 3월 진로체험학교 개강을 앞두고 사업 설명회를 개최할 계획이었다. 홍보도 필요했고, 학생, 교원, 학부모들의 의견과 요구도 파악할 필요가 있었다. 그러나 알다시피 코로나19 확산으로 설명회를 취소했고, 상반기 개강도 두 차례나 연기했다. 어려운 상황에서도 10개 교육장 운영을 완료했고, 나머지는 곧 개강한다. 미디어, 메이커, 머신러닝, 화장품 과학, 항공정비, 드론, 마을 아카이브 등 분야가 다양하다. 인원 제한이 있으나 학생들이 원하는 체험을 직접 선택할 수 있고, 주말이나 방학을 이용하여 활동에 참여한다. 2021년에는 지자체에서 자유학년제 진로교육 지원 시스템도 구축한다. 창의체험학교와 유사한 원클릭 지원 시스템이다.

당진 관내 초등학생들은 6년간 창의체험을, 중고등학생들은 6년간 진로체험을 경험할 수 있을 것이다. 마을기반·현장기반 진로체험학교는 학생들에게 진로탐색을 위한 나침반이 될 것으로 기대한다. 나아가 학생들이 마을 혹은 지역사회와 접속하면서, 또 소통과 협업을 통해 프로젝트를 수행하는 과정에서 미래역량을 갖춘 시민으로 성장하는 데 얼마간 도움이 될 것이다. 이는 마을이 배움터를 제공하고, 아이들의 배움과 성장을 돕는 마을교육공동체, 아이 키우기 좋은 마을 살기 좋은 당진을 만들어 가는 일이라는 점에서도 큰 의미가 있다. 당진교육의 도약과 지역사회의 발전을 위해 지역사회 구성원들의 적극적인 동참을 바란다.

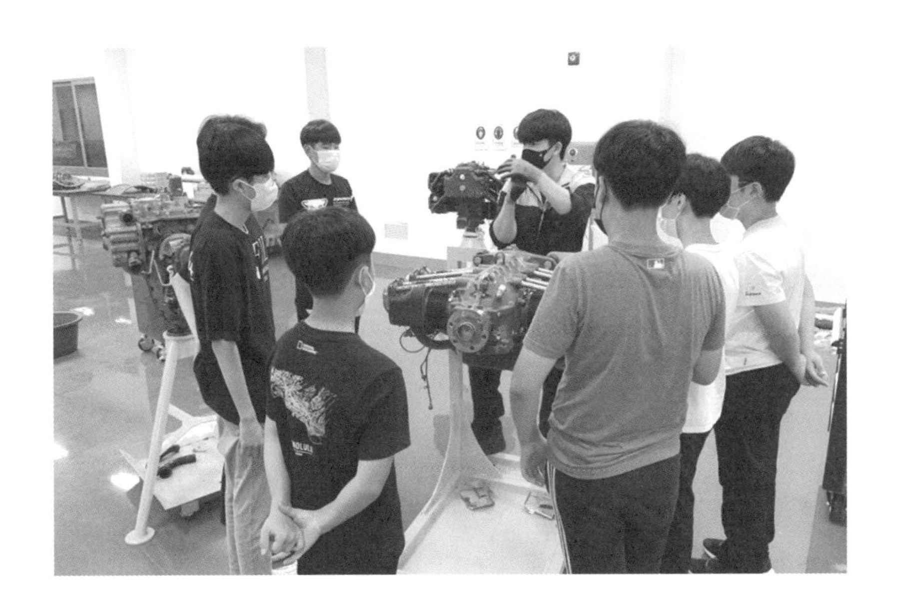

진로체험이 실학이다

장영란

실학實學의 사전적 의미는 '실제로 소용되는 학문'이다. 조선의 르네상스로 불리던 18세기의 새로운 학풍으로, 정조, 박지원, 정약용 등이 학파를 형성하였다. 그렇다고 그 이전의 학문을 허학虛學이라고 말하는 이는 없다. 시대의 흐름에 따라 학문의 가치 기준이 달라진 것이다. 2년 전 여름, 당진시청 학예연구사와 남양주에 있는 실학박물관을 답사한 적이 있다. 한 달에 한두 번씩 답사 여행을 하던 때라 특별한 의미를 두고 정한 곳은 아니었다.

실학박물관 답사는 개인과 지역사회에 커다란 영향력을 발휘했다. 우선 함께 한 학예연구사는 '유네스코 2012년 세계기념인물 정약용'을 벤치마킹했다. 그는 돌아오자마자 유네스코한국위원회와 문화재청, 국외소재문화재재단, 천주교 대전교구 등 여러 곳을 찾아다니며 우리나라 최초의 사제 김대건 신부의 업적을 널리 알렸다. 그 결과 유네스코가 2019년 11월 제40차 총회에서 김대건 신부를 2021년 세계기념인물로 선정하는 쾌거를 이룩했다. 그렇다면 나는 무엇을 얻었을까?

청소년 도슨트 양성과정은 행복배움터 두레의 대표 프로그램 중 하나다. 도슨트Docent는 박물관이나 미술관 등에서 관람객들에게 전시물

을 설명하는 사람을 말한다. '가르치다'란 뜻으로, 내가 하고 있는 해설사의 역할과 다르지 않다. 청소년 도슨트 양성과정을 계획하고 나니 세부적인 준비가 필요했다. 행복배움터 두레는 교육장도 사무실도 없다. 물론 경험도 없다. 하지만 구성원들의 성실성과 의욕만큼은 남부럽지 않다. 먼저 답사를 함께 한 심훈기념관 학예연구사에게 계획서를 보여줬다. 교육장은 심훈기념관의 별관인 상록수문화관으로 사용 승인을 받았다. 추가로 배너와 현수막, 홍보용 포스터 제작을 부탁했더니 고맙게도 흔쾌히 협찬해 주었다. 박물관 활용 사업으로도 괜찮은 프로그램이지만, 심훈의 브나로드운동의 현대적 버전으로 의미를 부여한 모양이다.

총 10회 30시간의 운영 계획을 세우고 고등학생들을 모집했다. 300만 원 정도의 운영비로 강사비, 교재비, 용품비 등의 예산 운영 계획을 세웠다. 한 치의 빈틈도 없이 계획대로 예산을 집행하는 김효실 대표가 있어 나머지 마을교사들은 강의와 실습, 체험 준비에 몰두할 수 있었다. 학생들이 청소년 도슨트 양성과정에 참여하게 된 동기는 다양했다. 역사교사나 아나운서가 되고 싶은 학생도 있었고, 남 앞에 설 때마다 느끼는 심리적 부담을 극복하는 계기로 삼고자 참여한 학생도 있었다.

심훈기념관 전시물을 해설하기 위해서는 인물에 관한 정보와 관련 인물, 일화, 작품, 평가 등 배경지식도 알아야 한다. 그런 까닭에 이론 수업과 실습을 병행해야 했다. 심훈 선생의 생가와 전시관을 오가며 현장 실습은 물론 발표와 체험, 퀴즈 골든벨 등 다양한 방법으로 수업을 진행했다. 강의 내용이 어느 정도 전문적이고 배경지식이 필요해서 다소 지루할 수도 있었다. 그럼에도 중도에 포기한 학생은 없었다. 출석률도 완벽했고, 10회의 체험을 무사히 마무리하였다. 회계학을 전공하려던 하은이는 부모님과 상의하여 자신의 진로를 바꿨다며 만족해하는 모습을 보

였다.

특히 기억에 남는 것은 청소년 도슨트 양성과정이 대통령 직속 3·1운동 및 대한민국임시정부 수립 100주년 기념사업추진위원회가 추진한 국민 참여 인증 사업에 선정된 일이다. 심훈의 생애와 작품세계 강의, 심훈의 저항시 릴레이 낭독, 태극기 바람개비 동산 조성 사업, 슈링클스로 기념품 만들기 등 독립운동가 심훈의 생애와 업적, 정신을 계승하는 다양한 활동을 인정받은 것이다. 한편으로는 지역의 인물과 역사를 제대로 배우고 깊게 공감하는 청소년들이 있었기에 가능한 일이었다.

청소년 도슨트 양성과정이 끝났다고 이를 추억의 서랍 속에 넣어 둔 것은 아니다. 1기에 참여한 학생이 2기를 심화과정으로 생각하고 또 신청했다. 우리는 책임감을 가지고 더 준비하는 성의를 보였고, 지역사회 문화유산을 홍보하는 봉사활동으로도 연계하였다. 신평고 세연이는 국

가사적 제529호 당진 솔뫼마을 김대건 신부 유적지를 영어로 소개하는 영상을 SNS에 올려 지역의 문화유산과 인물을 홍보하였다. 뿐만 아니라 합덕수리민속박물관, 합덕제, 합덕농촌테마파크를 소개하는 영상도 계속 업로드하고 있다.

청소년 도슨트 양성과정을 통해 지역사회의 문화유산에 관심을 갖고 애향심을 키워 가는 것이 이번 교육의 큰 성과라고 생각한다. '아이 키우기 좋은 마을 살기 좋은 당진'을 멀리서 어렵게 찾을 필요는 없다. 큰 돈을 투자해야 한다는 고정관념도 버려야 한다. 작지만 실질적인 체험이 나비의 날갯짓이 될 수도 있다.

나는 이런 교육을 실학이라고 말하고 싶다. 물심양면으로 지원하는 행복교육지원센터가 이 시대의 정조요, 체험 현장에서 즐겁게 적극적으로 참여하는 저들이 미래의 연암이요, 다산인 것이다.

뭐 하지,
뭐 할까

윤양수

오늘은 패션디자인 종강일이다. 더핸즈공예협동조합이 6주간의 일정으로 '나만의 패션 아이템 만들기' 활동을 마무리했다. 소잉Sewing, 니팅Knitting, 플라워Flower를 융합한 패션디자인 프로젝트다. 더핸즈 디자이너들이 길잡이 교사로 참여했다. 소잉은 H STORE 지혜진 대표, 니팅은 by한코 고정연 대표, 플라워는 블랑의 이윤아 대표가 맡았다. 당진 시내에서 개인 사업장을 운영하는 분들이다.

교육장을 확인하고, 길잡이 교사를 섭외하기 위해 H STORE를 직접 방문했었다. H STORE는 지혜진 대표가 운영하는 사업장이다. 교육지원청에서 운영하는 진로체험학교를 안내하고, 이런저런 이야기를 나누면서 패션디자인 체험 설계 방향을 논의했다. 프로젝트 설계는 by한코의 고정연 대표가 애써 주셨다. 다양한 분야를 연결·융합하는 감각이 있는 분이다. 작업의 흐름과 절차workflow를 학생들의 관심사와 수준에 맞게 멋지게 설계해 주셨다.

진로체험학교는 교육지원청에서 직영하는 사업이다. 앞서 말한 것처럼 교육장을 찾고, 길잡이 교사를 만나는 일부터 재료 지원, 간식 배달, 시설 임차 등 각종 지원에 이르기까지 품이 많이 든다. 교육장별로 2회 이

상 점검도 나간다. 일하다 보면 길잡이 교사와 혼선을 빚기도 하고, 때로는 불편한 일도 생긴다. 서류 처리, 강사비 지급, 활동 결과 안내, 수료증 발급 등 뒤따르는 일도 적지 않다. 주무관의 지원이 없으면 엄두를 내기 어려운 일이다.

패션디자인 체험에는 중고등학생 15명이 참여했다. 길잡이 교사들이

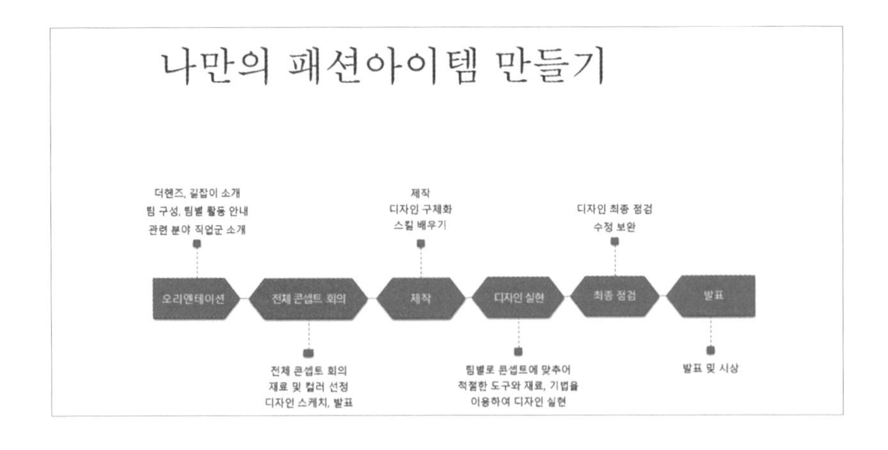

활동을 안내하고, 공예 분야와 공예 디자인 등에 대해 알아보는 활동으로 첫 시간을 열었다. 관련 분야의 다양한 직업군을 알아보는 시간도 곁들였다. 이어 디자인 콘셉트를 여행으로 정하고, 패션 아이템을 구상했다. 팀별로 회의를 통해 디자인을 구체화하고, 검토·수정하는 과정을 거쳐 완성도를 높였다. 소잉, 니팅, 플라워의 재료와 스킬을 익히고, 작품 제작에 들어갔다.

일전에도 작업하는 모습을 보러 갔었다. 그럼에도 체험을 어떻게 마무리하는지 궁금했다. 우선 팀별로 작품 디자인을 발표했다. 스마트폰에 적어 둔 메모를 보며 작품을 설명한다. 한 친구는 다리에 반깁스를 하고 왔다. 춤을 연습하다 다쳤다고 한다. 그럼에도 결석하지 않고 와서 작품을 발표했다. 피날레를 장식하는 패션쇼가 이어졌다. 아이디어가 기발하다. 군데군데 디테일도 빛난다. 튀는 느낌도 없고, 외출복으로도 전혀 손색이 없을 것 같다.

원당중학교에 다니는 희원이는 이렇게 말한다. 토요일임에도 기대감으로 설레서 한 번도 빠지지 않고 참여했다고. 어렸을 때부터 옷을 만들어 입는 걸 좋아했기 때문에 개설한다는 소식을 듣자마자 체험을 신청했다고 한다. 전문가들의 도움을 받으며 직접 해 볼 수 있어서 좋았다고 한다. 팀원들과 함께 만든 패션 아이템으로 패션쇼까지 하고 나니 즐겁고 뿌듯했다고. 심화과정도 있으면 좋겠다며 아쉬움을 표현했다. 욕심이 나는 모양이다.

더핸즈 길잡이 교사들은 시작하기 전에는 어려울 거라고 생각했다고 한다. 아이들과 함께해 본 경험이 없었기 때문이다. 그런데 막상 해 보니까 예상과는 달리 아이들이 기대 이상으로 잘해 줘서 보람을 느꼈다고 한다. 의욕적으로 활동하는 아이들을 보면서 더 많은 것을 가르쳐 주고

Sorbel.

싶었다고. 차기 프로젝트는 분야를 좀 더 세분해서 진행하고 싶다고 한다. 참고로 더핸즈 길잡이 교사들은 행복교육지구 홍보 영상에도 흔쾌히 출연해 주셨다.

소박하게 시상식도 진행했다. 팀별로, 모든 아이들이 아이디어, 실현 가능성, 팀워크 상을 받았다. 혼자 보기 아까운 시간이었다. 작품 발표와 쇼로 피날레를 장식하는 방식이 매우 인상적이었다. 기념사진을 촬영하는 순간 아이들이 취하는 포즈도 생기발랄했다. 그런 모습을 지켜보는 아이들의 얼굴에 까르르 웃음꽃이 핀다. 좋은 선물을 받은 것 같은 감응이 가시질 않는다. 진로체험학교 사업을 도입하길 잘했다는 생각이 든다.

학생들의 작품 발표와 패션쇼를 지켜보며 차기에는 활동을 공유하는 기회를 마련해야겠다고 생각했다. 피날레는 미처 예상치 못한 방식이었고, 대비하지 못한 탓에 사진과 영상 기록도 제대로 남기지 못했다. 내년까지는 코로나19 때문에 쉽지 않을 것이다. 언젠가는 코로나19 또한 지나갈 것이다. 그때가 되면 산출물을 전시하고, 활동의 과정과 결과를 공유하는 기회도 마련하고 싶다. 학생들에게도, 보는 이들에게도 유익한 시간이 될 것이다.

요즘은 그렇게 토요일마다 마을교사들이 운영하는 진로체험 교육장을 돌아본다. 존 듀이가 말했던가. learning by doing! 이것저것 직접 해 봐야 무엇을 잘할 수 있는지 알 수 있다. 관내 중고등학생들은 6년간 진로체험을 경험할 수 있다. 마을기반 진로체험학교는 학생들에게 진로 탐색을 위한 나침반이 될 것으로 기대한다. 마을과 접속하면서, 소통과 협업으로 프로젝트를 수행하는 과정에서 학생들이 성장하는 데 얼마간 도움이 될 것이다.

행복을 찾아서

이수영

쓱싹쓱싹 연신 무언가를 갈아 대는 소리가 목공예 공방에 울려 퍼진다. 아이들은 매서운 눈빛으로 어디 하나 모난 곳은 없는지 이리저리 돌려가며 연신 사포질을 해 댄다. 나무판 하나에 열정을 다하는 그 모습에 괜스레 웃음이 났다.

자기가 쓸 책상과 의자를 직접 만든다는 마을기반 진로체험 수업을 취재하러 간 경림공방에서 아이들의 새로운 모습을 발견할 수 있었다. 핸드폰 게임 말고 이토록 열중하고 있는 중학생 아이들을 본 적이 있던가 싶을 만큼 아이들이 진지한 표정으로 목공예 체험을 하고 있었다.

취재 전 당진행복교육지원센터 홈페이지에서 마을기반 진로체험 수업에 대해 알아보았다. 마을기반 진로체험 수업은 학교와 마을의 교육적 연계기반을 조성하고, 학생의 전인적 성장을 지원하는 것에 목적을 두고 있었다. 매우 다양한 활동들이 마을과 함께 이루어지고 있었다. 그 중 '목공예: 공부방 가구 만들기-학생들 스스로 공부할 책상과 의자를 만들어 보는 체험'이라는 프로젝트 소개를 보고, 아이들이 정말 책상을 만들 수 있을까 하는 의구심이 들었다. 만든다 하여도 '얼마나 제대로 된 걸 만들겠어?'라는 생각으로 순성면에 있는 경림공방을 방문했다.

천동부 대표님에게 공방에 대한 소개와 진로체험 수업에 대한 이야기를 들으며 공방을 둘러보았다. 공방 입구에 놓여 있는, 아이들이 만든 책상을 보고는 정말이지 깜짝 놀랐다. 성인이 써도 전혀 손색없는 크기와 판매하는 것이라 해도 믿을 만큼 제대로 만든 책상을 보고는 '이걸 정말 아이들이 만들었다고?', '마을교사가 거의 다 해 준 건 아닐까'라는 의구심이 들 정도였다.

아이들이 하나둘 도착하여 익숙한 듯 나무판을 받아 자신의 자리를 찾아 앉았다. 오늘의 작업은 책상 서랍을 만드는 것이었다. 수업에 대한 안내와 주의사항을 들은 후 본격적으로 작업을 시작했다. 아이들은 꽤나 큰 나무판을 이리저리 돌려 가며 사포질을 하고, 차근차근 풀질과 못질을 하며 자신이 원하는 모양의 책상 서랍을 완성해 갔다. 옆에서 작업을 지켜보며 저런 부분은 별로 티도 안 나 대충 해도 될 텐데 싶었지만, 아이들은 절대 대충 하지 않았다. 작은 흠과 틈까지도 꼼꼼히 사포질을 하고, 모르는 것을 마을교사에게 물어보며 자신이 원하는 모양의 책상 서랍을 차근차근 완성해 나갔다.

아이들이 작업하기 어려운 부분은 마을교사가 도움을 주기도 했지만, 대부분의 작업은 아이들의 손으로 이루어졌다. 모두에게 동일한 재료가 주어졌지만, 그 속에서 자신의 개성을 담아내는 모습을 보며 아이들의 능력을 믿지 못한 나를 반성하게 되었다. 친구들과 '내가 잘하네, 네가 잘하네' 경쟁도 하고, 아이디어를 공유해 가며 서로 돕기도 하며, 평소엔 써 본 적 없는 도구들을 활용하여 자기 힘으로 책상 서랍을 완성해 갔다. 그렇게 만들어진 책상 서랍은 이미 만들어진 책상에 설치되어 책상의 모습이 완성되었다.

그 모습을 보며 나의 중학생 때는 어떠하였던가를 떠올려 보았다. 학

교에서 학업 외의 활동은 소풍과 수학여행이 전부였던 학창 시절, 학교는 곧 교과서와 시험만으로 기억된 곳이었다. 나의 학창 시절에는 학교를 벗어난 교육은 거의 존재하지 않았고, 그마저도 학원이 전부였다. 학생에게 취미란 것도 독서 그 이상은 허락되지 않았다. 그래서 우리 세대에게 교육과 배움이란 언제나 시험, 성적처럼 학업적인 성과로 연결되어야 하는 것이었다. 그래서 지금의 아이들이 하는 체험활동도 교육의 일환이라기보다는 취미와 놀이 정도로만 인식하는 사람들이 많이 있다.

그런데 체험활동을 하는 아이들의 모습을 보며 과연 교육이 무엇인가를 다시 한 번 생각해 보게 되었다. 사전을 찾아보니 교육教育이란 "인간이 삶을 영위하는 데 필요한 모든 행위를 가르치고 배우는 과정이다"라고 정의되어 있었다. 내가 알고 있던 교육은 시험 성적이었지만, 교육의 참뜻은 시험 성적만이 아닌 인간의 삶 전반에 걸쳐 일어나는 모든 활동과 관련이 있는 것이었다. 교육이 나아가야 할 진정한 길은 바로 인간의 삶의 행복을 위한 것임을 새롭게 깨닫게 되었다. 이제야 '당진행복교육지구'의 이름에 행복이 붙여진 이유와 의미, 그리고 지향하는 바를 알게 되었다.

자신의 손으로 책상과 의자를 만들어 본 활동은 아이들이 삶 속에서 잊을 수 없는 경험이 될 것이다. 그리고 그 책상 위에서 자신의 행복을 그려 나가는 방법을 배우고 펼쳐 나갈 것이다. 학생들이 자신의 행복을 찾기 위한 기나긴 여정의 동반자로서 당진행복교육지구가 발전하길 기원한다.

호랑이굴로 들어온 아이들

안라미

직장생활을 하다 보면 마음의 온도가 차가워질 때가 많다. 입사할 당시의 뜨거웠던 열정은 점점 식어서 위험 수위에 다다르다가도 사소한 계기로 다시 뜨거워지기도 한다. 그렇게 등락을 반복하면서 유지하는 직장생활 중 유독 반등하는 시기가 있다. 바로 아이들을 만날 때가 그렇다.

나는 당진시대방송미디어협동조합 PD로, 2019년부터 당진교육지원청에서 운영하는 진로체험의 한 분야로 청소년 미디어 체험을 운영하고 있다. 이 미디어 체험을 진행할 때면 12명의 아이들과 석 달 정도 활동하게 되는데, 그 시기가 되면 조금 설레기도 하고 긴장도 되면서 몸에 온기가 도는 느낌이다.

청소년 미디어 체험은 당진시대라는 신문사의 특징을 살려 기획한 프로그램으로, 기자와 PD를 꿈꾸는 친구들이 현직 기자와 PD에게 코칭을 받으며 뉴스 영상을 제작하는 프로젝트이다. 학교를 통해 신청자를 모집했던 작년과 달리 2020년부터는 행복교육지원센터가 홈페이지를 통해 온라인으로 신청을 받았다. 코로나19 확산으로 우려스러운 시기에 과연 신청하려는 아이들이 있을까? 정원에 미달하지는 않을까 걱정했지

마을기반 진로체험 학교
청소년 미디어 체험교실
당진시대 방송미디어협동조합
당진교육지원청
STAFF

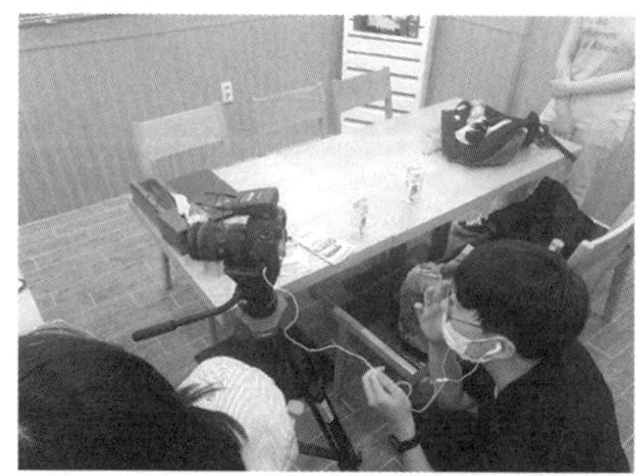

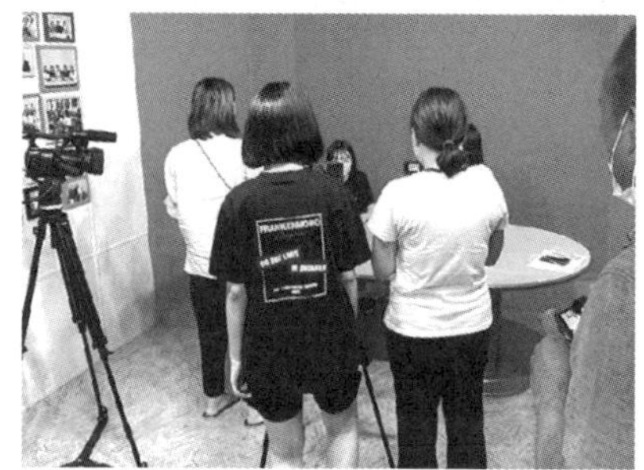

만, 다행히 걱정했던 일은 일어나지 않았다.

12명의 정원이 다 채워지고 수업이 시작됐다. 실제로 아이들을 만나 보니 과연 스스로 신청한 아이들답게 미디어 분야에 확실한 꿈을 갖고 있었다. 기자와 PD는 물론이고 영상편집자와 방송작가, 영상기획자, 항공촬영 감독까지 이미 구체적인 꿈을 그리고 있는 친구들이었다. 대견했다. 중고등학교 시절 진로의 가닥도 잡지 못하던 나에 비하면 참으로 될 성부른 떡잎들이었다. 꿈에 좀 더 다가가기 위해서 시간과 노력을 값지게 투자하고 있으니 얼마나 현명한 아이들인가! 나는 청소년 미디어 체험을 선택해 준 아이들에게 마음속으로 감사와 감탄을 연발하며 면면을 살펴보았다.

그런데 PD와 기자를 체험해 보겠다고 온 12명은 활발하고 적극적인 성향의 아이들만 있는 것은 아니다. 비율상으로 보면 내성적이고 조용한 친구들이 더 많았다. 이 친구들이 과연 프로그램에 흥미를 갖고 참여할까? 영상뉴스 제작 프로젝트를 끝까지 해낼 수 있을까? 첫날은 걱정스럽기도 했지만, 그것은 기우였다.

기획 회의를 할 때쯤 되자 말없이 조용히 있던 아이들도 조금씩 입을 열기 시작했다. 가느다란 목소리였지만, 아이들의 의견에는 꽤 괜찮은 아이디어가 많았다. 시험 기간이 겹쳤던 하루를 제외하고는 결석하는 친구도 거의 없었다. 오히려 몸이 아픈데도 수업을 듣고 싶어서 왔다가 엄마에게 억지로 불려 나간 친구가 있을 정도였다. 그런 아이들의 반짝이는 눈은 강사들을 더 부지런히 움직이게 했다.

중학생팀 강사로 참여한 기자는 수업이 끝난 이후에도 아이들과 모여 회의를 계속했고, 또 다른 기자는 아이들이 원하는 인터뷰 촬영을 진행할 수 있도록 섭외와 취재를 코칭하고, 현장 취재에도 동행했다.

아이들의 의견을 최대한 반영해서 '청소년 흡연 실태'와 '청소년 도박' 문제, 그리고 '청소년을 위한 추천 여행지 소개'를 주제로 영상뉴스 제작에 들어갔다.

카메라와 드론 같은 촬영 장비를 직접 다뤄 보고, 기자들과 함께 취재하고 촬영하면서 아이들은 PD와 기자의 역할을 하나씩 체험했다.

그렇게 5주 동안 배우고 준비한 것들을 마지막에 쏟아부어야 할 때가 왔다. 팀별로 스튜디오 녹화를 시작했다. 앵커와 취재기자 역할을 맡은 아이들이 카메라와 조명 앞에 섰고, PD 역할을 맡은 아이들은 카메라를 잡았다. 실전 같은 체험을 해야 하는 아이들은 긴장한 기색이 역력했다. 카메라 앞에 선 아이들의 눈은 갈 곳을 잃고, 목소리는 기어 들어갔다. 손에서 땀이 나는지 연신 손을 문질렀다. PD를 맡은 아이들은 '스탠바이 큐!'를 제때에 외치지 못하거나 실수로 NG를 내기도 했다.

아이들의 긴장한 모습을 보며 문득 그런 생각이 들었다. 꿈을 찾기 위해 낯선 공간, 스튜디오라는 호랑이굴에 아이들이 스스로 들어와 있구나! PD와 기자가 되어 보겠다며, 긴장되고 떨리는 그 순간과 마주하고 있는 아이들의 모습이 예쁘고 기특했다. 연거푸 NG가 났지만, 나는 칭찬과 조언을 아끼지 않았다. 녹화가 진행될수록 아이들은 처음의 긴장한 모습과는 달리 점점 여유를 찾아갔고, NG가 날 때마다 까르르 웃음소리가 흘렀다.

3개 팀이 각자 준비한 큐시트cue sheet대로 녹화를 해냈다. 3팀 중에는 줄곧 자신감 있고 여유 넘치는 모습으로 촬영한 팀도 있었다. PD와 기자의 역할을 처음부터 잘 해낼 수 있는 친구도 있지만, 큰 용기와 노력이 필요한 친구들도 있다. 그 친구들 모두 PD와 기자라는 꿈을 꾸기에 충분한 자격이 있고 가능성이 있다. 중요한 것은 '자신이 기자를 하기에 얼마나 적합한 성향을 가지고 있나'가 아니라 '얼마나 기자가 되고 싶은가'이기 때문이다. 나는 호랑이굴에 들어와 포기하지 않고 용기와 노력을 보여 준 아이들에게 격려의 박수를 보내고 싶다. 그들은 분명 더 큰 호랑이굴도 겁내지 않고 도전하리라 믿는다.

교육이 끝난 후 당진시대의 교육 담당 기자가 체험에 참여한 아이들을 취재하기 위해 질문을 던졌다. 체험해 본 소감이 어떠냐고. 신문의 지면으로 만난 아이들의 대답은 또 한 번 마음의 온도를 뜨겁게 했다. 극찬이나 미사여구는 없었다. 하지만 '재미있었다', '좋았다'라는 말들이 내게는 어떤 말보다 값졌다.

인생에서 꿈의 완결이란 것이 있을까. 그런 것은 존재하지 않는다고 생각한다. 그저 꿈을 향해 나아가는 과정, 그것이 전부가 아닐까. 꿈을 향해 달려가는 과정에 기꺼이 참여한 12명의 아이들! 또 다른 호랑이굴에 들어가 꿈을 찾는 즐거움을 만끽하기를 바란다. 이곳 당진행복교육지구 진로체험학교에서.

너는 어떤 사람이 되고 싶니?

김경민

2019년 송산종합사회복지관에서 당진교육지원청의 지원으로 찾아가는 중학생 진로교육을 진행하게 되었다며, 강의를 요청해 왔다. 꽃자리어린이책인문학회의 최은영 대표는 다년간 학생들과 인문학 교육, 독서교육을 진행해 왔다. 그러나 학교현장에서 중학생들을 집단으로 만나는 것은 또 다른 도전이었다. 또래 집단에 다양한 아이들이 있기에 일회성 교육에서 강사의 말에 귀 기울여 줄지부터 걱정이었다.

중학생은 직업의 개념으로 접근하는 진로교육을 진행하기 쉽지 않다. 관계를 배우는 시기이므로 설익은 관계에서 상처를 받기도 하고, 불안함에 관계 자체에 과도하게 집중하기도 한다. 자신에 대해 잘 모르기 때문에 또래 집단으로 자신을 정의하려는 경향을 보이기도 한다. 그래서 또래 집단의 문화에 많은 영향을 받는다. 우리는 누구나 이 시기를 지나왔기에, 긴 인생 중에서 짧은 시간이지만 얼마나 힘든지 알고 있다. 혼란의 한가운데에 있는 아이들은 지금 인생의 지축이 흔들리는 경험을 하고 있다. 아직 내가 누구인지도 잘 모르는데, 적성을 알려 준다 한들 미래가 성큼 다가온다 한들 깊이 생각해 볼 여유가 있을까.

최은영 대표는 인문학을 매개로 중학생 친구들과 더 의미 있게 만나

드림

진로 학교연계사업
드림하이

청소년 진로 학교연계사업

는 방법을 시도해 보기로 했다. 어떤 직업을 갖고 살아갈 것인가보다 그들이 더 듣고 싶을 이야기를 다뤄 보면 어떨까? 세상 어디에 어떤 사람으로 발을 내디딜지 생각해 보는 시간을 마련했다. 이 짧은 만남에 그들이 마음에 남는 한마디라도 가져간다면 혼란스러운 삶과 부담스러운 진로 설계가 조금 편안해지지 않을까 기대해 보기로 했다.

2019년 10월 석문중학교 2학년 친구들을 만나고, 같은 해 12월 다시 송산중학교 친구들을 만났다. 진로교육은 2교시로 나누어 진행되었는데, 총 90분간 중학생 친구들과 '너는 어떤 사람이 되고 싶니?'를 주제로 함께했다.

우선 두 가지 질문 '너는 뭐가 되고 싶니?'와 '어떤 직업이 멋져 보여?' 중 하나를 골라 포스트잇에 답변을 적어 보도록 했다. 아직 뭐가 되고 싶은지 정하지 못한 친구들이 부담 없이 함께 참여할 수 있도록 두 가지 질문을 준비한 것이다. 답이 적힌 포스트잇을 모두 칠판에 붙여 놓고 아주 특별한 성공 이야기를 나누었다. 첫 번째 주인공은 텔레비전 프로그램 〈인간극장〉에도 소개된 꽃농장 '부여메리골드'의 계정은 씨였다. 역도선수였던 계정은 씨가 어떻게 꽃 농부가 되어 인근 농부들과 성공의 꽃을 가꾸며 살아가고 있는지 소개했다. 다음은 넷플릭스에서 인기를 끈 방송 〈곤도 마리에: 설레지 않으면 버려라〉의 주인공 곤도 마리에 씨에 관해서였다. 상업적으로 새로운 것을 만들기보다는 잘 버리는 것에 주목하며 새로운 관점을 제시하는 사람이다. 두 가지 사례를 살펴보며 미래는 지금까지의 세상과는 다르지 않을까, 그래서 상상도 못 할 직업을 갖고 살아가게 되지 않을까 이야기해 보았다.

이렇게 세상에 있는 직업에 자신을 끼워 맞춰야 하는 부담을 훌훌 털어 버리고 함께 그림책을 보았다. 인간의 세 가지 본성을 다룬 옛이야기

『호랑이 잡은 피리』를 읽고 나는 어떤 사람에 가까운가, 내가 되고 싶은 사람은 어떤 사람인가에 대해 이야기를 나누었다. 거칠지만 큰 틀 안에서 나에게 더 중요한 가치는 무엇인지 생각해 본 것이다. 다시 그림책 『윌리는 어디로 갔을까?』와 『아가야 안녕』을 읽으며 각자의 개성과 소중함에 관해 알아보았다. 놀라운 사실은 중학생 친구들이 『아가야 안녕』과 같은 탄생의 이야기에 깊이 집중한다는 것이다. 읽는 동안 숨소리밖에 들리지 않았다.

어른의 시각으로 보기에는 부족해 보이기도 하는 아이들이지만, 이미 자신이 설 자리에 대해 충분히 불안해하고 고민하고 있었다. 도시 아이들보다 출발선이 뒤처지지 않는지, 세상의 어디에 자기 자리가 있을지 혼란스러운 것이다. 그래서 자신들이 존재 자체로 충분히 소중하고 어딘가 자신들의 자리가 분명히 있다는 이야기를 듣고 싶었던 것은 아닐까.

마지막으로 작은 종이에 '나의 미래'를 꾸며 보았다. 스티커와 색연필을 가지고 자신이 하고 싶은 것은 무엇이든 상상하며 꾸미도록 했다. 아이들은 그 작은 종이를 정말 좋아했다. 내 마음대로 상상할 수 있는 자유가 이 아이들에게도 이렇게 필요했던가.

도시의 아이들이 누릴 수 없는 자연의 가치를 누리고 있기에, 삶의 자양분을 지금 섭취하고 있다는 최은영 대표의 말에 위로받았기를 바란다. 꽃자리어린이책인문학회는 석문중학교와 송산중학교의 사례를 바탕으로 다른 지역의 중학생들과도 진로교육으로 만나 왔다. 어느 한 강의에서 열심히 들은 학생에게 책을 선물로 주겠다고 했다. 선정된 아이들은 정말 신중히 책을 골랐다. 그중 한 친구는 『아가야 안녕』을 소중히 들고 갔다.

삶과 학업에 지친 아이들이 어떤 말을 마음에 품고 갔을지는 모르겠다. 그러나 그 짧은 시간 동안 함께 웃고 행복해하며, 자신을 소중한 사람이라 느꼈던 기억만은 분명 어디엔가 깊이 남지 않았을까.

청소년, 사람과 마을을 기록하다

한은경

'마을 아카이브'라는 말부터가 어려웠나 보다. 청소년들의 신청이 저조했다. 개강일은 다가오는데 코로나19는 단계를 오르락내리락하면서 불안했다. 마을과 사람을 기록하려면, 사람을 만나고 인터뷰를 해야 하는데 가능할까? 모든 것이 불안정한 상태로 수업이 시작되었다.

7강으로 진행된 '마을 아카이브-청소년, 사람과 마을을 기록하다'는 코로나19 확산으로 마을 깊숙이 들어가 사람들을 인터뷰하지는 못했지만, 3개의 마을을 선정하여 마을의 중심인 유적지와 사람을 인터뷰하는 방식으로 진행하였다.

대호지면의 충장사, 합덕의 신리성지와 합덕성당, 무명순교자의 묘, 상록수마을의 필경사, 안섬포구의 풍어제 굿당을 돌아보면서 사진과 동영상으로 마을을 기록하려 하였다.

마을은 오랜 시간 공동체를 이루면서 삶을 함께해 온 자연부락이다. 건넛집에 무슨 일이 있는지, 언제 딸을 시집보내고, 그 집 아저씨는 어떤 병으로 고생하는지 손바닥 들여다보듯 다 알고, 서로 챙기는 그런 곳이 마을이다. 하지만 당진도 도시화가 진행되면서 '마을'이란 말이 사라지고 있다. 낯설어지고 있다.

아파트와 공장과 논밭이 함께 어우러져 있는 당진. 당진의 과거와 현재를 영상으로 남기고, 마을 사람들을 인터뷰하면서 그 마을의 역사와 문화를 청소년의 시선으로 기록하고 싶었다.

수업 첫 시간은 마을 아카이브가 무엇인지 설명하고, 아카이빙을 하기 위한 사전 준비를 하는 오리엔테이션의 날이다. "아카이브는 역사적 가치 혹은 장기 보존의 가치를 가진 기록이나 문서들의 컬렉션을 의미하며, 동시에 이러한 기록이나 문서들을 보관하는 장소, 시설, 기관 등을 의미한다"(위키백과). 이런 뜻이지만 거창한 결과물이 아니더라도 마을을 기록하고 사람들을 만나면서 청소년들이 당진의 역사와 문화에 관심을 갖고, 내가 살아가는 마을에 애정을 갖게 하는 것이 이 프로그램의 바람이고 목표이다. 인터뷰하는 방법과 사진을 찍는 법, 영상으로 기록하는 방법을 익히고, 팀을 나누고, 검색을 통해 마을을 선정하였다.

둘째 시간은 '당1아카이브'와 '합덕방범대'란 범상치 않은 팀명을 지

은 친구들이 현장을 기록하러 떠났다. 대호지면에 있는 충장사를 중심으로 남이흥 장군의 자취를 따라가며 후손과 인터뷰하는 일정이다. 충장사에 미리 연락하고, 후손인 남주현 어르신과 인터뷰 일정을 잡았다. 이 모든 작업을 청소년이 했다면 좋았을 텐데, 주말에만 소통할 수 있는 여건이라서 아쉬움으로 남았다.

충장사는 배롱꽃과 무궁화가 피어 있고, 주변이 잘 정돈되어 있었다. 충장사를 지키고 관리하시는 남주현 어르신이 우리를 반갑게 맞아 주셨다. 충장사에는 두 채의 건물에 유물을 보관하고 있는데, 유물관 안에서 하나하나 설명을 해 주시는 어르신의 모습에서 조상에 대한 자부심과 긍지가 느껴졌다. 아이들도 당진에 고향이라는 의미와 자부심이 생겼으면 하는 마음으로 지켜보았다. 평소에는 핸드폰에서 눈을 떼지 못하는 청소년들이지만, 오늘따라 의젓하게 설명을 듣고 필요한 것을 메모하면서 집중하는 모습이 대견하다.

전시관 두 곳을 돌아보고 올라간 정려각은 이순신 장군과 노량해전에서 함께 싸우다 전사하신 남유 장군과 정묘호란을 맞아 적들과 대치한 상황에서 적들을 유인하여 장렬하게 전사하신 남이흥 장군 부자에게 하사한 정문으로, 두 충신에 대한 글로 가득하다.

어르신도 말씀에 경청하는 아이들이 좋으셨는지 외부인에게는 처음 공개한다면서 사당 문을 열고 남이흥 장군의 신주를 보여 주셨다. 아이들은 남이흥 장군의 영정에 절을 하였다. '기특한 녀석들….'

사당을 나와 남이흥 장군과 남유 장군의 묘를 돌아보고, 유물각 앞마당에 앉아 인터뷰를 시작하였다. 질문을 준비한 학생은 "훌륭한 장군의 후손으로 충장사를 지키고 사시는데, 힘든 점은 무엇인가요?" 여쭸는데 어르신은 "매일 이곳에 묶여 멀리 외출하지 못하는 단점은 있지만 찾아와 주는 사람들이 많으면 더욱 신이 난다"고 하신다. 남주현 어르신은 따뜻한 성품을 지닌 분으로 아이들의 질문에 성심껏 답해 주셨다. 아이들은 감사의 맘으로 손수 만든 마스크 스트랩을 선물했다. 충장사에서 돌아와 교육실에서 사진과 동영상을 하나의 스토리가 있는 영상으로 편집하고, 편집한 영상을 함께 나눠 보면서 둘째 시간을 정리하였다.

이렇게 합덕, 상록수마을을 기록하고 우리의 7강 수업이 마무리되었다. 아쉬움이 많은 수업이었다. 코로나19로 인해 무엇 하나 계획한 대로 진행할 수 없었다. 하지만 더 근원적인 질문을 하게 된다. '진로=직업일까?'

중학교 1~3학년 청소년과 작업을 하면서 진로란 '어떤 삶을 어떻게 살아갈 것인가'를 그려 내는 과정이어야 한다는 생각이 들었다. 진로체험은 어떻게 살아갈 것인지 탐색하는 청소년들에게 자신의 삶 속에서 다양한 캐릭터를 만들어 가는 데 필요한 인문학적 감수성을 키워 주는 그런 과정이어야 한다. 그래야만 이후 청소년들이 만들어 갈 삶에 든든한 바탕이 되어 자신의 삶을 감당할 수 있지 않을까?

지역문화상품 개발 프로젝트

장영란

역사·문화의 고장 합덕 지역은 농업기반 사회에서 가장 핵심이었던 수리시설 합덕제(충청남도기념물 제70호)를 중심으로 발전하고 있다. 합덕제는 연꽃이 많이 피어 연호, 연지라고 부르고 있으며, 주민들은 연蓮에 대한 감수성이 아주 특별하다. 합덕의 지명은 제방 쌓을 때의 구호 합심덕적合心德積에서 유래했다.

예당평야와 곡선으로 맞닿은 합덕제 제방은 전통 시대 수리시설의 기능을 충족하였다. 현재는 심미안을 자극하는 미적 풍경으로도 그 존재감이 드러나고 있다. 또한 주변 볼거리, 즐길 거리, 체험처로 합덕수리민속박물관, 합덕농촌테마파크, 합덕성당, 신리성지, 버그내장 등이 근거리에 위치하고 있다. 그야말로 체험학습이나 문화관광에 아주 적합한 장소다. 그러나 합덕을 대표할 수 있는 굿즈나 먹거리가 없어 안타까웠다. 담장 하나를 사이에 둔 서야고등학교 기숙사생들은 숙명적으로 연蓮과의 과업을 위해 마음을 모으게 되었다. 합떡, 연in파이, 연in피자는 그 아쉬움을 충족하기 위해 탄생한 먹거리들이다.

합떡은 합덕마을 지명의 된소리다. 쌀 주산지에서 쌀을 주원료로 새로운 상품을 생각하니 아무래도 떡이다. '합떡'은 전통의 맛이어도, 새

로운 것이어도 그 이름만으로 특별했다. 처음엔 연잎가루와 연근가루를 첨가한 인절미 형태를 생각했다. 그런데 합떡을 개발하던 시점이 한여름이라 금방 쉴 것 같다는 걱정이 들었다. 학생들과 의논 끝에 '찌는 방법보다 굽는 게 좋겠다'는 생각으로 연잎가루와 연근가루를 첨가한 찹쌀 반죽을 오븐에 굽기로 했다.

습식 찹쌀가루에 연잎·연근 가루 등의 재료를 섞어 반죽했다. 장식 효과는 물론 연근을 첨가한 떡임을 표현하기 위해 연근을 얇게 썰어 올렸다. 오븐에서 나오는 합떡의 모양은 기대 이상이었다. 그러나 연근을 얇게 저며 냈지만, 부드러운 떡에 비해 식감이 질겼다. 입안에서 떡과 연근이 따로 노는 느낌이다. 학생들과 궁리 끝에 인두를 이용해 문양을 만들기로 했다. 미술에 조예가 있는 이한나 학생의 의견을 적극 반영한 것이다.

연in파이, 처음엔 연을 첨가한 파이라는 뜻으로 '연한파이'로 지었다. 흔히 먹는 호두파이처럼 연근가루와 연잎가루, 굵게 다진 연근을 넣어 파이를 구웠다. 다진 연근을 첨가한 파이를 바로 먹어 보니 견과류의 느끼함을 제거할 수 있어 신선했다. 개발에 참여한 이태양 학생은 '건강한 맛'이라고 표현했다. 그렇지만 다진 연근의 습기를 처리할 수 없어 상온에서 하루 이상 보관하기가 어려웠다. 급기야 다진 연근을 빼고 연잎가루와 연근가루만 사용하여 만들기로 결정했다.

합떡과 연한파이가 시제품으로 나왔다. 몇 개를 싸 들고 행복교육지원센터 윤양수 장학사와 이혜영 주무관에게 선을 보였다. "맛은 좋은데 이름은 한 번 더 생각해 보시죠?" "연in파이는 어때요?" 1초의 망설임도 없이 이혜영 주무관이 말했다. 연in파이는 이렇게 탄생했다. 첫 구매자도 장학사님이다. 서울 국사봉중학교와 현암고등학교 탐방 때 선물로 구매해 주셨다. 학교협동조합 탐방 시 차량에서 간식으로 나눠 주며 깨알 홍보도 잊지 않으셨다. 그 후로도 연수 때, 소모임 때 간식으로 주문하신다. 아마 이런 응원이 없었다면 자신감을 잃어 일찍이 포기했을 것이다. 옳은 일을 하는지 쓸데없는 짓을 하는지 확신이 없어질 즈음이었다.

"형수님, 그거 있잔유. 서야고 학생들이랑 만든다는 거유." 합덕이 워낙 작은 동네라 형수님, 제수씨로 부르는 경우가 많다. '합덕도시재생주민협의체'로부터 연in파이 300개 주문이 들어왔다. 생각지도 못했던 일이라 당황스러웠다. 돈이 관련되는 일이고, 학교에서 학생들과 하는 일인데, 일반인에게 판매하고 수익을 남겨도 될까요? 장학사님께 문자를 보냈다. "그럼요." 간단명료한 답이 왔다. 다시 교장 선생님께 보고하고, 날짜에 맞춰 파이를 구워 납품했다. 판매 이익금이 들어왔다. 대표 최연아 학생은 친구들과 상의하여 기숙사생 전원에게 치킨을 선물했다.

그렇게 파이를 납품하고 난 후로 예기치 않은 후유증이 생겼다. 이제 파이 굽는 냄새만으로도 느끼하다고 한다. 파이는 필요할 때 언제라도 구워 낼 수 있으니 합떡을 연습할까 했다. "선생님, 피자는 어때요?" 첫 회의부터 한 번도 빠지지 않은 전종선 학생이 의견을 냈다. "남자는 근육, 치즈로 단백질도 보충하고요." 이왕 단백질 이야기가 나온 김에 닭가슴살과 연근을 넣은 연in피자도 한번 만들어 보고 싶었다. 안 되는 건 없다. 인터넷을 검색해 보니 생지로 피자 도우를 판매하고 있었다. 문제는 기숙사에서 재료를 안전하게 보관할 수 있느냐다.

문제가 있는 곳엔 늘 답이 있다. 시중에 판매되는 토르티야를 피자 도우로 정하고 토핑 재료를 구입했다. 치즈, 연근, 훈제 닭가슴살, 옥수수 통조림, 햄, 파스타 소스, 그리고 박물관 텃밭에서 재배한 야채들. 저녁 9시 30분, 자율학습을 마치고 돌아오는 시간에 맞춰 오븐에서 나오는 피자를 먹으며 맛을 논하는 친구는 단 한 명도 없다. 눈으로 놀라고 맛으로도 놀랐다. 피자를 굽는 친구도, 맛보는 친구도 모두 즐겁다. 흐뭇하다. 수리박물관 직원이 소문을 듣고 학교 기숙사에 찾아왔다. 학교 지원금이 들어오기 전부터 응원하고 지원해 준 분들이다. 학생들의 피자를

연in파이 만들기 체험행사

맛보고 창의체험학교 '마을로 프로그램'에 연in피자 만들기 체험을 할 수 있도록 해 주었다.

마을교사들은 3일 전에 체험학습을 어떻게 진행할지 연락한다. 박물관 전시해설을 30분간 진행한 후 연in피자 만들기를 추천했다. 좋은 생각이지만 음식 체험은 마스크를 벗고 맛을 봐야 하기 때문에 아쉽게도 대부분 거절한다. 할 수 없이 주말과 방과 후에 200여 명의 체험 가족을 모집했다. 그리고 수시 원서를 넣고 수능과 면접에서 자유로운 서야고등학교 3학년 학생들의 체험을 시작한 지 여러 날째다.

성황리에 체험학습이 종료되었고, 박물관에서는 보도 자료를 냈다. 시청 홍보팀에서도 연in피자에 관심을 보였다. 며칠 후 대전방송에서 〈TJB 영상대전〉에 소개할 음식을 연in피자로 선정해 주었다. 지역의 특색에 맞고, 남녀노소 누구나 즐길 수 있고, 학생들이 개발해 충분한 의미가 있다고 판단한 모양이다. 무엇보다 사각사각 씹히는 연근이 피자의

맛을 깔끔하게 해 주는 것이 색다르다. 갑자기 일이 커졌다. 시청의 한 팀장님은 내년 솔뫼성지 '2021 유네스코 세계기념인물 행사' 때 서야고의 연in 시리즈로 단독 부스를 운영해 보라고 제안했다.

드디어 방송 촬영 날이다. 프로젝트팀의 대표인 최연아 학생, 대전과 당진의 아나운서들이 모양도 예쁘고 맛도 좋은 연in피자 만들기 대결을 시작했다. 촬영은 생각보다 많은 시간이 소요된다. 실수 없이 인터뷰도 잘해야 하는데 지켜보는 마음이 복잡하다. 최연아 학생은 촬영 중에 엉뚱한 대답을 했다고 아쉬워한다. 잘 편집해 주리라 믿는다. 지난 7월, 합덕제 연꽃이 만발할 때부터 11월 방송 촬영 때까지 진지하고, 즐겁고, 신나고, 지치고, 후회하다 다시 힘을 냈다. 생각해 보니 지역사회의 관심은 아이들을 성장하게 한다.

당진행복교육센터에서도 이미 '2021 제과제떡(?) 진로체험 프로젝트'를 제안했다. 시제품 출시 후 바로였다. 학생들과 함께 시제품 디자인, 포장 디자인을 고도화할 예정이다. 합덕제의 연근과 연잎을 활용하여 상품을 개발, 생산, 유통, 판매하는 체험을 통해 학생들에게 관련 분야 진로탐색 기회를 제공하려는 것이다.

11월 요즈음, 서야고등학교에서는 관내 중학교로 찾아가는 입학설명회를 한창 진행하고 있다. 빈손으로 그냥 가지 않는다. 기숙사 학생들이 만든 합떡과 연in파이가 빛을 발하고 있다. 학교 홍보와 제품 홍보가 동시에 이루어지고 있는 것이다. 이미 예쁘게 포장한 500여 개를 홍보용으로 사용하였다. 함께 굽고 포장한 선배들의 정성이 잘 전달되었으리라 믿는다.

3부

아이들의 행복한 미래

그날은

구자경

'그날'이 올까 싶었다. 지나고 생각해 보니, 꿈꾸지 않았더라면 올 수 없는 날이었겠다 싶기도 하다.

3년 전 디지털당진문화대전 집필을 위해 심훈 선생의 행적을 추적하지 않았다면 나에게 '심훈'은 그저 문학 수업 시간에 소설 『상록수』나 시 「그날이 오면」의 작가 정도로 그치고 말았을지도 모른다. 다른 한편으로는 그가 경성제일고보 재학 시절 조선 민족을 멸시하던 수학 교사에게 항거하지 않았다면, 기미년 독립만세운동 참여로 옥고를 치르지 않았다면, 영화배우로 그리고 영화감독의 삶을 살지 않았다면, 동아일보 창간 공모전에서 『상록수』가 당선되지 않았다면.

심훈 선생이 우리에게 전하고 있는 '상록수 정신'을 굳이 언급하지 않더라도 우리 아이들은 협력과 개척 정신을 실천했다. 학교 교육현장에서, 특히 대학 입시가 대세를 이루고 있는 일반계 고등학교에서 영화를 창작한다는 것은 모험에 가까운 일이다. 나 역시 아이들과 마찬가지로 영화 제작에 대해서 초보적인 수준의 지식만 있을 뿐, 좀 세련되게 장식하자면 소위 '열정' 이외에는 가진 것이 없는 형편이었다. 다만 심훈 선생의 삶 자체가 한 편의 영화였기에 초부樵夫의 삶으로 치부하여 묻어

버리기엔 그 드라마틱함이 아까웠다고나 할까.

영화의 제작은 프리프로덕션(촬영 전 단계)이 절반이라 했다. 분야별 스태프 모집을 먼저 하고, 심훈 선생의 생애를 아이들과 함께 공부했다. 이원복 당진시 문화해설사님을 초청해 심훈 선생의 생애 중 대중에게 잘 알려지지 않은 이야기들까지 듣는 자리도 마련했다. 극문학의 백미는 '갈등'이라 했던가? 선생의 생애 중 강한 굴곡의 변곡점들마다 작은 일화를 만들어 시나리오를 완성했다. 수업 중 일본인 수학 교사와의 갈등과 유급, 3·1 독립만세운동 참여, 소설 『상록수』의 집필과 출판, 그리고 이루지 못한 그의 꿈. 아이들은 그런 심훈 선생의 꿈을 영화로 완성하고 싶어 했다. 덕분에 시나리오 수정 작업은 계속되었고, 환상 장면의 삽입으로 『상록수』의 단행본 출판과 영화 제작이라는 선생의 꿈을 이루어 줄 수 있었다.

시나리오에 맞게 배우를 캐스팅했다. 첫 모임에서의 대본 리딩은 예상 밖의 인물을 발굴하는 기회가 되었다. 남자 배우가 부족해서 대본을 임시로 읽게 된 여학생은 결국 '만세'라는 가상의 인물을 자신의 배역으로 꿰차고 만다. 일본어 까막눈들이 한글로 적어 놓은 일본어 발음을 통째로 외워서 대본 연습을 했다. 그렇게 여름방학 전부터 본격적인 연기 연습이 시작되었다. 로케이션을 위한 장소 섭외도 활발하게 진행했다. 1930년대를 배경으로 하다 보니 고증된 의상과 상황에 적절한 장소가 무엇보다도 필요했다. 다행스럽게도 대전 한밭교육박물관에 재현된 옛 교실이 있어 대섭(심훈 선생의 본명)과 일본인 수학 교사의 갈등 장면을 촬영할 수 있었다. 논산의 선샤인스튜디오는 일제강점기 경성을 배경으로 한 드라마의 촬영지여서 독립만세운동 장면 촬영이 가능했고, 익산 교도소 세트장은 심훈 선생이 취조를 당했던 장면과 옥에 갇힌 장면을 찍기에 적합했다. 심훈 선생이 마지막까지 단행본 출간을 위해 머물렀던 한성도서출판사 사무실은 우리 지역 면천에 있는 작은 책방 '오래된 미래'의 2층을 활용했다. 특히 상록수의 주인공 채영신의 모델로 알려진 최용신 선생과의 조우 장면을 위해 선택한 우강 들판은 광활한 벌판과 바람에 넘실거리는 벼들이 만들어 내는 파도가 영상미의 끝을 보여 주었다. 긴 장마와 무더위는 배우와 스태프를 지치게 했고, 갑작스럽게 내리는 비 때문에 촬영 일정이 연기되기 일쑤였다. 처음 시도하는 작업이다 보니 촬영 장비는 열악할 수밖에 없었지만, 당진행복교육지구 지원사업은 이를 해결하는 데 많은 도움이 되었다. 추가로 필요한 고가의 장비는 충남교육청연구정보원에 있는 교육미디어센터에서 빌려 사용했다.

교실이나 문학 교과서에서 '만들어진 심훈'과, 기획부터 촬영, 편집까지 아이들 손으로 '만든 심훈'은 그 교육 효과를 굳이 설명하지 않아도 될 것 같다. 6개월이라는 긴 시간의 프로젝트가 끝나고 시사회장에서 무대 인사를 하는 우리 아이들은 처음 이 프로젝트를 시작했을 때보다 한 뼘쯤 성장해 있었다. 누가 키워 준 것이 아니라 스스로 커 있었다. 상상과 협력이 만들어 낸 '교실 밖 교실'의 첫 성과였기에 더 의미 있었다. 영화의 소재로 심훈 선생의 삶을 선택한 것은 마을기반 교육과정 운영이라는 교육 목표를 실현하는 데 매우 적절했다는 생각이 든다. 한편, 이 영화가 심훈 선생의 상록수 정신을 기리기 위해 우리 지역에서 매년 시행하고 있는 '심훈상록문화제' 행사에 초대받은 것은 영화 제작의 전 과정에서 가장 의미 있고 가치 있는 일이었다. 또한 '3·1운동 및 대한민국임시정부 수립 100주년 기념사업회' 선정 청와대 오찬 초청과 제21회 청소년창작영상제 우수상 수상이 주는 의미와 기쁨은 고스란히 보람으로 남는다.

프로젝트 과정에서 교사의 역할을 고민한 적이 있다. 내 역할은 어디까지일까? 대부분의 초등학교 동아리들처럼 이런 활동을 처음 접하는 아이들 입장을 생각한다면 당연히 교사가 전 과정에 관여할 수밖에 없다. 하지만 이 활동이 2년, 3년을 거듭할수록 분명 교사의 역할은 작아질 것이라 확신한다. 대신 교사의 관심과 노력이 없다면 아이들에게는 기회조차 생기지 않을 것이라는 것도 자명하다. 영화 같은 삶을 꿈꾸는 요즘 아이들에게 영화를 통해 현실을 보여 주고, 영화로 꿈을 설계하게 하는 것만큼 생동감 넘치는 교육은 없다. 꿈꾼 자가 꿈을 이룬다고 하지 않던가? 생기 넘치는 교실을 만드는 것이 결국 교사인 우리의 사명이고, 그 생동감은 마을과 함께하면서 더 견고해질 수 있다. 아이들과 약속했다. 영화는 매년 만들자고. 사실 이건 나와의 약속이기도 하다. 이제 내게도 영화 열다섯 편쯤은 더 만들 자신감이 생긴다.

학교는 오늘도 안녕하다

구자경

영화 예술의 매력을 '상상想像'이라 말한다. 나는 여기에 한 가지를 더 하고 싶다. '이상理想.'

작은 산골 마을에서 자란 나에게 학교는 낯설면서도 이상에 가까운 공간이었다. 농사를 지으시는 부모님은 늘 바쁘셨다. 나보다 더 어린 동생이 있어서 농사일과 육아를 동시에 해야 했던 어머니께 나는 작은 짐이었다. 어느 날인가부터 형, 누나가 다니는 학교라는 선망의 공간에 발을 디디고 싶은 욕망이 꿈틀댔다. 다섯 살 이전에 이미 한글을 깨쳤고, 숫자 개념도 꽤 있었던 나는 '기초학력 충족자'였던 셈이다. 그래서 더 자신감이 있었던 듯하다. 작은형을 따라 들어간 2학년 교실은 웅장했고, 깨끗했고, 어딘지 모르게 나를 움츠러들게 했다. 비록 그날은 코흘리개 청강생 신분이었지만 태어나서 처음으로 '선생님'이라는, 매우 부담스럽고 어려운 존재도 만났다. 외진 산골에 있던 우리 집 주변엔 딱히 친구라 할 만한 또래가 살지 않았다. 그래서 10리나 떨어진 초등학교는 친구를 만날 수 있는 유일한 공간이었다. 전교생 100여 명 남짓한 시골 학교는 그렇게 나와 우리의 꿈을 키워 간 공간이었다.

학교가 사라졌다. 마을의 아이들이 줄어들면서 본교였던 학교는 분교

로, 다시 폐교의 수순을 밟았다. 학교 부지는 어느새 매각되고 그 자리엔 지금 작은 미술관이 자리하고 있다. 새롭게 꾸미고 가꾸는 과정에서 학교 건물은 변형되었지만, 그 흔적이 남아 있는 것만으로도 감사하다. 아이들 목소리가 사라진 마을엔 이제 미술관을 찾는 관광객들로 북적인다. 마을에서는 나이 오십이 넘어도 여전히 청년회에 소속되어 있고, 일흔의 나이에도 경로당 막내 신세를 면치 못해 라면을 끓이는 광경을 우리는 목도하고 있다. 그런 마을에 이제 학교는 없다.

지난해부터 영화를 만들면서 아이들과 우리 지역의 문제를 돌아보는 시간을 갖게 되었다. 사회는 발전적으로 변해 간다는데, 우리 마을은 어딘가 모르게 헛헛해지는 모습이 안타까웠다. 경제적으로든 문화적으로든 항상 소외되고 결핍을 경험해야 하는 현실이 존재했다. 작년 영화 제작을 마치고 새 영화를 준비하면서 이런 우리의 현실을 영화로 담아 보자는 이야기를 나눴다. 자료를 조사하면서 알게 된 사실도 충격적이었다. 최근 10년(2009~2019) 동안 전국에서 682개 학교를 폐교했다고 한다. 인구 감소, 그에 따른 경제 논리가 반영된 결과이리라. 지금도 신설 학교 하나를 세우기 위해서는 두세 개의 학교를 폐교해야 한다는 원칙이 있다고 들었다. 소규모 학교 통폐합으로 거액의 학교 운영비가 지원된다는 사실도 새롭게 알게 되었다.

올해 영화 제작은 시작부터 험난했다. '코로나19'가 아이들과의 만남을 가로막았다. 5월까지 아이들을 만날 수 없으니 동아리 구성도 불투명했다. 1학년을 위주로 동아리를 구성하려 했던 계획은 대폭 수정할 수밖에 없었다. 우리 아이들이 맡는 스태프는 그렇다 치더라도 초등학교 분교를 배경으로 하는 시나리오 때문에 초등학생 배우나 선생님들을 섭외해야 하는 일은 더 막막했다. 그런데 옛말이 하나도 틀리지 않았다. 솟아날 구멍은 주변에 널려 있었다. 우연히 캐스팅한 마을교사 김효실 선생님의 자녀들은 현실 남매가 극중 남매 역할에 딱 맞게 연기해 주었다. 혜미 역할을 맡은 청우 역시 김효실 선생님의 안목이 한몫했다. '서정초등학교에서 가장 도시적이고, 가장 피부가 하얀 아이'라는 캐스팅 조건이 아마도 청우를 선택하는 데 도움이 되었던 것 같다. 나머지 남자 아이 셋은 조금초 김대인 선생님의 공이 크다. 본인이 출연하지 못하게 되었음에도 아낌없는 도움을 주었다(김대인 선생님이 맡기로 한 역은 유곡초 곽승철 선생님이 맡아 연기했다).

이번 영화 캐스팅의 백미는 선구 엄마, 혜정 역의 유곡초 김진희 선생님과 혜정의 스승, 민기 역의 곽승근 교장 선생님일 것이다. 지난봄, 고산초 주혜선 선생님과 우연히 만나 시나리오 이야기를 나눴다. 전체 스토리를 이야기하며 배우 캐스팅의 어려움을 토로하는 과정에서 주 선생

CHALLENGE

님의 뇌리를 스친 인물이 김 선생님과 곽 교장 선생님이었다고 한다. 그분들의 삶과 너무도 닮았다고. 곽승근 교장 선생님은 첫 모임에 참석하지 못해 리딩 과정을 볼 수 없었다. 몇 주 후, 유곡초등학교에 찾아가 첫 촬영 장면을 연습했는데, 교장 선생님은 진정 생활 연기의 달인이셨다. 주 선생님이 왜 교장 선생님을 추천했는지 알 만했다.

그렇게 몇 차례 더 초등학생 아이들을 학교로 불러 모아 연기 연습을 했다. 또 일과가 끝나면 로케이션 장소를 물색하러 다녔다. 작품의 배경으로 적합한 장소를 찾는 것이 그리 쉬운 일이 아님은 지난해 작품을 통해 이미 경험한 바 있어 더 신중할 수밖에 없었다. 주변 지인들의 도움으로 두세 군데 더 섭외하고 7월 마지막 주부터 본격적인 촬영을 시작했다. 4주간의 주말과 휴일 촬영을 강행하여 어렵게 완성했다.

영화 창작의 첫발은 '기획'에서부터 시작한다. '무엇을', '왜' 영화에 담으려 하는지가 명확해야 한다. 그리고 왜 '지금'이어야 하는지도 중요한 기획 요소이다. 이것이 내가 아이들에게 가르쳐 주고 싶은 지점이다. 같은 내용의 영화도 가장 적절한 시점에 만들어야 빛을 발할 수 있다. 도시나 중앙 정부의 기준으로 보면 전교생 몇 안 되는 시골 분교의 운영은 그야말로 비효율 그 자체일 수 있다. 그러나 과연 폐교의 선택과 결정에 '효율' 이외의 다른 요인이 얼마나 반영되었는지 되묻게 된다. 우리 아이들의 시선도 바로 그 지점에 머물러 있었고, 세상에 물음표를 던지고 싶었던 것이다.

무더위 속에서 촬영하는 일이 얼마나 고통스러운지 스태프 아이들은 잘 안다. 그래서 더 견고한 협력이 필요함도 알고 있다. 코로나를 이겨 내며 어렵게 시작한 촬영이기에 아이들이 이번 작품을 더 값지게 여기리라 믿는다. 더불어 스스로 던진 질문에 답을 구하려는 열정을 갖고, 작은 것의 가치를 아는 이로 성장하길 바란다. 아이들의 노력은 상상想像으로 머물지 않고 이상理想을 실현하는 길이 될 것이다. 그래야 학교는 내일도 안녕할 것이기 때문이다.

〈학교는 오늘도 안녕하다〉 촬영 엿보기

김효실

호서고 영화창작동아리 '흰 바람벽'이 시골 학교를 배경으로 단편영화 제작에 들어갔다. 전교생이 여섯 명인 조그마한 시골 초등학교에서 일어나는 소동을 담은 영화이다. 남매가 등장하는데 어찌하다 보니 나의 아들, 딸이 캐스팅되었다.

지난 4월에 당진행복교육지원센터에서 행복교육지구 홍보 영상을 촬영했는데 아들 한준이와 친구들 몇 명을 데리고 갔다. 어린이들이 지코의 〈아무노래〉에 맞춰 춤추는 신을 촬영하는데 인원이 부족하다는 연락을 받았기 때문이다. 나는 창의체험학교 마을교사로서 인터뷰가 예정되어 있어서 아이들을 태우고 촬영장으로 갔다.

당진의 봉준호, 구자경 선생님이 홍보 영상을 촬영했는데 준비 중인 단편영화에 출연할 어린이 배우를 물색 중이었다. 끼가 많지도, 튀는 아이도 아닌데 어떤 기준인지 한준이를 현장에서 캐스팅하였다. 남매가 출연해야 해서 동생인 소율이도 덩달아 캐스팅되었다. 오빠를 잘 둔 덕분에 얼굴도 내비치지 않고 캐스팅이 되는 행운을 얻었다.

이렇게 〈학교는 오늘도 안녕하다〉라는 단편영화에 진짜 남매가 출연하게 되었다. 8월 초, 무더위가 한창일 때 영화 촬영이 시작되었다. 더위

뿐만 아니라 코로나19, 유례없는 긴 장마가 스태프를 지치고 힘들게 했다. 잦은 비로 시나리오도 여러 차례 변경되었다.

나는 두 아이의 매니저 노릇을 해야 해서 촬영장을 여러 번 쫓아다녔다. 영화 촬영 현장을 보는 것은 개인적으로 신기했다. 이이들이 영화에 출연한 덕분에 누릴 수 있는 혜택이다. 그러나 신기함을 넘어 촬영 현장은 적잖이 감동적이었다.

한참 잠 많은 나이, 즐거운 주말에 아침부터 나와서 왜 저런 고생을 하지? '흰 바람벽' 학생들을 보면서 저절로 이런 생각이 들었다. 날은 덥고, 땀은 주룩주룩 흐르고, 연기 경력이 없는 어린 배우들은 여러 번 NG를 내고. 심지어 매미까지 지독하게 울어 대서 촬영을 힘들게 했다. 비가 내려서 촬영을 접은 적도 있었고, 촬영을 접었다가 비가 그치는 바람에 급하게 모여 촬영을 재개한 적도 있었다.

이런 악조건 속의 촬영장에서 지켜본 그들의 모습은 아이러니하게도 '여유'였다. 누구도 짜증을 내거나 불평하거나 불만스러운 기색을 보이지 않았다. 예민한 사춘기 고등학생이 아닌 프로 감독, 조연출, 조명, 스크립터 같았다.

천재지변이야 그렇다 쳐도, 좀 더 완성도 있는 장면을 담기 위해 까탈을 부릴 만도 한데 여러 번 실수하는 배우에게도, 만족스러운 장면이 나오지 않는 상황에서도 그들은 여유를 잃지 않았다. '흰 바람벽'의 지도교사인 구자경 선생님의 스타일을 닮아서 그런 듯하다. 내가 엿본 현장의 분위기는 늘 좋았다.

선생님이 이번 영화의 각본, 촬영, 기획총괄을 맡았다. '기획총괄'은 멋지게 들리지만 캐스팅부터 학생들 픽업, 간식 준비, 촬영지 섭외, 온갖 소품 준비에 정산까지 떠맡아야 하는 힘든 역할이다. '흰 바람벽' 학생들은 자신의 꿈을 찾아 모였다 치더라도 선생님은 왜 이런 고생을 사서 하실까 의문이다. 주말에 쉬지도 못하는데. 그러면서도 늘 여유롭고 넉넉해 보였다. 학생들의 청지기, 꿈지기 역할을 하고 있다는 신념 때문일까.

작년에 찍은 영화 〈그날이 오면〉이라는 작품을 말씀하실 때 선생님은 행복해 보였다. 그 작품으로 2019년 청소년창작영상제에서 우수상을 수상하고, 대통령 직속 3·1운동 및 대한민국임시정부 수립 100주년 기념사업추진위원회 우수 인증사업으로 선정되어 대통령과의 오찬에 초청까지 받았다. 창의력을 발휘할 수 있는 현장 분위기와 시스템이 좋은 성과로 이어진 것 같다.

나의 아이들이 참여해서가 아니라 이번 영화가 좋은 결과가 있었으면 좋겠다. 현장에서 그들이 흘리는 땀방울과 뙤약볕에서 점점 구릿빛으로 변해 가는 얼굴을 보았기 때문만은 아니다. 당진에 이렇게 멋진 영화 창작 동아리가 있다는 것이 자랑스럽다. 자부심을 갖기에 충분하다. 코로나19와 무더위, 장마, 촉박한 시간 등 온갖 악조건에서도 늘 즐거웠던 그들에게, 왕덕초등학교 어린이로 열연한 서정초등학교, 소금초등학교 여섯 명의 학생들에게 박수를 보낸다.

서야 아고라

안능수

11월 초에 도어훅 행거 250개를 구입해서 전교생에게 배부했다. 학생들은 사물함이나 창틀 같은 곳에 걸어 놓고 옷걸이로 활용한다. 옷을 편하게 관리할 수 있게 되었다며 만족해하는 학생들의 이야기에 미소가 절로 난다. 아고라 시간에 한 학생이 필요성을 제기했고, 전교생을 대상으로 한 설문조사 결과를 반영하여 시도한 변화가 꽤 성공적이다. 단돈 1,000원짜리인 도어훅 행거가 서야고등학교에서는 이제 아고라의 상징물이다.

아고라agora는 고대 그리스의 광장이자 오늘날 직접 민주주의의 상징으로 통용되는 말이다. 정보화 사회가 되면서 다양한 광장들이 등장했고, 그만큼 표현의 기회도 많아졌다. 물론 다양한 표현들이 항상 긍정적인 양상만 보이는 것은 아니다. 가짜뉴스와 선동, 악플과 마녀사냥 등 해결해야 할 과제도 많다. 그럼에도 사회적으로 다양한 광장이 등장한 것은 그 자체만으로도 바람직한 변화이다.

학교의 모습은 어떤가? 참으로 많은 것들이 그대로 '유지'되고 있다. 학교에서는 여전히 말할 수 있는 기회, 각자의 요구를 공론화할 수 있는 기회가 제한적인 상황이다. 어른들이 그랬던 것처럼 지금의 학생들 역시

자신이 학교의 주인임을 글자로만 접하는 것이 현실이다. 그렇기에 광장, 소통의 기회가 더욱더 필요한 것이다. 이러한 배경 속에서 소통의 기회를 제공하고자 서야 아고라가 첫발을 떼었다.

서야 아고라는 2020학년도부터 도입한 소통과 공감, 변화를 위한 공론장이다. 코로나19라는 상황 속에서 거리 두기를 위해 비대면으로 진행한다. 초기에는 방송실과 교실 TV를 연결하여 방송으로 진행했다. 그러다 10월부터는 학생들의 참여와 반응을 확인할 수 있도록 유튜브 실시간 방송으로 진행하고 있다. 방송 후에는 온라인 설문조사로 학생들이 제안한 내용에 대해 전교생의 의사를 확인한다. 응답자의 과반수가 동의한 사안은 정식으로 학교에 건의한다.

학생들은 저마다 하고 싶은 말과 바라는 변화가 있지만, 다수 앞에서 이야기하는 것을 부담스러워했다. 익명성을 보장해야 할까? 그러면 더 많은 이야기가 나올 수 있지 않을까? 고민스러웠지만, 일단은 직진하기로 했다. 학생들이 갖고 있는 두려움, 경계를 허물기 위해 많은 이야기를 나눴다. 아고라의 의미, 필요성에 공감한 학생들이 자신과 학교의 변화를 위해 용기를 내어 마이크를 잡았다. 6월 1차 아고라부터 11월 6차 아고라까지 총 56명의 학생이 전교생에게 자신의 생각을 전했다. 소통의 기회, 표현의 기회가 없었다면 몰랐을 다양한 의견이 공론화되었다.

학급에 행거 설치, 월 1회 사복데이 실시, 체육관에 냉장고 설치 등의 건의 사항은 학생들이 원하는 것이 무엇인지를 보여 준다. 쓰레기 먼저 줍기 챌린지, 잔반을 국그릇에 모아서 버리기, 마스크 끈 잘라서 버리기 등의 제안은 새로운 학교문화의 씨앗이다. 누군가를 칭찬하고 감사의 마음을 표현하는 따뜻한 말 한마디는 학생들의 마음에 울림을 전한다. 자신의 진로와 관련된 책을 소개하며 같이 읽기를 권장하는 발표에서 학생의 진로에 대한 목표의식을 확인한다. 자신이 잘하는 것으로 다른 학생들에게 도움을 주고 싶다며, 매회 아고라마다 중국어 표현을 소

개하는 학생도 있다. 모두가 대견하고 감사한 말들이다.

아고라는 이제 겨우 시작 단계이다. 학교 안에서 자리를 잡고, 안정적으로 뿌리내리기 위해서는 많은 시간이 필요하다. 아직도 학생들은 속마음을 다 열지 못하고 있다. 많은 학생들이 아고라 후속 온라인 설문조사에 큰 관심이 없다. 그래서 다수의 사안들이 학교에 정식으로 건의되지 않았고, 실질적인 학교의 변화로 이어지지도 못했다. 이러한 모습들이 '아직 애들은 안 돼', '자치를 하기에는 애들의 수준이 낮아'라는 부정적인 우려의 근거로 활용될까 봐 걱정스럽다. 하지만 무엇이 원인이고, 무엇이 결과일까? 현재 학생들의 수준은 원인일까, 결과일까?

다행히도 아고라는 조금씩 우리를 바꾸고 있다. 어떤 학생은 아고라 시간을 활용할 방법을 찾기 위해 담임선생님과 상담을 한다. 또 다른 학생은 남들 앞에서 얘기할 때면 떠는 자신의 모습을 바꾸기 위해 일부러 아고라에 참여한다. 이뿐만이 아니다. 수줍어서 공개 발언을 꺼리는 학생을 위해 대신 발표하는 스피커의 역할을 해 보겠다며 도전하는 학생도 있다. 이미 학생들은 변화하고 있다. 더불어 학교에서도 정식 건의를 위한 정족수 조정의 필요성을 제기한 학생의 의견을 반영하여 4차 아고라부터는 개정 기준을 적용하고 있다. 학교에서는 도어훅 행거 설치뿐만 아니라 매월 사복데이 실시, 점심시간 체육관 개방 등 학생들의 요구를 적극적으로 수용하고 있다.

이러한 모습들, 이러한 자그마한 노력과 변화들로 아고라는 성장할 것이다. 서야 아고라가 성장하는 만큼 학생들의 마음속 광장도 그 영역을 확장할 것이다. 코로나19가 종식되는 날, 서야 아고라는 진짜 광장에서 면대면의 모습으로 등장할 것이다. 전교생이 서로의 얼굴을 직접 마주하고, 하나의 목소리에 다른 목소리가 화답하는 그날이 하루빨리 현실이 되길 간절히 바란다. 글자로서의 민주주의가 아닌, 살아 숨 쉬는 민주주의가 학교 안에서 학생들과 호흡하길 바라고 또 바란다.

이상을 꿈꾸게 한 '학생참여예산제' 토론회

안능수

돈, 참으로 단순하면서도 복잡한 존재다. 황금만능주의는 바람직하지 않다고 비판하지만, 돈이 없는 삶 역시 그다지 만족스러울 것 같지는 않다. 누구나 한 번쯤 겪는 질풍노도의 시기, 하늘 높은 줄 모르는 자존심에 독립을 떠올리다가도 금방 수그러들 수밖에 없는 이유는 단순하다. 돈이 없으니까. 불과 몇 해 전까지도 세상에서 제일 맛있는 고기는 당연히 삼겹살이라고 생각했다. 그런데 아뿔싸, 삼겹살밖에 먹을 수 없었던 나의 처지가 그런 생각을 하게끔 만든 것은 아닐까?

돈은 필요하다. 돈은 중요하다. 왜냐면 돈은 가능성을 제시하기 때문이다. 물론 돈은 수단에 불과하다. 그러나 매우 필요한 수단이다. 수단이 목적을 대신할 수 없지만, 이 수단이 부재한 상황에서 목적을 이루기는 쉽지 않다. 그래서 돈은 필요하다. 학생자치도 마찬가지다. 학생자치의 실현을 위해서도 돈은 필요하다. 이상은 실현할 수 있는 수단을 갖출 때 비로소 현실이 된다. 다시 한 번 경계하건대 물론 수단이 목적을 대신해서는 안 된다.

이런 의미에서 '학생참여예산제'는 참으로 매력적이다. 학생참여예산제는 학생들이 학교 구성원의 일원으로서 예산 수립 및 집행에 참여하는 제도이다. 그동안 학교 예산에 대한 권한은 학교와 교육청이 독점적으로 행사해 왔다. 이러한 방식의 한계를 극복하고자 하는 학생참여예산제는 매우 과감하고 대단한 도전이다. 2019년도부터 시작한 이 사업은 예산 운영의 투명성을 확보하는 것은 물론 보다 민주적인 학교를 구현한다는 점에서 그 가치가 크다.

하지만 아직 학생들에게 제대로 알려지지 않았다. 지속적으로 알리고 이해의 폭을 넓히는 과정이 더 필요하다. 그렇기에 7월 24일 당진교육지원청에서 실시한 '학생참여예산제' 토론회는 의미가 있다. 이날 토론회에 참석한 22명의 중고등학생 대표들도 학생참여예산제에 대한 이해도는 제각각이다. 실제 집행을 경험한 학생이 있는가 하면, 제도 자체를 잘 모르는 학생도 있다. 더욱 알려져야 한다. 더 넓게, 더 깊게 뿌리내려

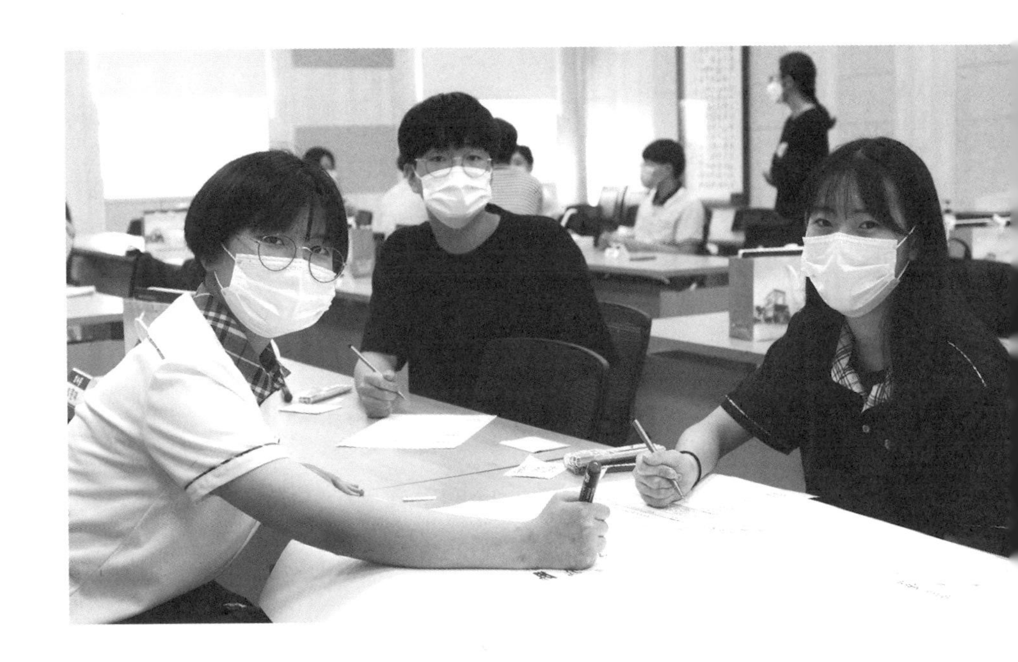

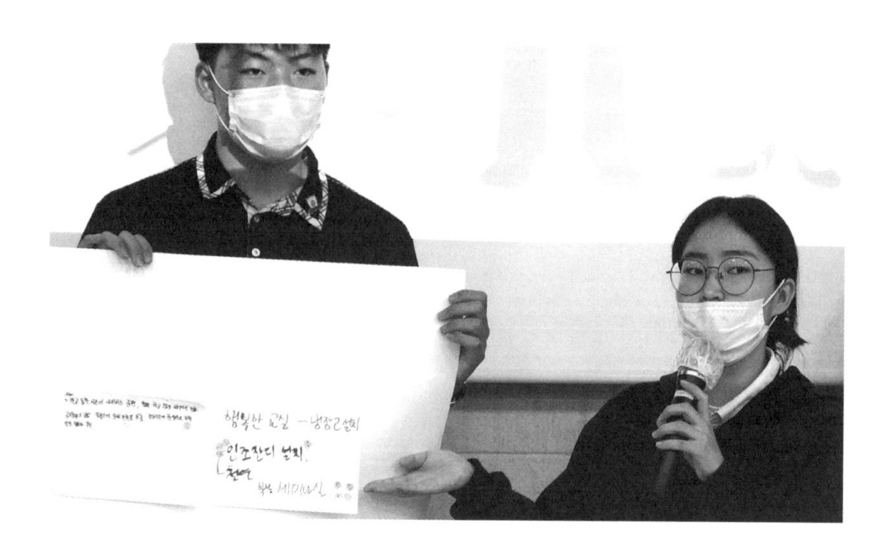

야 한다.

토론회 초반 학생 대표들은 담당 주무관의 설명에 눈을 빛낸다. 충분히 담아 가서, 각자의 학교에서 풀어내길 바란다. 본격적으로 토론을 시작한다. 네 개의 모둠으로 나눠 학생참여예산제를 통해 추진하고 싶은 것을 놓고 생각과 의견을 나눈다. 참석한 학생들은 각자의 학교에서 느낀 불편함에 대한 대안들을 쉴 새 없이 제시한다. 모둠 내에서 나온 다양한 제안 가운데 하나를 선정하여 모둠 대표가 전체 앞에서 발표한다. 중간중간 발표 내용에 대한 질의응답 시간도 갖는다. 하수구 등 학교 시설의 보수가 필요하다는 주장, 무인 매점이 필요하다는 주장, 각 학급에 냉장고 설치가 필요하다는 주장 등에서 학생들의 불편함을 깨닫는다.

이날 당진교육지원청에서 드러난 다양한 요구의 표출이 앞으로 모든 학교에서 일상적으로 일어나야 한다. 학생들은 자신들을 행복하게 할 수 있는 변화를 자유롭게 얘기하고, 그러한 요구를 예산에 반영해야 한다. 학교 구성원의 일원인 학생들이 자신들의 이야기를 뒤에서만 하는, 그러다가 체념하고 포기하고 마는 학교문화에서 벗어나야 한다. 새로운 학교문화가 필요한 시대이다.

그런데 마음 한구석에는 이런 생각도 있다. '학생들이 과연 감당할 수 있을까?' 걱정스러운 마음에 중우정치衆愚政治가 떠오르기도 한다. 합리적 의심인지, 권력의 속성에 따른 본능적인 거부인지, 아니면 또 다른 무엇인지도 모른다. 하지만 그 무엇이든 간에 변함없는 사실 하나는, '스스로 결정하는 삶'은 무엇보다 가치 있다는 것이다. 학생들이 스스로 결정한 예산 편성과 집행은 분명히 그들의 삶과 학교에 가치 있는 변화를 가져올 것이다. 학생들이 더욱 가치 있고 행복한 삶을 살 수 있도록 교육이 변해야 한다. 그렇기에 학생참여예산제는 포기해서는 안 될 도전이다.

이날 토론회에 참석한 한 학생이 이런 말을 한다. "학생들의 의식 수준이요? 충분합니다. 그동안 학교에서 학생들이 스스로 결정할 수 있는 영역이 적어서 드러나지 않았을 뿐, 학생참여예산제를 충분히 운영할 수 있어요. 우리는 이 기회를 충분히 감당하고 활용할 수 있어요." 어른이나 아이나 사람은 모두 제각각이듯 모든 학생이 저런 자신감을 갖고 있는 것은 아니다. 그래도 확신을 얻는다.

이제 시작이다. 반복하자면 돈은 참으로 단순하면서도 복잡한 존재이다. 예산을 편성하고 집행하는 것은 단순히 돈을 어떻게 사용하느냐의 문제가 아니다. 이는 학생자치와 관련된 것이고, 그렇기에 학생참여예산제는 꼭 필요하다. 학생참여예산제로 인해 학생자치는 더욱 뿌리를 내릴 것이고, 많은 이상이 현실이 될 것이다. 이 도전의 성공을 기대하며, 그 이상을 상상해 본다. '학생참여예산제'를 토론하는 이 자리에서. 굳이 학교와 교사를 거치지 않고, 교육지원청이 각 학교 학생회와 직접 소통하는 '학생예산제'까지 꿈꿔 본다.

학교에서 아니 뭘animal! 키운다고?

김옥규

"선생님 폰 게임 해도 돼요?", "선생님 나당진이 폰 게임 했어요!"

아침에 학교 출근할 때, 혹은 수업이 끝난 오후에 학생들로부터 몇 년 동안 줄곧 들었던 말이다. 종종 나보다 스마트폰을 잘 다루는 학생들을 보면 놀랍기도 하지만 감정이 없는 디지털 기기에 몰두하는 모습을 보면 내심 걱정이 된다. 스마트폰 중독에 대한 우려와 절제를 위해 학생생활규정을 들며 스마트폰 사용을 제한하기도 한다. 한편으로는 학교, 방과후수업, 학원, 돌봄교실 등으로 지친 학생들을 스마트폰이 어루만져 줄 수 있는 도구인가 싶어 안쓰럽기도 하다.

흔히 말하는 꼰대의 말로 들릴지 모르겠지만, 나 때는 그랬다. 유년 시절을 그려 보면 시골에서 자란 나는 자연에서 놀며 자랐다. 학교가 파하면 친구들과 똘강에 가서 물장군이랑 장구애비를 잡으며 놀았고, 봄에 개구리가 논에 알을 낳으면 알을 물통에 담아 집으로 가져와 부화시켜 올챙이를 개구리로 키우기도 했고, 개울에서 물고기와 우렁이도 잡고, 들판에서 각종 곤충도 채집했었다. 지금과는 너무 다른 옛이야기가 되어 버렸지만, 돌이켜 보면 시골의 자연환경은 정서적 안정감과 신비감 등 아주 많은 것들을 내게 주었다.

이에 반해 요즘 학생들은 어떠한가. 다사다난하고 복잡한 사회를 살며 정서적으로 불안정하고, 가족·또래와의 갈등, 학업 성적, 진로 문제 등 다양한 어려움을 겪는 학생들이 많다. 정부에서도 질풍노도 청소년들이 겪는 학교폭력, 빈부격차, 우울감, 자살충동, 스트레스 등에 적절하게 대응하지 못할 경우 다양한 사회문제가 될 수 있음을 알고, 학교폭력 예방 및 대책 계획, 인성교육 5개년 계획 등을 수립하여 적극적으로 보살피고care 치유cure하고 있다.

언제부터인가 하고 싶은 로망이 하나 떠올랐다. '학생들과 동물을 키워 보면 어떨까?', '학생들이 스트레스를 해소하고, 많은 것을 배울 수 있지 않을까?' 하는 막연한 생각을 했었다. 때마침 공문 하나가 왔다. 당진시 농업기술센터 내 농심테마파크 동물농장에서 키우던 동물들을 희망하는 기관에 무료로 양여한다는 것이었다. 2019년 4월 교육 목적으로 동물교감교육을 해 보겠노라 분양을 신청했다.

마침내 5월 선정기준에 따라 각 기관에 분양될 동물들이 배정됐다. 탑동초(염소, 토끼, 금수남, 금계, 청계), 상록초(유산양), 수덕초(오리, 당닭, 토종닭) 등. 막상 동물들을 학교로 데려와 키운다고 생각하니 막막했지만, 주변의 힘센 남자 선생님들의 도움을 받아 동물과 동물 집을 학교로 옮겨 와 동물농장을 만들었다.

이렇게 학생들과 동물농장을 운영하겠다는 로망이 이루어졌고, 동물교감교육은 시작되었다. 받아 온 동물은 누비안 염소 2마리, 토끼 4마리, 닭의 종류인 금수남 1쌍, 청계 1쌍, 금계 1쌍이었다. 동물과 교감해 본 경험이 적었기에 나에게도 신선한 도전이었다. 동물을 본 것이라고는 집에서 키웠던 강아지, 동물원, TV 프로그램인 〈퀴즈 탐험 신비의 세계〉, 〈TV 동물농장〉, 〈포켓몬스터〉에 나오는 포켓몬의 마음을 헤아린 것이 전부였다.

처음에는 부족한 노하우 때문에 동물복지 차원에서 보자면 동물들한테 미안한 일들이 많았지만, 차츰 학생들과 노하우를 쌓아 갔다. 동물을 돌보는 일은 시간과 육체적 노동이 필요했다. 사료와 물을 주고, 배변을 치워 텃밭에 뿌리는 등 주말과 방학에도 꾸준한 관리가 필요했다.

차츰 입소문으로 전교에 동물농장 이야기가 퍼지고, 학생들이 자주 찾는 장소가 되었다. 피아제Piaget의 인지발달이론에 따르면, 아이들은 동물을 친구로 인식한다고 한다. 나 역시 그랬다. 어릴 적 큰 개와 함께 놀았고, 개가 죽던 날에 대성통곡을 했다. 시장에서 사 온 계란을 부화시키겠다고 품기도 했었다. 비단 아이들만의 이야기는 아닌 듯하다. 요즘 인구가 고령화되고 1인 가구가 늘어나면서 반려동물의 숫자도 증가하고 있다. 또한 반려동물을 마치 가족의 한 사람인 것처럼 보살피고 물적·정신적으로 필요한 것을 제공해 주는 펫팸족(Pet과 Family의 합성어)

이라는 신조어가 생겨났고, 반려동물과 관련한 산업을 뜻하는 펫코노미(Pet과 Economy의 합성어), 공공장소에서 반려동물과 관련한 예의를 뜻하는 펫티켓(Pet과 Etiquette의 합성어) 등에서 보듯이 동물은 이전보다 사람과 더 가까운 친구가 되었다.

학생들과 함께 동고동락하며 동물을 돌보면서 많은 것들을 배울 수 있었다. 닭이 낳은 유정란을 부화기에 21일간 공을 들여 병아리를 부화시키는 데 성공했다. 줄탁동시를 떠올리며 부리로 껍데기를 깨고 있는 병아리를 보면서 마음이 조마조마했고, 깨고 나온 병아리를 보고 생명의 신비함에 경이로움을 느꼈다. 주변에서 콩벌레를 잡아다 병아리를 먹이는 학생도 있었다. 병아리들을 육추기에서 정성껏 키워 닭장에 넣었는데 고양이가 물고 가는 모습을 보며 김득신의 「야묘도추」의 상황을 뼈저리게 느꼈다. 파각 중에 죽은 병아리를 보며 탄생과 죽음에 대한 생명존중 교육을 하고, 장애를 가지고 태어난 병아리를 안타까워하며 장애이해 교육이 가능했다. 성장하는 병아리와 태어난 토끼 새끼를 보며 번식과 성교육이 가능했을 것이다. 사람과 친밀도가 낮은 염소를 돌보며 교감하느라 힘은 더 들었지만 오히려 난이도가 낮은 강아지를 키우는

것보다 더 많이 배울 수 있었다. 11월에는 염소가 암수 한 쌍의 새끼를 낳았다. 염소 새끼는 동물농장에서 가장 인기 있는 동물이 되었고, 그 이후로 나는 학생들로부터 '염소 쌤'이라는 애칭으로 불렸다.

먼 옛날 알타이계 유목민의 피가 흐르고 있는 것일까. 나와 함께한 제자들 모두 동물을 돌보는 일을 즐겼다. 냄새와 소음으로 민원을 사지 않을까 우려했지만, 무사히 동물농장을 운영했다. 에릭 에릭슨Erik Erickson에 따르면 아동의 발달단계에서 살아 있는 생명체와의 상호작용이 아동의 심리 사회적 발달에 매우 중요하다고 한다. 디지털 기기에 매달리는 것보다 동물에 감정을 이입하고, 소통하는 생태계적 상호작용이 학생들에게 큰 즐거움과 배움이 되었을 것이다. 이는 수많은 연구는 물론 최근 주목받는 동물매개치료, 동물매개상담, 동물매개교감교육 등이

뒷받침해 준다.

하지만 현재 동물을 매개로 한 교육은 일반적으로 교사의 지도하에 학교나 교실에서 작은 곤충을 기르며 관찰하는 교과과정을 통해 이루어지거나 동물 관련 외부 강사의 단발성 강의로 그치는 경우가 많다. 즉 동물을 이해하고 공감과 소통하기에 부족하고, 동물을 활용한 교육을 할 환경 여건과 상황이 벅찬 것이 현실이다. 동물교감교육은 학교나 교사의 의지만으로는 한계가 있다. 이를 도와줄 파트너가 필요하다. 마을 동물 전문가, 찾아가는 동물농장, 일부 위탁식 동물농장 운영 등 실현 가능한 방법을 구안할 필요가 있다. 여러 협조들이 모일 때 비로소 동물교감교육이 가능하고, 이를 통해 학생들에게 자연 친화적인 인식 및 생태적 감수성, 창의적 경험을 제공할 수 있을 것이다.

상상이룸을 꿈꾸는 아이들

조한준

어릴 적 나의 별명 중 하나는 '마이너스의 손'이었다. 나름 잘 그렸다 싶은 스케치에 물감을 입히면 어김없이 실망했고, 방학 중 선생님께서 내주신 만들기 숙제는 언제나 엉망이었다. 그러니 내가 미술, 특히 만들기 활동을 좋아할 리 만무했다. 교대에 입학해서도 만들기에는 흥미가 없었고, 교사가 돼서도 미술 시간은 나에게 큰 난관이었다.

어느 날 선배 교사로부터 상상이룸교육[2]에 대한 이야기를 들었다. 학생들이 단순히 아이디어만 내는 데 그치지 않고, 실제로 구체물을 만들어 보며 통합적으로 학습하는 STEAM 교육과 비슷하단다. '그렇구나!' 하고 넘어가려는데, 아두이노와 연계하여 만든 작품에 눈길이 갔다. 생각해 보니 나는 만들기는 잘하지 못하지만 전자기기에 관심이 많다. 특히 컴퓨터에 문제가 생겼을 때 혼자 이리저리 고민하며 해결하는 것을 즐겼고, 조립도 곧잘 했다. "소프트웨어를 연계한 만들기라면 나도 한번 시도해 볼 만하다." 그렇게 나는 상상이룸교육에 발을 들였다.

2019년 상상이룸교육에 대한 교육계의 관심이 커지고, 관련 축제 소

2. 충남교육청에서는 메이커 교육을 상상이룸교육, 메이커 스페이스를 상상이룸공작소라고 부른다.

식이 심심치 않게 들려왔다. 그리고 때마침 내가 근무하는 당진초등학교에서도 '마을교육공동체와 함께하는 똘뱅이장터 & 상상이룸 축제'를 개최하게 되었다. 상상이룸교육에 관심이 있던 나는 당연히 부스 운영을 신청했다. 이번 축제는 당진에서 하는 첫 번째 상상이룸 축제였고, 특히 민·관·학이 협력하여 당진의 마을교육을 활성화한다는 점에서 더욱 의미가 깊었다.

축제 당일, 당진초 운동장에는 '똘뱅이장터'가, 학생회관에는 'Let's make Space'(상상이룸 체험 부스)가 열렸다. '똘뱅이장터'는 당진벽화거리장터를 시작으로 꾸준히 명맥을 유지해 온 당진시 대표 플리마켓으로, 옛날 여러 장을 돌며 물건을 팔던 '장돌뱅이'에서 이름을 따왔다. 장터에서는 당진 시민들을 대상으로 책갈피 만들기, 수공예품 만들기 등의 체험활동과 액세서리 판매, 벼룩시장 등 다양한 셀러Seller 프로그램을 운영했다. 특히 학생에게 역할을 주고 이를 수행한 학생에게 상상이

룸 체험 부스 이용권을 주는 점이 인상 깊었다. 학생들은 부스에 참가하기 위해 똘뱅이장터에서 자발적으로 일을 했고, 이는 자연스러우면서도 효과적인 경제교육이 되었다.

당진초 학생회관에서는 리틀비츠 제작, 3D펜으로 액세서리 만들기, NERDY DERDY 폐자재 자동차 경주 등의 활동을 진행했다. 이제 막 부스를 둘러보는 학생들의 눈은 기대와 호기심으로 빛났고, 체험 중인 학생들의 얼굴에는 함박웃음이 피어났다. 내가 맡은 부스의 학생들도 과제에 따라 나름의 계획을 세우고 창의적인 작품을 만들었다. 그중에는 내가 놀랄 만한 것도 많았다. 교실에선 보기 힘들었던 아이들의 상상력을 지켜보며 '상상이룸교육, 제대로 한번 해 봐야겠다'고 마음먹었다.

똘뱅이장터 & 상상이룸 축제는 학생들이 마을 속에서 장터 활동을 해 볼 수 있는 경험의 장이자, 생소했던 상상이룸 활동을 직접 체험해 볼 수 있는 기회의 장이었다. 나에게도 마찬가지였다. 당진초 축제를 운영하며 상상이룸교육에 매력을 느낀 나는 어느새 태안에서 개최하는 상상이룸 페스티벌 신청서를 쓰고 있었다.

태안 상상이룸 페스티벌에는 '마이크로비트'라는 미니 보드를 활용해 보기로 했다. 마이크로비트란 코딩으로 다양한 기능을 수행할 수 있는

소형 싱글 보드 컴퓨터이다. 방과 후 학생들과 교실에 모여 마이크로비트를 활용해 무엇을 만들지 고민하였다. 서로의 생각을 모으다 한 학생의 아이디어를 빌려 우리는 '미래의 교실'을 만들어 보기로 했다. 학생들에게 친숙한 주제여서 그런지 아이디어들이 쏟아져 나왔다. 그중에는 언제 어디서나 답해 주는 '공부 친구', 복도를 돌아다니는 '청소 로봇', '교실 소음 감지기' 등 머지않아 실현 가능한 아이디어들도 많았다. 그래서 우리는 너무 먼 미래가 아닌, 곧 다가올 교실의 모습을 표현해 보기로 했다.

우드록을 활용하여 교실을 만들고, 3D프린터를 활용하여 각종 교실 비품들을 제작하였다. 컴퓨터실에선 마이크로비트를 이용한 코딩 작업을 진행했다. 3D프린터로 만든 작품에 코딩을 입력한 마이크로비트를 부착하여 '미래의 교실'을 완성하였다. 3D프린터가 신기해 눈을 떼지 못하고, 간단한 코딩 하나도 어려워하던 학생들이 어느새 상상이룸의 고수

로 성장해 있었다.

어느덧 태안 상상이룸 페스티벌 당일이 되었다. 학생들이 발표를 시작하자 꿈꿔 왔던 교실이 눈앞에 펼쳐졌고, 상상 속 교실은 멀지 않은 현실이 되고 있었다. 이 학생들이 만들어 갈 미래가 기대되는 순간이었다.

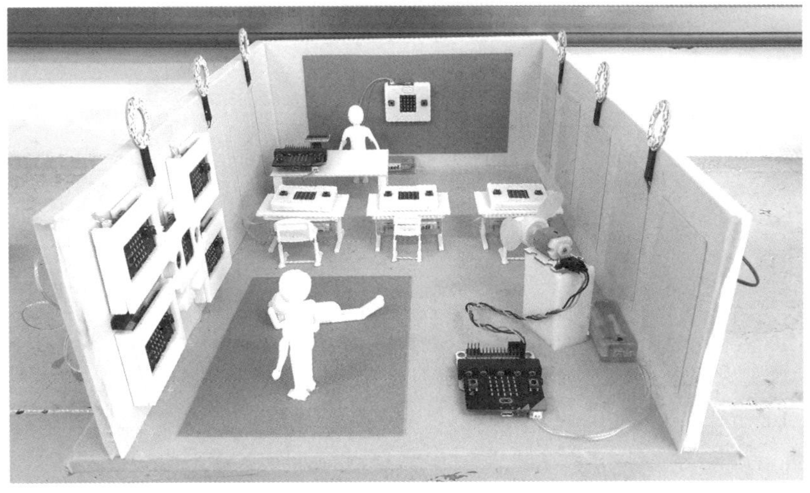

상상이룸, 말 그대로 상상을 이룬다는 것이다. 상상이룸을 처음 접하고, 학생들과 함께 실현하기까지는 생각보다 많은 시간이 걸렸다. 하지만 결국 이루어 냈다. 이제 나는 더 이상 '마이너스의 손'이 아니다. 정확히는 '학생들과 함께라면' 마이너스의 손이 아니다. 물론 아직도 종이에 풀을 바르다 찢어 먹기 일쑤에 기본적인 가위질도 삐뚤고 엉성하지만, '함께 하는 만들기'는 자신 있다. 오늘도 학생들과 함께 무엇을 만들지, 어떤 꿈과 상상을 실현할지 즐겁게 고민하고 있다.

제1회
당진시 상상나래캠프

윤양수

상상나래캠프는 메이킹 캠프Making Camp다. 메이커톤Make A Thon을 캠프 형식으로 바꾼 것이다. 메이커톤은 '만들다Make'와 '마라톤Marathon'의 합성어로, 메이커들이 팀을 이루어 무박 2일 동안 주제에 맞게 아이데이션Ideation부터 시제품화Prototyping까지 진행하는 메이킹 마라톤이다. 참고로 충남교육청은 메이커 교육을 상상이룸교육, 메이커 스페이스를 상상이룸공작소라고 부른다.

당진에서도 메이커톤다운 메이커톤을 개최하면 좋겠다는 생각으로 캠프를 기획하게 되었다. 물론 지난해에도 메이커 축제를 열었다. 그러나 정해진 부스 활동을 체험하는 방식이었다. 아이디어를 가시적인 결과물로 만들고 공유하는 메이커톤과는 거리가 있었다는 것이다. 상상나래캠프는 메이커 축제를 한 수준 업그레이드한 방식이다. 팀원과 함께 아이디어를 내고, 시제품을 만들어 보는 방식이다.

코로나19 확산으로 두 번 연기한 끝에 어렵게 시작하였다. 3일간의 일정으로 구상-제작-공유의 과정을 거쳤다. 구상과 제작 단계 사이에는 2주간의 간격을 두었다. 아이디어 고도화, 재료 구입, 3D프린팅 등 준비 기간이 필요했기 때문이다. 생활 방역 거리를 유지하기 위해 참가팀 규

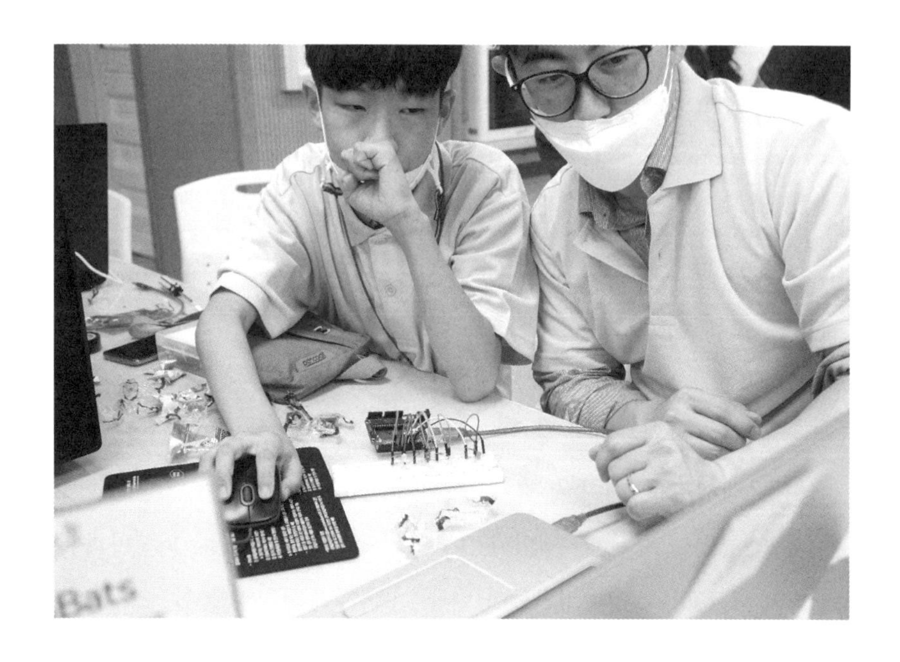

모도 10팀에서 6팀으로 축소하였다. 학생, 교원, 학부모, 청년, 시민 누구나 신청할 수 있도록 문을 열어 놓았다.

2020년 제1회 캠프의 주제는 환경개선과 코로나19 방역이다. 세부 주제는 미세먼지 저감, 태양광 이용, 스마트 팜smart farm, 플라스틱 줄이기, 생활 속 환경개선, 코로나19 방역용품 만들기다. 전통적인 만들기 방식과 현대적인 장비와 디지털 기기를 활용하는 방식 모두 가능하다. 첫 행사인 만큼 내실 있게 운영하기 위해 해당 분야의 기술과 경험이 풍부한 전문 업체에 위탁하여 운영하였다.

구상 단계는 주제에 맞게 아이디어를 구상하는 시간이다. 물론 참가 신청 시 팀별 프로젝트와 관련한 세부 계획을 미리 받았다. 팀별로 실현 가능성을 고려하여 아이디어를 다듬었다. 애초 구상과 크게 달라진 팀도 있었다. 이를 위해 기술 멘토들이 달라붙었다. 팀별로 아이디어와 제작 계획을 발표하고, 질의응답 시간을 가졌다. 참가자들이 아이디어를 제공하고, 좋은 의견은 작품에 반영한다.

제작 단계에서는 참가자들이 작품 제작에 집중한다. 운영진이 변수를 고려하여 행사를 준비하고, 팀별로 신청한 재료는 미리 구입하여 제공한다. 참가자들은 각종 장비와 기기를 활용하여 작품을 만드느라 저마다 바쁘게 손을 놀린다. 공유 단계는 팀별로 발표를 준비하고, 프로젝트를 공유하는 시간이다. 작품 제작을 마무리하고, 프로젝트를 공유하면서 의견을 나눈다. 기대 이상의 작품이 나왔다.

상상월클팀은 에코헬멧을 만들었다. 기본 재료는 종이다. 플라스틱 못지않게 가볍고 견고하다. 플라스틱 재앙에 대한 문제의식을 보여 주는 작품이다. 아이들이 라이딩을 갔을 때 위치를 알 수 있도록 GPS를 장착했다. 블링크 앱으로 연결한다. 야간 안전을 위해 헬멧에 후미등도 추가했다. 간단하지만 아이디어가 좋은 작품이다. 친환경 소재로 방수기능을 개선하면 좋겠다고 심사위원이 의견을 달았다.

석문초 아이들은 방역용 소독차를 만들었다. 소독액 분사장치를 차량 전면에 배치했다. 후면에 장착할 경우 구석구석 소독하기가 어려우니 소독의 사각지대를 줄이려는 것이다. 소독액을 미스트로 분사하는 방식인데, 아두이노를 이용하여 컨트롤한다. 대형 건물이나 다중이용시설에서 활용할 수 있다고 한다. 로봇청소기처럼 개발하면, 코로나 방역을 위한 소독 자동화에 기여할 수도 있으리라.

삼봉초 아이들은 메딕 베스트를 제작했다. 코로나19 방역용 조끼로, 몇 가지 기능을 장착했다. 사람들과 2m 이내로 가까워지면, 적색 경고등이 켜지고 경고음이 울린다. 피부로 감지할 수 있도록 진동 기능도 추가했다. 시의성이 있는 아이디어다. 시제품을 개발하면 한시적인 창업도 가능한 아이디어다. 코로나19가 재확산세를 보이는 요즘, 거리 두기 운동에 대한 관심을 다시 환기할 수 있을 것이다.

공기톡톡팀은 휴대용 공기질 측정기, 초록창팀은 식물액자, JerinBats팀은 도시정화시설Air Supply Chain을 만들었다. 공기질 측정기는 아두이노를 주로 활용했다. 식물액자는 수분감지센서를 활용하는 자동 급수장치를 장착했다. 도시정화시설 혹은 공기 공급망은 실내 공기청정기로는 한계가 있다는 문제의식을 보여 준다. 구조역학 설계나 코딩의 수준이 상당한 작품이다. 사업 아이템에 가깝다. 대기오염물질 배출량이 많은 당진시 환경문제에 대한 고민을 보여 주는 작품들이다.

팀별로 프로젝트를 발표하고, 질의응답 시간을 가졌다. 참가자들 모두 시선을 집중하고, 개선 의견을 적극적으로 개진했다. 짧은 시간임에도

강도 높은 질문과 의견이 쏟아졌다. 심사위원 평가와 참가자 현장 투표로 팀별 프로젝트를 심사했다. 우열을 가리기가 쉽지 않았다. 심사위원들의 평가가 엇갈렸고, 참가자들의 시선은 또 달랐다. 시상식과 기념촬영을 끝으로, 박수와 환호로 캠프를 마무리했다.

처음엔 누구나 초보 메이커zero to maker로 시작한다. 회를 거듭하다 보면, 언젠가는 당진에서도 전문 메이커maker to maker나 창업가maker to market가 나올 것으로 기대한다. 그런 맥락에서 상상나래캠프는 학생들이 미래역량을 갖춘 창의융합 인재로 성장하는 계기가 될 수 있다고 본다. 나아가 '더 나은 사회'를 만들어 가는 사회 혁신가Social Maker로 성장하는 계기가 될 수 있다.

최근 교육의 기본 방향은 역량기반 교육과 참학력 신장으로 요약할 수 있다. 이를 실현하기 위해서는 메이커 교육과 앙트십 교육 등 새로운 교육 모델을 적극적으로 도입할 필요가 있다. 상상나래캠프는 그런 맥락에서 기획한 행사 가운데 하나다. 코로나19 확산으로 규모를 축소하게 돼서 아쉽긴 하지만, 이 같은 활동 하나하나가 당진교육의 혁신과 도약의 질점attractor이 될 수 있다고 본다.

제1회 당진시 상상나래캠프 참가기

김옥규

2020년 올해의 빅 이슈는 코로나19 바이러스다. 코로나19는 연초부터 시작해 10월 말 현재까지 전 세계를 영화 같은 혼돈 속으로 몰아넣고 있다. 학교현장에서 일어난 지난 일들을 돌이켜 보면, 3월 신학기 학사 일정이 휴업으로 연기되었고, 교육부는 수업일수를 감축했다. 4월 말이 되어 설마설마했던 단계적 온라인 개학으로나마 학기를 시작할 수 있었다. LMS를 통해 전례 없던 원격수업이 실시되었고, 온라인과 오프라인 등 다양한 학습 방법을 혼합하는 블렌디드 러닝blended learning이 주목을 받았다. 교육 주체들은 아직도 코로나19 장기화로 인해 적응과 도전으로 버티는 중이다.

한편 잠시 코로나19가 잠잠했던 6월이 돼서야 우리 학교는 방역수칙을 준수하며 등교할 수 있었다. 코로나 위협의 상황에서 학교 행사와 교육사업은 대부분 축소 혹은 취소되었다. 하지만 '제1회 당진시 상상나래캠프'라는 메이커톤 행사가 7월 25일(토), 8월 8일(토)~8월 9일(일)에 총 3회에 걸쳐 당진행복교육지원센터에서 열린다는 소식을 들었고, 참가 권유도 받았다. 이런 시국에도 행사를 무사히 추진하시는 장학사님의 적극적인 모습에 다시금 놀랐고, 그동안 방어적인 자세만 보였던 내 모습이 작게만 느껴졌다. 아무튼 좋은 기회이고, 학생들이 많이 배우고 행복할 것이라 확신했기에 참가하기로 마음을 먹었다.

메이킹making 활동은 생각보다 쉽지 않은 작업이기에 부담이 컸다. 메이커 교육에서는 가르치고 배우는 이가 따로 있지 않다. 협업을 통해 새롭고 창의적인 완성품을 만들기 때문이다. 혼자 설명서를 보고 만드는 DIY(do it yourself) 기성품과는 다르다. "선생님, 이거 어떻게 만들어요? 설명서 없어요?" 메이커 교육을 할 때 학생들한테 자주 듣는 질문이다. 나의 속마음은 이랬다. '설명서는 없다, 나도 어떻게 만드는지 모르고, 이 부품이 호환될지, 이렇게 만든다고 제대로 작동할지는 확신할 수 없다.' 실패하면 될 때까지 다른 방법을 찾아야 한다. 그만큼 시제품 완성에 대한 걱정이 컸다.

우리 팀은 내가 담임하고 있는 삼봉초 3학년 4명으로 구성했다. 작업 난이도에 비해 어린 학생들임에도 팀원 간의 라포rapport, 모임의 접근성, 추후 지도를 위해 자주 만날 수 있는 우리 반에서 참가자를 뽑았다. 참가 학생들은 리더, 디자이너, 엔지니어, 홍보 등 저마다 역할을 갖고 협업했다. 매일 아침 교실에 와서, 좋은 아이디어를 찾으리란 마음으로 함께 의견을 나누며 준비하기 시작했다.

대회의 주제는 당진시 환경개선과 코로나19 방역이었다. 처음에는 일회용품을 줄일 수 있는 제품을 만들고자 했다. "일상에서 자주 사용하고 버리는 일회용품은 어떤 게 있을까요?" 하는 질문에 "종이컵이요.", "나무젓가락이요.", "배달용 포장 용기요." 등 다양한 대답이 나왔다. 이 중에서 한 번 쓰고 버리는 나무젓가락이 제일 아까운 것 같다고 의견을 모았고, 나무 사용을 줄일 수 있는 방법에 대해 고민했다. 상단부 손잡이는 플라스틱으로, 하단부는 나무로 만들어 교체할 수 있는 젓가락을 생각해 냈다. 손잡이는 여러 번 사용하고, 하단부 절반 정도만 나무를 사용하니까 낭비가 반으로 줄어들 것으로 생각했다. 하지만 어딘가 단순하고, 오히려 플라스틱 사용이 늘어나는 문제가 예상되어 생각을 접고 계획을 전면 수정했다.

주제를 코로나19 방역으로 바꿨다. 학교에서는 사회적 거리 두기가 잘 지켜지지 않는 상황이 종종 발생했다. 방역을 책임지는 나로서는 상당히 신경 쓰이는 일이었다. 바닥에 거리 유지 표시가 있어도 '사회적 동물'이기 때문인지 학생들 간의 거리가 시나브로 가까워지곤 했다. 이에 이런 상황을 알려 주는 물건을 만들자고 제안했다. 어떤 형태로, 어떻게 알려 줄 것인지, 디자인은 어떻게 할 것인지 계획을 세웠다. 코로나뿐만 아니라 사람과 가까워져야 하는 상황, 즉 학생들이 자주 하는 잡기 놀이, 서바이벌 게임 등에 교구로도 활용할 수 있을 것이라 생각했다.

그런 계획을 가지고 대회에 참여했다. 첫날은 사전 행사로 안전교육과 팀 단합 게임으로 IQ블록 조립, 고무줄과 나무젓가락을 이용한 마시멜로 챌린지에 도전했다. 이후 계획한 메이킹 아이디어를 전지에 스케치하며 전문 멘토의 조언을 들었고, 5분 스피치 시간을 통해 다른 팀 앞에서 아이디어를 발표했다. 모든 팀의 발표가 끝난 후 포스트잇에 의견을 적어 피드백을 주고받았다.

2주 뒤에 열린 대회 둘째 날은 본 행사로, 팀별로 준비한 아이디어와 재료로 실제 제작에 들어갔다. 우리 팀에서는 코로나19 확산 방지를 위한, 사회적 거리 두기를 돕는 조끼를 만들기로 했다. 스마트워치 형태로 만들 계획이었으나 전자기기의 부피가 너무 커서 조끼 형태를 선택했다. 조끼의 이름은 '메딕 베스트'라고 지었다. '의사 혹은 간호사'를 뜻하는 메딕medic에 '조끼'를 뜻하는 베스트vest와 '가장 좋은'의 뜻인 베스트

best를 결합한 이름이다.

학생들은 전문 멘토의 도움으로 아두이노를 활용한 코딩을 접했고, 입출력, 전압, 전자 부품 등 생소한 것들에 호기심을 가지며 상상하고 디자인한 것을 실제로 구현하는 어려운 작업에 열심히 참여했다. 메딕베스트는 앞사람과의 거리가 2m보다 멀면 조끼에 부착한 LED라인에 초록색 불이 들어온다. 2m 이내로 가까워지면 LED 라인이 노란색으로 바뀌며 진동이 울리고, 2m 거리의 바닥에 레이저 라인이 표시된다. 거리가 1m 이내로 더 가까워지면 LED 라인이 빨간색으로 바뀌며 경고음이 울린다.

마지막 셋째 날에는 작품을 완성하고, 팀별로 프로젝트를 발표했다. 결과를 시상하는 미니 메이커 페어maker fair도 열렸다. 우리 팀은 시제품을 완성하고, 그동안의 메이킹 활동을 되돌아보며 발표를 준비했다. 포스트잇과 네임펜이 아이디어를 담아내는 훌륭한 도구가 됐다. 최종 발표에서 제작 동기, 계획, 제작과정, 장점, 개선사항, 새로운 메이킹 활동 등을 설명하고, 제품을 시연했다. 현재 사회적 이슈를 반영한 창의적인 아이디어라는 심사평을 받았다.

심사는 심사위원 점수 70%, 참가팀 상호평가 점수 30%를 합산하여 진행되었다. 기대감과 긴장감이 교차하는 심사 결과 발표에서 예상을 깬 결과가 나왔다. 학생, 교사, 시민 등으로 이루어진 총 6개 참가팀 중 가장 어린 학생들로 구성된 우리 팀이 1위를 차지했다. '다른 작품들도 훌륭한데…. 운이 좋았던 건가.' 아쉬워하는 다른 팀에게 미안했지만, 우리 팀 모두가 기쁨을 만끽했다. 우리 팀 리더 학생은 대회에 참가해서 많은 것을 보고 배울 수 있어서 좋았고, 첫째 날 행사가 끝난 후로 2주간 상상나래캠프에 오는 날만을 손꼽아 기다렸다고 소감을 전했다. 또

다른 팀들의 다양한 아이디어와 작품이 신기했고, 고생한 보람이 있어 행복하다고 마음을 표현했다.

리더 학생의 말에서 보듯 '백문이 불여일견'이고, '백견이 불여일행'이다. 교과서에 주어진 문제의 이미 정해진 정답을 찾는 것에 익숙한 학생들이 정답이 없는 메이킹 활동에 참여한 경험은 그 자체로 일백 번 본 것 혹은 일만 번 들은 것보다 값질 것이다. 게다가 최고의 결과까지 얻었으니 학생들의 사기는 하늘을 찌르고도 남았다. 여기에 더해 나에게 또 하나의 주문이 들어왔다. 우리 팀이 만든 메딕 베스트를 고도화시켜 실제로 상품화해 보자는 제안이었다.

일사천리로 전문 메이커가 합류한 TFT를 구성했고, 후속 프로젝트를 바로 진행하기로 결정했다. 실현 가능성과 경제성에 의문이 있었지만, 학생들이 구안한 아이디어를 후속 프로젝트를 통해 한시적 창업으로 이어 간다는 교육적 의미가 컸다. 또한 초보 메이커zero to maker로 시작해

창업가maker to market 단계까지 참여하는 것은 나에게도 좋은 기회이고, 학생들에게는 더더욱 큰 경험이 될 것 같았다. 성공한다면 전례를 찾기 힘든 메이커 교육의 성공 사례가 될 것이고, 지역사회 메이커 문화 확산에도 크게 기여할 것으로 기대했다.

8월 13일 목요일 퇴근 후에 TFT 첫 회의를 가졌다. 팀원 중 한 명이 제공한 아지트에서 심도 있는 이야기를 나눴다. 코로나19 장기화로 거리 두기에 대한 긴장이 약화된 상황이었고, 시의성이 중요하기에 개발 일정을 6개월 이내로 잡고, 제품의 고도화 방향에 대해 논의했다. 조끼에 사용한 아두이노를 소형화한 후 그 모듈을 어떻게 적용할지 아이디어와 의견을 나눴다. 스마트워치 방식, 마스크에 붙이는 방식, 목걸이형 호각에 결합하는 방식, 마스크 스트랩에 연결하는 방식 등의 의견이 나왔다. 최종적으로 마스크 스트랩에 거리 두기 기능과 블루투스 이어폰 기능을 추가하는 형태로 의견을 모았다.

이 외에도 고려할 부분들이 많았다. 개발비, 디자인비, 제조비, 제품 단가가 가장 큰 고민이었다. 큰 부담 없이 쓸 수 있는 수준의 제품을 만들어야 했다. 무선 충전 방식은 기판을 나노 공정으로 세공해야 하고, 단가가 높아지기 때문에 케이블 유선 충전 방식을 택했다. 초기 개발비와 제조비를 상쇄할 만큼의 선주문pre-order 수요 확보도 필요했다. 이는 학교와 행정기관 등의 수요를 확보하는 방향으로 가닥을 잡았다. 거리 두기 알림은 불빛과 진동 기능을 생각했으나 진동 모터는 배터리가 쉽게 소모되어 불빛으로만 알리기로 했다. 실제로 제작하게 되면 학생들이 의견 개진, 제작과정, 홍보 등에 참여할 기회를 주기로 했다. 1차 개발 회의는 성공적으로 마쳤고, 각자 추진해야 할 과업들을 분담하고 해산했다.

8월 27일 목요일 2차 회의가 열렸다. 외부 개발자들과 협의해 본 결과, 개발에 부정적이란 소식을 들은 터라 발걸음이 무거웠다. 2차 회의에서는 기술 구현 문제를 논의했다. 거리를 측정할 때 라이더 센서를 이용하면 비용 부담이 크기 때문에 블루투스 기술을 사용해야 하는데, 이는 기술적으로 충분히 구현 가능하다는 답변을 받았다. 부정적이었던 상황이 생각보다 나쁘지 않았다. 문제는 경제성을 따져 봤을 때 투자 대비 이윤이 없다는 점이다. 손익분기점을 넘어서려면 1억~1억 2천만 원 정도의 선주문을 확보해야 했다. 교육자의 관점에서 보이지 않는 부분을 기업가의 관점에서 현실적으로 따져 봤다. 그럼에도 이윤이 목적이 아니었고, 수익이 발생하더라도 전액 기부할 생각이었으므로 개발을 포기하지 않기로 결정했다.

노력 끝에 9월 2주 중 교육지원청 관계자, TFT, 외부 엔지니어 3자 미팅을 갖고, 제조 여부를 논의하기로 했다. 그런데 몇 가지 문제가 제기

되었다. 학교는 코로나19 발생률이 낮고, 교실, 복도, 화장실, 급식실 등의 장소에서 현실적으로 거리 두기가 잘 지켜지지 않는다는 것이다. 따라서 교육 사례로는 유의미하나 제품을 개발한다고 해도 쓸모를 기대하기 어렵다고 했다. 엔지니어의 말이다. 시나브로 시간이 흘러 개발 타이밍을 놓쳤고, 후속 프로젝트는 아쉽게도 무산되었다. 그러나 멋진 도전이었다고 생각한다. 여러 전문가들과 함께 협업하며 새로운 분야에 대해 많은 것을 느끼고 배울 수 있었다. 그럼에도 코로나19 대응에 필요한 가치 있는 아이디어였다는 점, 협업을 위한 TFT를 가동해 봤다는 점, 「충남교육청 상상이룸교육 활성화 조례」에서 보듯 교육적 가치가 컸다는 점 등을 생각해 볼 때 아쉬운 결말이었다. 앞으로 당진 메이커 문화와 수준이 발전하여 더 가치 있는 아이디어로 이 같은 후속 프로젝트가 성공하는 사례가 나오길 소망한다.

상상이룸?
꿈을 이룸,
다 함께 행복 이룸!

김경민

택배가 왔다. 깜짝 선물이다. 선정될 리가 없다고 생각한 '2020 온ON 누리 충남미래교육 AI·SW·상상이룸·환경교육 한마당' 융합 체험 행사에 참여하게 된 것이다. 올해 당첨 운은 이번 행사에 다 쓴 것 같다.

우리가 참여한 프로그램은 두 개다. 초등학교 3학년인 큰아이는 '초록 상상이룸, 엘리오로 조종하는 나만의 전기자동차 만들기' 프로그램에, 1학년인 작은 아이는 'AI와 함께 만나는 미술' 프로그램에 참여했다. 두 프로그램 모두 마이크 기능이 내장된 웹캠을 제공했다. 전기 자동차 만들기 프로그램은 블루투스로 연결하여 자동차를 조종하는 장치인 엘리오Elio, 자동차 바퀴와 모터, 각종 꾸미기 용품을 택배로 배송했다. 부품을 보니 대략 어떻게 진행될지 예상됐다. 그러나 미술 프로그램은 덜렁 웹캠만 받고 보니 어떻게 하겠다는 것인지 전혀 감이 잡히지 않았다.

행사 하루 전, 안내 문자가 왔다. 미리 앱을 설치해서 사전 영상을 봐야 했고, 준비물도 있었다. 온 가족이 모여 사전 영상을 시청했다. 아이들은 무척 설레 했다. 코로나19로 학교 수업을 온라인으로 전환한 지 꽤 되었다. 매일 먹고, 공부하고, 자는 일이 반복이었다. 지난 1년 동안은

친척이나 친구들을 만나는 작은 일탈조차 쉽지 않았다. 그런데 자동차를 만들고 그림 놀이를 한다니 그럴 만도 했다. 설레고 걱정되기는 엄마인 나도 마찬가지였다. 화면으로 집이 보일 텐데 청소가 부족한 것은 아닌지, 늦잠을 자는 것은 아닌지 걱정되어 밤잠을 설쳤다. 아이들 아빠는 작은 화면으로는 잘 보지 못할까 봐 TV와 연결하는 HDMI 케이블까지 사서 준비했다.

행사 당일이 되었다. 작은아이와 나는 작은 방에, 아빠와 큰아이는 거실에 자리를 잡았다. 안내에 따라, 오전 9시 30분에 줌ZOOM으로 접속했고, 행사는 10시에 시작되었다. 식순에 따라 국민의례와 충남교육청 김지철 교육감님, 선문대학교 황선도 총장님의 인사말이 있었다. '2020 온ON누리 충남미래교육 AI·SW·상상이룸·환경교육 한마당'은 올해로 두 번째 행사다. 충남교육청이 주최, 주관하고 선문대학교와 14개 교육지원청이 함께했다. 참가자만 251팀 672명이 참가했으니 보통 큰 행사가 아니다. 인사말이 끝나고, 두 그룹으로 나누어 접속했던 줌 참가자들이 14개 프로그램별 소모임으로 입장했다.

전기 자동차 프로그램은 신청자가 많아 고학년과 저학년으로 나누어 진행했다. 먼저 부품을 설명하고, 작업 순서를 안내했다. 우선 몸체와 바퀴, 모터 엘리오를 조립했다. 여기저기서 질문이 쏟아졌다. 강사님은 모든 질문에 친절히 답변해 주셨다. 참가 아동이 서툴러 부모님이 조립을 도맡아 하기도 했다. 온라인 환경이 낯설다 보니 각 가정의 모든 소리가 실시간으로 공유되는 해프닝도 벌어졌다. 1교시가 끝나고 잠시 쉰 뒤, 2교시에는 자동차를 꾸미고, 스마트폰 앱으로 자동차를 조종해 보았다. 저학년 학생들은 스마트폰 앱에 익숙하지 않아 조종하기 어려워했다. 그래도 멋지게 모두 마무리했고, 자기 자동차를 소개하고, 자동차를 이용해 배달도 해 보았다. 우리 아이도 저녁이 되도록 자동차를 손에서 놓지 못했다.

'AI와 함께 만나는 미술'은 사전 영상에서 어떤 프로그램을 사용할지 안내했다. 접속하고 보니 대부분 초등학교 1학년이라 가족과 함께였다. 첫 번째 '오토드로우'는 별도의 프로그램 설치 없이 누리집에 접속하여 진행했다. 신기하게도 대충 그리기만 하면 AI가 가장 근접한 그림을 찾아 멋진 그림으로 바꿔 주었다. 그림이 서툰 1학년들은 신이 났다. 그리고 칠하고, 꾸며서 전송까지 할 수 있었다. '퀵드로우'도 마찬가지로 누리집에서 활동했는데, 제시어에 맞춰 사용자가 그림을 그리면 AI가 그림을 보고, 제시어를 맞히는 게임이었다. 엄마인 나도 해 보고 싶어 고개를 길게 빼고 아이의 손을 보았다. 아이들의 상기된 얼굴이 화면에 비치고, 강사님의 설명이 이어진다. '퀵드로우' 프로그램을 통해 여러 사람의 그림이 모여 빅데이터가 되면, 이 빅데이터를 기반으로 '오토드로우'에서 사용자의 낙서를 인지하고 멋진 그림으로 바꿔 준다는 것이다. 초등학생도 이해하기 쉬운 빅데이터 활용법이다. 이미 이렇게까지 AI를 활용하고 있다니, 어른인 나도 입이 떡 벌어졌다. 마지막 '구글 아트 앤 컬처' 앱에서는 명화를 활용하여 자기 얼굴을 꾸며 보기도 하고, 방에 AR로 미술품을 놓아 보기도 했다. 생활 밀착형 예술이다. 과거의 빛나는 유산과 최신 기술의 만남이다. 발전된 AI 기술이 아니라면, 예술이 이렇게 생활에 쉽고 깊게 들어올 수 있을까, 경이로웠다.

두 시간이 눈 깜짝할 사이에 지나갔다. 오래 기억될 신기하고 즐거운 행사였다. 북적이는 열기가 아쉬웠지만, 활동 내용에 부족함이 없었다. 번잡한 이동이 없어지니 내용에 더 집중할 수 있었다. 화면상의 어느 아이도 지겨워하지 않았다. 상상이 손끝에서 이루어지는 순간의 즐거움이 고스란히 느껴졌다. 문득 그런 생각이 들었다. 아이들에게 필요한 것은 사회의 노력과 과정을 함께해 줄 어른이 아닌가 하는. 앞으로도 1년은

ROBOT Turtles

코로나19로 온ON택트로 지낼 시간이 많을 것이다. 하지만 지금 우리나라의 기술력이라면, 그리고 어른들이 아이들과 함께한다면, 이런 상황에서도 아이들에게 꿈을 보여 줄 수 있겠다는 생각이 들었다. 상상도, 행복도 함께 이뤄 가는 한 발자국 한 발자국이다. 그 끝에 소중한 꿈들도 이루어지길 바란다.

4부

마을학교 이야기

우리 엄마는 역사 선생님

현연화

'찾아가는 역사교실'에서 아이들을 지도하는 선생님들이 있다. 이 교사단의 이름은 '느루'다. 느루는 한 번에 몰아치지 아니하고 '오래도록' 그리고 '늘'이라는 뜻의 순우리말이다. 당진어울림여성회에서 운영하는 어린이 역사기행단 이름도 '느루'다. 이름을 이렇게 지은 이유는 뜻 그대로 오래도록 꾸준히 함께하고픈 마음에서였던 것 같다.

느루 교사단과 어린이 역사기행단 느루는 코로나19가 발생하기 전에 한 달에 한 번씩 만났다. 그리고 '찾아가는 역사교실'은 월 2회, 모두 토요일에 진행하는 수업이다. 우리는 처음부터 선생님을 하고 싶었던 것은 아니었다. 처음엔 내 아이가 하는 질문, 그리고 가족과 함께 여행을 갔을 때 좀 알려 주고 싶었던 이유로 역사에 관심을 갖게 되었다. 그러다 여성회에서 '우리 엄마는 역사 선생님'이란 대중 강좌를 개설했고, 생각했던 것보다 많은 엄마들이 여성회의 문을 두드렸다. 그때 강의해 주신 분이 한은경 선생님이다. 현재 느루 교사들을 지도해 주시는 대표 강사님이다. 사람의 인연이란 참 알 수 없다는 생각이 든다. 잠시 강연을 위해 왔던 곳이었는데 이젠 삶의 터전이 되었다.

수료증을 받으면서 '우리 엄마는 역사 선생님' 강좌를 마쳤다. 그런데

엄마들은 그냥 헤어지기가 아쉬웠던 것 같다. 모두는 아니지만, 수강생 가운데 5명이 모여서 스터디 모임을 만들었다. 그리고 역사책을 사서 공부를 하기 시작했다. 어려웠지만 열심히 공부했다. "학교 다닐 때 이렇게 했으면 서울대 갔겠다"라면서 말이다. 그러다 "우리 공부만 하지 말고 진짜 우리 애들 데리고 한번 가 볼까?" 하고 제안했고, 모두 동의했다. 2015년, 그때 우리 아이들은 모두 초등학생이었다. "그럼, 우리 애들하고 애들 친구들까지 다 데리고 가자." "관광버스 타고."

일이 커진 것 같았다. 엄마들의 무모함과 추진력은 굉장했다. 모든 것이 처음이라 우왕좌왕했지만, 그때의 열정은 지금과 비교할 수가 없다. 우리 아이들에게 많은 것을 보여 주고 알려 주고, 그리고 좋은 음식을 먹이고, 그러기 위해서 아직 엄마 선생님이었지만 열심히 공부하고 준비했다. 하지만 벽에 부딪혔다. 그때 도움을 주신 분이 한은경 선생님이다. 우리가 선택한 기행지까지 찾아와서, 여기선 무엇을 주제로 할 것인지,

무엇을 더 확장해서 얘기해야 하는지, 어떻게 이동하면 되는지를 코칭해 주셨다. 우리도 자료를 조사하고 발표하며 서로에게 부족한 부분을 알려 주고 채워 나갔다.

엄마들의 무모한 도전은 성공적이었다. 관광버스에 우리 아이들만 있으면 어쩌나 했는데 30명 정도의 아이들이 신청해서 함께했다. 아이들의 반응도 지역 엄마들의 반응도 너무 좋았다. 교육과 문화, 체험 인프라가 부족했던 당진에서 새로운 시도였던 것 같다. 아이들에게도 우리들에게도 너무나 멋진 경험이었다. 그렇게 우린 엄마 선생님이라는 이름으로 아이들과 세 번의 여행을 했다.

그 이후 좀 더 욕심을 내서 진짜 전문 선생님이 되어 보자고 뜻을 모았다. 여성회에서는 역사문화체험지도사 양성과정을 개설했고, 수강생을 모집했다. '우리 엄마는 역사 선생님' 때보다 더 많은 수강생이 찾아왔다. 양성과정을 마치고 역사를 사랑하는 모임 '역사랑'이 시작되었다.

당진시교육지원청과 당진어울림여성회가 함께하는 마을학교
2020 찾아가는 역사교실

매주 만나서 공부를 하고, 현장을 답사했다. 한은경 선생님은 멀리 일산에서 우리를 위해 매주 와 주셨다. 그렇게 '역사랑' 회원들은 전국 곳곳을 답사하고 발표하면서 공부를 했다.

어린이 역사기행단 느루에서 처음으로 선생님의 역할을 하게 되었다. 한 달에 한 번밖에 없는 역사기행을 위해 많은 노력을 했다. 우리 당진에 대해서도 연구하기 시작했고, 아이들과 함께 할 수 있는 프로그램을 기획했다. '우리 고장 알기'란 프로젝트로, 이론 수업 한 번과 현장 수업으로 기획했는데, 준비하고 있으니 기회가 찾아왔다.

당진시에서 위탁하는 마을학교 공모 사업에 선정되어 프로그램을 운영할 수 있게 된 것이다. 당진 관내 초등학교에 협조 요청 공문을 보내 유곡초등학교 학생들과 프로그램을 진행했다. 그 뒤엔 더 큰 기회가 찾아왔다. 당진교육지원청에서 지원해 주는 마을교육공동체 위탁사업에 선정된 것이다. 큰 행운이었다. 우리 아이들을 위해서 학교 밖에서도 많은 교육과 체험의 기회가 제공되는 것도 감사했다.

처음엔 내 아이를 위한 공부였지만, 더 나아가 우리 동네 아이들을 위한 공부로 발전했고, 지금은 어엿한 경력 6년 차 선생님들이 되어 있다. 교육지원청 창의체험학교 마을교사로도 활동할 수 있었다. '역사랑' 회원에서 느루 선생님이 된 내가, 그리고 우리가 자랑스럽다. 앞으로도 우리가 당진에서 더 많은 아이들에게 즐겁고 행복한 기억을 만들어 주는 선생님이 되고 싶다.

찾아가는 역사교실 첫 만남

현연화

2019년에 이어 올해도 찾아가는 역사교실을 열게 되었다. 하지만 코로나19로 인해 걱정이 앞섰다. 과연 잘 진행이 될까? 4월부터 하기로 했던 수업을 6월이 되어서야 시작할 수 있었다. 아이들은 많이 모집이 될까? 역사기행은 갈 수 있을까? 많은 걱정과 우려 속에 시작하게 된 역사교실! 걱정과 다르게 모집한다는 공고가 나가고 3일 만에 예상했던 인원보다 많은 아이들이 신청했다. '다행이다'라는 안도의 마음이 생겼다.

6월 20일 드디어 첫 수업이 시작되었다. 신청은 많이 했지만, 과연 아이들이 와 줄까 싶었다. 드디어 아이들이 하나둘 오기 시작했고, 첫 수업에서 31명의 아이들을 만났다. 작년에 참가했던 아이들도 눈에 띄었다. 1년간 함께했다고 반갑게 인사하고 아는 척을 해 준다. "선생님 안녕하세요." 나도 신이 나서 "그래, 어서 와!" 하고 반갑게 맞이했다. 그 아이들을 보면서 '작년에 그래도 잘 해냈구나'라는 생각이 들었다. 교육실이 북적북적 활기가 넘쳤다.

작년엔 교사들이 모든 프로그램을 계획하고, 아이들은 그대로 따라오기만 하는 방식이었다. 어찌 보면 일방적으로 전달하고, 하라고 하면 하고, 그런 수업이 아이들에게 흥미가 없을 수도 있다는 생각이 들어 올해는 아이들에게 맡겨 볼 생각이었다. 우리 교사들은 주제만 정해 주고, 그에 따른 선택과 계획은 아이들에게 맡겼다. 그래서 올해는 기행지가 어디로 선정될지는 교사들도 알 수가 없었다.

첫 시간, 당진의 모든 중학교에서 왔기 때문에 서로 모르는 사이다. 자기소개 시간을 갖기로 했다. 아이들의 반응은 예상했던 대로다. "아~~~." "꼭 해야 해요?" "싫은데." 그럴 땐 마음이 흔들린다. '꼭 해야 하나!' 괜스레 아이들의 눈치를 보게 된다. '다음 시간에 안 오면 어떡하지?' 하고 말이다. 그래도 계획했던 건 해야지 하면서 "응, 꼭 해야 해"라고 말하며, 종이와 펜을 나누어 줬다. 이름을 적고, 자기가 좋아하는 것과 듣고 싶은 말 등을 써서 소개하게 했다. 착한 녀석들이다. "하기 싫어요." 하면서도 선생님의 말을 잘 들어준다. 아이들이 가장 많이 듣고 싶

어 하는 말은 "잘했어"라는 말이었다. '그랬구나. 그런 마음이었구나!' 왠지 가슴이 찡했다. 그렇지만 끝까지 안 하는 아이도 있다. '어쩌겠어. 황금 같은 토요일, 늦잠 자고 싶을 텐데 이리 나와 준 것만도 어딘가!' 슬쩍 넘기고 첫인사를 나눴다.

첫 수업의 주제는 '세계문화유산을 찾아서'였다. 세계문화유산의 의미와 그렇게 지정해서 보존하려는 이유를 알려 주고, 우리나라에는 어떤 세계문화유산이 있는지도 알려 주었다. 아이들은 우리나라에 그렇게 많은 문화유산이 지정되어 있다는 것에 놀라고 자랑스러워했다.

처음 수업을 시작했을 때는 내가 알고 있는 10개를 다 알려 주고 싶은 마음이었는데, 지금은 10개 중에 1개라도 기억하자는 마음으로 바뀌었다. 욕심이 과하면 나도 모르게 조바심이 생기고, 아이들에게 강요를 하게 되었다. 주제가 역사이다 보니 더욱 그랬다. 지금은 그저 이 시간에 나와 함께해 주는 것만으로 고맙다.

수업이 끝나고, 아이들이 기행지를 선정한다. 모둠별로 가고 싶은 곳을 정하고, 그곳에 가고 싶은 이유를 적는다. 그곳에 가서 무엇을 할 것인지도 정한다. 기행지에서 선생님들의 이야기를 듣는 시간과 함께 아이들이 그 장소에 관해서 알 수 있는 활동을 스스로 설계하는 것이다. 그리고 가장 중요한 것, 점심으로 무엇을 먹을지도 정한다. 이 모든 것을 아이들이 조사하고 계획한다. 그다음에 모둠별로 계획을 발표하고, 투표로 기행지를 선정한다. 아이들에게는 두 번의 투표권을 준다. 본인이 선택한 곳에 대한 투표는 당연한 것이고, 다른 친구들이 선정한 곳 중에도 맘에 드는 곳이 있을 수 있으니 두 번의 투표권을 행사하게 해 준다. 인터넷을 이용해 관련 정보를 검색하고, 생각을 함께 나누고 토론하고 결정한다.

이날은 현충사와 마곡사 중 현충사로 결정되었다. 코로나19로 인해 먼 거리 이동이 부담스러워 당진에서 가까운 충남권으로 선정하다 보니 선택의 폭이 넓지는 않다. 아이들은 현충사로 결정했다. 이순신 장군의 『난중일기』가 세계기록유산으로 지정되어 있기 때문이다. 가고 싶은 이유도 가지각색이다. '가까워서', '한 번도 안 가 봐서', '인기 많아서', '산책하기 좋은 시기라서', '이순신 장군을 존경해서'. 제일 인상적인 이유는 '가까워서', 역사교실을 진행하는 동안 가장 많이 나온 의견이다. 어른들과는 다르다는 생각이 들었다. 우리 선생님들은 멀리 가서 보여 주고 싶은데….

아이들은 생각보다 주도적이고 능동적이었다. 아이들에게 많은 것을 가르치려 하지 말고, 스스로 배울 수 있는 시간을 만들어 주어야겠다는 생각이 들었다. 아이들의 그런 모습을 보면서 세 아이를 키우고 있는 엄마로서 내 아이들에게 어떻게 해야 할지도 깨닫는 시간이었다. 물론 실천이 중요하겠지만 말이다. 아이들은 '잘했어'라는 말을 듣고 싶다고 했다. 정말 '잘했어'라고 말해 주고 싶은 날이었다. 앞으로 남은 시간 동안 잘해 보자. 다음 시간에 또 만나자!

교실 밖 역사여행

이문희

마스크를 쓰는 것이 너무나 익숙해졌다. 얼굴의 반 이상을 덮어 버린 마스크가 올해 대부분을 앗아 갔다고 생각하는 것은 무리일까. 코로나 19가 확산하는 답답한 상황에서 벗어나고 싶은 마음 간절하던 차에 야외로 '찾아가는 역사교실'을 취재하러 갔다.

당진교육지원청에서 지원하는 마을교육공동체 사업인 '찾아가는 역사교실'을 처음 취재하러 간 곳은 당진어울림여성회 교육실이었다. 마을교사들이 우리나라 성곽에 관한 이론 수업을 진행하고 있었다. 전형적인 성곽은 네모꼴로 쌓은 성과 다시 그 바깥에 네모꼴로 쌓은 곽을 포함한 이중의 벽으로 구성된다. 안쪽을 성 또는 내성, 바깥쪽을 곽 혹은 외성이라고 한다. 성곽은 쌓은 목적과 기능에 따라 도성, 읍성, 산성, 창성 등으로 분류한다. 읍성은 지방의 행정·경제·군사의 중심지로, 우리 지역에는 면천읍성과 해미읍성이 있다. 마을교사가 성곽의 분류와 특징 등을 설명하고 있었다.

당진어울림여성회는 당진의 여성들로 구성된 여성시민단체이다. '찾아가는 역사교실' 프로그램을 운영하는 마을교사들은 결혼으로 사회경력이 단절되었다가, 여성회에서 기획한 역사문화체험지도사 양성과정을 수료하고, 한국사능력검정시험의 고급과정 자격을 취득한 후 역사문화 체험지도사로 활동하고 있다.

당진에 살고 있는 청소년들이 지역에 관심을 갖고, 공부할 수 있는 기회를 제공하여 고장에 대한 자긍심을 가질 수 있도록 기획한 사업이 '찾아가는 역사교실' 프로그램이다. 역사에 관심이 있는 학생들이 이론과 답사를 통해 역사를 더욱 깊이 있게 이해하며, 현장에서 체험을 통해 배우고 익히는 프로그램이다.

'찾아가는 역사교실'은 한 번은 실내에서 이론 수업을 진행하고, 또 한 번은 이론을 기초로 역사기행을 가는 프로그램이다. 학생들이 답사할 곳을 직접 선정하고 조사한다고 한다. 모둠별로 답사 후보지를 정하고, 많은 사람이 선택하는 곳을 답사지로 선정한다. 답사지가 결정되면 관련 자료를 조사하는 등 미리 공부한다.

작년에는 마을교사들이 답사 계획을 세우고 장소를 정했다고 한다. 마을교사가 주도하는 방식이었는데, 올해에는 학생들이 계획하고 상의하여 장소를 선택하고 진행하는 방식으로 바꾸었다. 이런 변화는 일방적인 주도에 따르던 학생들이 능동적으로 선택하고, 참여하게 되어 더욱 적극적인 활동으로 이어지는 장점이 있다.

학생들과 다시 만난 것은 '찾아가는 역사교실' 답사 여행이 있던 날, 해미읍성에서였다. 나들이하기 좋은 10월의 날씨는 그동안 답답했던 교실을 벗어나 탁 트인 바깥 활동에 한껏 마음을 들뜨게 하였다. 10월 10일 토요일 오전, 해미읍성에서 우리나라 성곽에 대한 답사가 시작되었다.

해미읍성 정문인 진남문에서 설명을 들으며 시작한 일정은 객사, 동헌, 회화나무 등 읍성 안을 둘러보는 과정으로 이어졌다. 역사기행에 참

×
Feltics

여한 20여 명의 중학생들은 모처럼의 학교 밖 역사탐방에 많은 관심을 보이며 즐거워하였다.

코로나19로 멀리 가지 못하는 아쉬움이 있었지만, 가까운 곳을 답사 장소로 정한 것은 지역 역사 알기에 오히려 좋은 기회였다. 조선 시대 대표적인 읍성 중 하나인 해미읍성을 답사하며, 국궁 체험장에서 활쏘기를 체험하였다. 처음 경험하는 활쏘기인데도 학생들 모습은 국가대표급이었다. 활쏘기 체험이 끝난 후 팀을 나누어 동영상을 만들기 위한 사진을 찍었다. 어떤 사진을 찍을지, 어떤 내용의 동영상을 어떻게 만들지, 팀별로 상의하는 모습이 사뭇 진지했다. 점심을 먹고 연을 만들어 날려 보기까지 한 다음 답사 일정이 끝났다.

답사하면서 찍은 사진과 내용으로 만든 동영상이 궁금한데, 참여 학생들의 환한 모습을 보니 답사에서 얻은 결과물 또한 멋질 것으로 기대

된다. 참여한 학생들은 역사 체험으로 지역의 역사를 알게 되어 좋았다고 하고, 준비한 선생님들은 힘들기는 하지만 학생들이 즐겁게 참여하는 모습을 보면서 뿌듯해하였다.

답사에 동행하면서 우리 아이들을 키울 때가 생각났다. 역사교육에 관심 있는 학부모가 모여 답사 모임을 만들고, 버스를 임차하여 답사를 다녔다. 물론 자비를 들여서였다. 엄마들이 장소를 정하고 자료를 모아 아이들 수준에 맞도록 책자를 만들고, 그것을 들고 다니며 답사 여행을 하였다. 다녀와서 사진을 붙이고 내용을 정리하는 후속 프로그램도 진행하였다.

'찾아가는 역사교실'은 그러한 면에서 참 부러운 프로그램이다. 마을교육공동체 사업으로 다양한 프로그램을 진행할 수 있다. 많은 학생들이 참여하면서 경험을 하고 성장할 수 있도록 지원해 주는 교육지원청이 있으니 든든한 일이다. 조금만 관심을 가진다면 배우고자 하는 프로그램을 찾아서 참여할 수 있는 마을교육공동체 사업이 더욱 성장했으면 한다. 교육할 수 있게 준비되고 재능 있는 교육자원들이 많이 있다. 마을을 기반으로 한 민·관·학의 협조로 변화하고 성장하는 교육의 현장이 우리의 미래이다. '아이 키우기 좋은 마을 살기 좋은 당진'의 교육현장이 아이들이 행복한 미래교육의 장場이 되었으면 한다.

행복배움터 두레와 민·관·학 삼총사

김효실

엄마에게는 자녀를 어떻게 키울지가 늘 고민이다. 아이가 어린이집에 다니기 시작할 무렵부터 엄마의 고민은 시작된다. 초등학교에 입학하고 중고등학교에 진학해도 엄마의 고민은 늘 한결같다. '우리 아이를 어떻게 키우느냐', '우리 아이의 교육을 누구에게 맡기느냐', '우리 아이에게 무엇을 가르치느냐'이다.

아이를 스펙 좋은 강사에게 맡기고 학원으로 돌리면서 1등만 하길 바라는 엄마는 많이 줄어들었다. 이제는 아이의 성적보다 아이의 '행복'에 더 큰 관심을 갖는다. 다양한 체험을 통해 스스로 재능과 진로를 찾아낼 수 있도록 한 발 물러나 기다리고 응원을 한다.

이런 부모들의 성숙한 자세와 사회적인 분위기가 민·관·학과 연계되면서 교육 정책에도 영향을 미쳤다. 어떻게 보면 어색한 만남, 전혀 다른 코드의 민·관·학 삼총사가 연대하면서 놀라운 것들을 만들어 냈다. "아이는 마을이 키운다"라거나 "온 마을이 학교다"라는 말을 당진에서 아이를 키우고 있는 엄마라면 귀가 아프게 들었을 것이다. 아이를 행복하게 키우기 위한 모두의 노력이다.

행복배움터 두레도 이런 과정에서 탄생했다. 아이들에게 공교육에서 얻기 힘든 다양한 체험을 하게 해 주고 싶은 엄마의 욕심에서 시작한다. 스마트폰에 젖어 있는 아이들을 '어떻게 하면 푸른 들판에서, 체험 공간에서, 역사 현장에서 놀게 할 수 있을까?'가 행복배움터 두레의 고민이다. 대부분의 마을교육공동체의 고민이기도 하다.

2019년에 행복배움터 두레가 당진교육청의 민간위탁 사업자로 선정되어, 교육청의 폭넓은 지원을 받아서 당진시 초중고 학생들의 재능계발, 진로체험 등을 펼칠 수 있게 되었다.

지역 생산물을 가공 판매하는 우강면에 있는 로컬푸드 체험장에서 초등학생들이 옹기종기 모여앉아 고추장을 담그고, 작은 손으로 화전 반죽을 만든다. 햇살 속에서 신나게 뛰노는 아이들을 보면 덩달아 흥이 난다. 유익하기만 하고 재미가 없으면 지루해하는 것을 알기 때문에 아이들의 흥미와 호기심을 끌기 위해 두레의 마을교사들은 많은 고민을 했다.

교실에 앉아 있는 것이 너무나 싫다는 한 고등학생도 바리스타 체험을 할 때는 눈빛이 초롱초롱 빛난다. 커피를 내리고, 허니브레드를 굽고, 아이스크림을 만들면서 호들갑을 떠는 모습이 그렇게 예쁠 수가 없다.

수줍음이 많은 학생이 청소년 도슨트 양성과정을 통해서 사람들 앞에 서고, 자연스럽게 말을 이어 간다. 또한 진로까지 다시 생각해 보는 계기가 되었다고 고백하는데, 어떻게 보람이 없을 수 있겠는가! 더 질 좋은 프로그램, 더 유익한 프로그램, 더 신나는 프로그램을 짜느라 괴로워하면서도 이 일이 즐겁기만 하다.

행복배움터 두레를 운영하기 전, 출산과 육아로 인해 긴 시간을 엄마로서만 보냈다. 지금 돌이켜 봐도 돈 주고도 못 살 정말로 소중한 '커리어'이다. 엄마이기 때문에 아이를 잘 이해할 수 있고, 공교육에서 하기 힘든 다양한 프로그램을 계획할 수가 있다.

행복배움터 두레뿐만이 아니라 당진에는 역량 있는 마을교육공동체가 여럿 있다. 한 달에 두 번 함께 모여 마을교육공동체의 성장과 발전을 위해 진지하게 논의한다. '배움마실'이라는 멋진 이름으로 활발히 소통하고 있지만, 첫 모임에서의 어색함과 설렘을 아직도 기억한다.

배움마실이 조직되기 전에는 마을교육공동체 마을교사들이 만날 수 있는 네트워크와 공간이 마련되지 않아 단편적인 활동은 가능했지만 협력하기 어려운 한계가 있었다. 여기저기 떠다니는 풍선을 모아 묶는 작업을 한 것은 당진교육지원청 교육혁신팀이었다.

얼마 전 배움마실 모임에서 경상북도 칠곡군에서 협동조합을 운영하는 어느 대표의 인터뷰를 본 적이 있다. 그가 참 멋진 말을 했다. "도시에 살다가 이곳으로 내려왔지만 후회하지 않는다. 칠곡군은 행정과 업무에 대한 소통이 원활하고 나의 목적과 부합되는 도시이기 때문이다"

라고.

당진도 마찬가지다. 나 역시 그렇게 느꼈다. 교육혁신팀 장학사와 주무관이 늘 모임에 나와 공동체의 의견을 듣는다. 민·관·학이 소통할 수 있는 창구가 한 달에 두 번이나 정기적으로 열리는 것이다.

어릴 적 〈달타냥의 모험〉이라는 TV 만화를 보면서 웃고 울고, 행복해하고 비통해했던 기억이 난다. 만화 주제가처럼 정의를 위해 싸우는 '달타냥과 삼총사'가 등장하여 우정을 나누며 옳은 일을 하기 위해 모험을 한다. 어리숙하지만 남다른 열정과 용기가 많은 달타냥은 꼭 행복배움터 두레 같고, 뛰어난 능력과 경험을 갖춘 아토스, 아라미스, 포르토스 삼총사는 민·관·학 같다. '삼총사'는 내가 가장 아끼는 말이다. 그 만화가 주었던 꿈과 희망, 그 이상으로 내게 특별한 의미이기 때문이다.

단언컨대 모두의 정성이 모여 이루어지는 마을교육공동체의 사업이니만큼 당진에 잘 정착되리라 믿는다. 결국 혜택은 당진에서 성장하고 있는 우리 아이들에게 돌아가니 흐뭇하고 뿌듯하다. 나중에 당진을 떠나더라도 다시 돌아오고 싶을 정도로 당진에 행복한 기억이 많았으면 좋겠다.

언젠가 자신 있게 말하고 싶다. 행복배움터 두레와 민·관·학이 함께 이뤄 낸 성과라고. 행복배움터 두레가 민·관·학 삼총사와 해냈다고 말이다.

전대마을학교 이야기 1

계상충

당진시 송악읍에 위치한 작은 학교인 전대초등학교에는 학부모들의 그림 동화책 공부 모임이 있다. 작전(작은 전대를 뜻함) 모임에 참여한 엄마들은 그림 동화책을 공부하면서 자신들의 장점을 하나씩 찾아갔다. 자신의 재능을 내 아이와 전대초 학생들을 위해 쓸 수 없을까 하는 고민 끝에 2019년 당진교육지원청 마을교육공동체 사업에 응모하면서 전대마을학교가 시작됐다. 엄마들은 재능과 열정은 있었지만, 아이들과 수업을 해 본 경험이 없어 초창기에는 어려움을 겪었다. 그럴 때마다 엄마들만의 장점인 '수다'를 통해 서로의 경험과 고민을 함께 나눴다.

처음 수업을 하려고 학교 측과 이야기할 때 선생님들의 반응이 아직도 생생하다. "어머님들이 그렇게 큰 사업을요? 아이들과 수업을 하실 수 있으세요?" 학부모들도 말이 많았다. "종혁이 엄마가 들어와 수업한다는데 어떻게 들어간 거야? 학교에서 직접 고용한 건가?" 수도 없이 많은 얘기가 들려왔다. 우리 아이들을 돌보겠다는 순수한 목적과 기쁨도 잠시, 따가운 눈초리와 말들이 상처가 되어 힘을 잃게 만들기도 했다. 하지만 여섯 명의 엄마들은 기죽지 않고, 그런 말들을 밑거름 삼아 열심히 해 보자며 뜻을 모았다. 학교와의 지속적인 협의와 설득으로 2주 만에 방과후학교 프로그램을 수강하지 않는 학생 45명을 대상으로 돌봄을 시작하게 되었다.

2019년 상반기에는 월요일부터 토요일까지 방과 후 돌봄 프로그램을 운영했다. 공간은 전대초 각 반 교실을 이용하였다. 월요일-향기 공예, 화요일-퍼니 영어, 수요일-도예와 카페 메뉴, 목요일-꼬마 정원사, 금요일-건강 스포츠, 토요일-아동 인권 수업을 개설했는데, 기존 방과후학교 프로그램을 신청하지 않고 통학버스를 기다리는 아이들이 주로 참여했다. 기존 방과후학교는 50분 단위로 수업을 진행하는데, 우리는 2시간 단위로 프로그램을 설계하여 아이들과 충분히 소통하며 만들어 가는 방식으로 운영했다.

수업 첫날 아이들은 45분 정도 되자 가방을 메고 밖으로 나가려고 했다. "얘들아, 어디 가니?" "수업 끝나서 가려고요." "우리 수업은 두 시간이야. 통학버스 타는 시간에 나가면 된다. 다시 들어와." 첫 시간에 안내했지만, 아이들은 시간이 되자 자동으로 나가려고 했다. 습관이 말보다 앞선 이유일 것이다.

학교 방과후학교도, 전대마을학교 방과 후 돌봄도 싫다! 시골 학교의 특성상 통학버스를 기다려야 하는 전대초 아이들은 통학버스를 기다리는 두 시간 동안 놀이터나 계단에 앉아서 핸드폰을 한다. 길잡이 선생님들은 수업이 없는 날 하루 두 시간씩 '와글와글' 선생님으로 봉사를 했다. 아이들의 안전 지킴이로, 선생님 대신 아이들을 지켜보고 때론 함께 놀아 주기도 했다. 학교 선생님들은 수업이 끝나도 업무를 보면서 아이들을 돌봐야 하는 어려움이 있다. 그런데 엄마들이 자발적으로 와서 아이들을 돌봐 주니 마음 놓고 업무에 집중할 수 있다고 하셨다. 지나고 보니 '와글와글' 선생님들의 활동은 전대초에만 있는 특징인 것 같다.

또 전대마을학교는 작년 10월에 학교와 마을 주민들이 함께하는 '1.3세대 마을운동회 모두 가족 캠프'를 개최했다. 전대마을학교에서는 카페, 학부모들을 위한 꽃꽂이, 숙이 핀 만들기, 차량용 방향제를 만드는 향기 공예 등 다양한 체험 부스를 운영했다. 전시 부스에는 방과 후 돌봄 시간에 아이들이 만든 도예 작품도 전시했다. 또 전통적인 방식으로 인절미를 만드는 체험 부스도 운영했는데, 전대리와 초대리 마을 주민들로부터 큰 호응을 얻었다. 마을 주민들은 모처럼 학교에 와 보니 너무 좋고, 아이들의 운동회를 보는 것이 얼마 만인지 모르겠다며 반가워했다. 학교에서도 덩그러니 운동회만 하는 것보다는 훨씬 좋다며 긍정적인 반응을 보였다.

처음 운동회에 참여한 1학년 학부모들은 학교에서 체험 부스를 운영하고, 점심을 제공하는 것으로 알고 있었다. 그런데 전대마을학교에서 준비했다는 사실이 알려지면서 단 한 번의 캠프로 전대마을학교 마을교육공동체를 알리는 계기가 되었다. 그간 홍보지와 학교 공문으로 전대마을학교의 활동을 알리긴 했지만, 부모님들이 아이들이 활동한 내용을 직접 체험해 볼 수 있는 기회를 마련한 것이 훨씬 효과적이었다. 그렇게 부모님들과 신뢰감을 쌓을 수 있었다.

2019년 하반기에는 워킹맘, 워킹대디를 위해 여름방학 돌봄과 지역 아이들을 대상으로 주중·토요 돌봄을 운영하였다. 주중 돌봄에서는 학부모 재능기부로 손뜨개 털모자 만들기, 천연로션 만들기, 향기 공예 프로그램을 운영했다. 토요 돌봄 시간에는 지역 자원을 활용하여 쌍화차 만들기, 목공예 체험 프로그램을 진행했다. 모든 돌봄 이후에는 지역의 반찬가게에 의뢰하여 아이들에게 간식과 도시락을 제공했다. 이를 통해 부모들에게는 돌봄의 부담을 줄여 주고, 아이들에게는 시간에 맞추어 먹거리를 제공할 수 있었다. 이처럼 전대마을학교 길잡이 교사들은 다양한 프로그램을 운영하느라 쉴 새 없이 바쁜 한 해를 보냈다.

2020년 전대마을학교의 주요 사업은 학생 동아리 활동이다. 2019년 하반기에 3~6학년 학생들을 대상으로 동아리 선호도 조사를 실시했고, 그 결과를 반영하여 팽이동아리, 축구동아리, 향기동아리, 원예동아리를 개설하게 되었다. 학교 측과 협의해 주중 하루는 방과후학교 수업 대신 동아리 활동을 하는 '자치동아리데이'를 운영했다. 기존 방과후학교의 50분 단위 수업과는 달리 동아리 활동의 특성을 고려하여 2시간 30분 활동으로 설계했다. 아이들과 함께 활동을 설계하고, 길잡이 선생님들이 준비하는 방식으로 동아리 활동을 만들어 가기 위한 것이다. 그렇게 충분히 이야기를 나누며 진행했기 때문에 아이들이 자기주도적으로 활동에 참여했다.

전대마을학교는 자치동아리 활동을 통해 아이들의 꿈과 창의력을 키워 주고 싶다. 자치동아리를 운영하면서 무엇보다 길잡이 선생님의 역할이 중요하다는 생각이 들었다. 전대마을학교 길잡이 선생님들은 열심히 노력하고 있다. 앞으로는 내 아이가 아닌 모든 아이들을 위해 지치지 않고 나아갈 수 있는 방법도 고민해야 한다. 길잡이 교사인 엄마들에게는 아이들과 함께 성장할 수 있는 일자리를 제공하고, 더불어 마을 주민으로 살아가고 싶다. 주중, 주말, 방학 돌봄을 통해 아이들에게 안전한 울타리가 되어 주고, 사시사철 지역의 생산물로 만든 건강한 먹거리를 제공하고 싶다. 부모님들은 마음 놓고 일하고, 선생님들은 아이들 교육에 더 집중할 수 있도록 도와 드리고 싶다. 전대마을학교는 아이들이 크고 엄마들이 성장하는 큰집을 꿈꾸고 있다. 함께 마을을 이루어 가는 교육공동체로 성장하고, 나아가고 싶다.

전대마을학교 이야기 2

계상충

무식하면 용감하다! 2019년 마을교육공동체 사무 위·수탁 계약서에 도장을 찍고 나오는 길이라고, 대표님의 전화를 받았다. 우리는 그동안 바라 왔던 돌봄과 방과후수업을 할 수 있을 거라는 생각에 기쁨이 가득했다. 그리고 2020년 2월, 지난해를 거울삼아 부담 반 기대 반으로 2년차 사업을 시작했다.

전대마을학교는 학교 밀착형 마을학교이다. 예상치 못한 코로나19로 개학이 미뤄지면서 3월, 4월, 5월이 훌쩍 지나갔다. 애타는 마음으로 날짜를 세며 개학을 기다리고 기다렸다. 어느덧 6월, 드디어 아이들과 만날 수 있는 날이 다가왔다. 길잡이 선생님들은 흥분을 감추지 못했다. 2019년 12월 학생 욕구 조사를 바탕으로 팽이동아리, 토탈공예1, 토탈공예2, 축구동아리, 총 4개의 동아리 돌봄을 개설했다. 첫 시간에는 아이들과 함께 동아리 이름을 정하기로 했다. 팽이동아리는 '베이', 토탈공예는 '쑥자'(쑥쑥 자라는 아이들), 축구동아리는 '감독님~'으로, 아이들은 동아리의 특징에 맞게 척척 잘 지어냈다.

동아리 활동 길잡이 선생님들은 작년 선진지 탐방을 통해 배운 것들을 수업에 적용하려 노력했다. 아이들이 계획 수립에 참여하고, 자연스

럽게 다양한 의견을 내도록 귀를 기울여 줬다. 팽이동아리 활동은 단순히 팽이 겨루기 게임이 아닌 평화 감수성을 접목했다. 또래 친구들의 마음을 이해하고, 운영규칙을 정하며 관계를 배우는 수업으로 계획했다. 또 팽이를 분해해 그 내부 원리를 그려 보고, 설명하는 시간도 가졌다. 이렇듯 단순한 팽이 놀이를 넘어선 수업을 만들어 가고 있다. 토탈공예 동아리는 작년 선호도 조사 결과를 토대로 레진아트, 웹툰, 원예 순서로 수업을 하려고 했다. 그런데 아이들은 레진아트를 계속하고 싶어 했다. 덕분에 길잡이 선생님은 매주 아이들이 원하는 재료를 준비하며 증가한 시수만큼 새로운 수업을 만들어야 했다.

2019년에는 여름방학 돌봄을 계획했던 공간이 법률적인 문제가 발생하면서 지역 내 공공시설을 알아보게 됐고, 노인회 회의실을 어렵게 섭외하여 진행하게 되었다. 지난 여름방학 돌봄은 우리의 눈물겨운 노력으로 이루어 낸 성과였다. 그런 노력 때문인지 2020년에는 돌봄을 안정적으로 운영할 수 있도록 전대초등학교에서 돌봄교실을 열어 주었다. 첫날 아이들은 돌봄 선생님이 아닌 엄마들이 들어오는 게 이상해 보였는지 “예환이 엄마다. 왜 오셨어요?”, “돌봄 선생님 그만두셨어요?”라며 놀란 표정을 지었다. 하지만 하루 이틀 지나자 이내 적응하고, 수업에 잘 참여해 줬다. 전대마을학교 방학 돌봄은 매일 아침 30분간의 책 읽기로 시작했다. 요일별로 원예, 퍼포먼스 미술, 보릿대 공예, 아로니아 청 만들기 등의 다양한 프로그램을 운영했다. 점심시간에는 반찬가게 사장님이 아이들이 좋아하는 반찬과 건강에 좋은 식단으로 따뜻한 도시락을 만들어 배달해 줬다. 마음이 통한 걸까? 일주일이 지나면서 아이들은 자연스레 수업과 간식, 점심을 입을 모아 칭찬해 주었다. 바란 것은 아니었

지만 아이들이 좋다고 말해 주니 올해의 걱정과 부담감이 싹 사라진 듯했다. 아이들의 말은 꾸밈이 없고, 진심으로 느껴지기 때문이다.

9월부터 2학기 동아리 돌봄을 어렵게 시작했다. 코로나19로 방과 후 돌봄이 전면 중단된 상황에서 1~2학년 대상으로 동아리 돌봄을 학교에 제안해 보았다. "아이들이 방과 후 하교 버스를 타기 전까지 아무것도 안 하는 것보다는 동아리 활동을 하면 어떨까요?" 교감 선생님께 생각을 전했다.

곧바로 교사 회의를 거쳐 동아리 돌봄을 개설했고, 전대초등학교 전교생이 동아리 활동을 하게 됐다. 2학기 방과후학교가 중단되고서 1~2학년 아이들은 대부분 오후 2시에 하교한다. 전대마을학교에서 1~2학년도 동아리 돌봄을 운영한다는 소식을 듣고 학부모, 아이들이 3시 30분 하교로 변경하며 적극적으로 참여해 줬다. 2학년 동아리 돌봄 신청은 1주 차 11명에서 2주 차에 19명으로 예상 아동 수를 훌쩍 뛰어넘었다. 학교 측에서도 아이들의 참여에 놀라워했고, 길잡이 선생님들도 으쓱한 순간이었다.

1학년 아동 요리 수업 시간에는 담임선생님이 매주 보조 교사로 도와주신다. 그러지 않아도 되는데 본인의 업무를 뒤로 미루고 도와주고 싶다고 하신다. 선생님의 자녀도 작은 학교에 와서 이런 돌봄을 받게 해 주고 싶다는 말과 함께 일하는 엄마들에게 전대마을학교는 단비라고 응원해 주고 있다.

전대마을학교는 우여곡절 끝에 전교생 대상으로 주중 동아리 돌봄을 12월 중순까지 운영했다. 올해는 코로나19 확산으로 모든 사업계획이 바뀌면서 생각에 생각을 거듭한 해였다. 고민도 많았고, 계획한 일들을 단기간에 다 해내야 한다는 심적 부담감도 컸다. 하지만 길잡이 선생님들은 한마음 한뜻으로 아이들에게 최선을 다하려고 했다. 부족한 부분은 배워 가고, 내 아이가 있든 없든 매 수업에 열과 성을 다했다. 그 마음이 아이들에게 전해졌는지 99%의 참여율을 기록했고, 학교에서도 흔쾌히 공간을 내어 준다. 마을교육공동체 개념도 모르고 오로지 아이들을 위해 시작했던 전대마을학교가 내년이면 3년 차에 접어든다. 우리는 전대마을학교로 학생, 학부모, 마을 주민이 하나가 되었고, 지역과 함께하는 마을교육공동체를 꿈꾼다. 끝이 아닌 새로운 시작이다. 2021년 전대마을교육공동체 '파이팅'을 외쳐 본다.

앞서거니 뒤서거니

이효남

선 선생님들 따라
진 진짜 관심 있는
지 지인들과 함께하는 공부 여행

3행시를 지어 보았다. 기대에 없던 당진교육지원청 마을교육공동체 공모사업을 받고 나니 사업을 어떻게 진행해야 할지, 무엇을 준비해야 할지, 문제는 어떤 것들이 있는지, 어떤 과정을 거쳐 어떤 방향으로 성장해야 할지 등등 부족한 경험에서 오는 답답함이 끝이 없다. 학습모임을 통해 책으로는 많은 내용들을 접하지만, 현장에서는 실제로 어떤 일이 어떻게 이루어지고 있는지, 궁금한 마음과 기대를 가득 싣고 '선진지 탐방'을 떠난다.

경기도 의정부시 몽실학교에 도착하니 입구 바닥에 펼쳐진 아이들의 그림에서 자유롭고 싶은 영혼의 갈망을 느낄 수 있었다. 활동 공간들을 하나씩 둘러볼 때는 감탄과 부러움의 연속이었다. 빼곡하고 복잡한 도심 속에 마치 아지트 같은 아이들의 전용 공간! 우리에게도 이런 공간이 생겨날 수 있을까.

강연을 통해 몽실학교 이야기를 듣고 나니 '풀뿌리 자치'라는 이름처럼 잡초에서 약초로 인식이 변화되기까지 얼마나 많은 갈등과 좌절, 고민으로 수없는 나날을 보냈을지 길잡이 선생님들의 표정에서 읽을 수 있었다. '길잡이 교사'라는 명칭도 새롭고 의미 있었다. 다소 권위적인 느낌의 '교사'를 벗어나 '안내자' 또는 '상담가'의 역할을 잘 보여 주는 명칭이다. 아이들을 위해 바닥부터 혁신적인 방법으로 교육의 꽃을 피우기까지 비난과 원망, 불신을 견뎌 내고 아이들을 향한 열정과 희망으로 포기하지 않고 달려오고 있다고 한다. 95%가 가지 않는 길을 가는 데는 남다른 육체적·정신적 에너지가 필요하다는 것을 알기에 존경스럽기도 하고 짠하기도 했다.

그토록 많은 어려움에도 불구하고 포기하지 않고 사업을 이끌어 가는 원동력은 무엇이었을까? 선택권을 빼앗기고 꿈도 없이 방황하는 아이들이 안타까웠을까. 순위의 잣대에서 뛰쳐나와 삶의 주체성을 찾는 아이들이 대견했을까. 아이들이 내민 손을 선뜻 잡아 주기엔 많은 갈등과 고민이 있었겠다.

전대마을학교의 길잡이 교사로 나선 엄마들도 고민이 많다. 대부분이 육아를 위해 경력단절 상태이다. 우리는 교육전문가도 아니며 재력가도 아니다. 존경받을 만한 학력을 갖고 있지도 않다. '경력단절 육아맘'이라는 명칭은 마치 방치된 사회 건설 현장의 초라한 안내판처럼 보인다. 이런 사회적 인식 속에서 마을교육이 전환의 계기가 될까. 길잡이 교사가 될 수 있을까. 인식의 끄트머리인 농촌에서 말이다. 그러나 누군가는 해야 할 시작을 우리가 맡게 되었다.

견학을 다닐수록 궁금증과 답답함은 해소되고 마음은 무거워진다. 갈 길이 멀게만 느껴지기 때문이다. 그래도 믿는 구석이 있다면, 남보다 좀

8500

더 다양한 현장 경험이다. 주먹구구 경력과는 다르다. 열정으로 똘똘 뭉친 공동체의 에너지이다. 삶의 변화를 위해 도전하는 엄마들이다. '여자'보다 강한 '엄마'인 것이다.

견학을 통해 성찰하게 되는 것들이 있다. 이론과 실습의 균형이 맞아야 한다는 것이다. '민주적'과 '사회적'도 그렇다. 균형은 생명체의 본능이다. 마을교육이 균형 있게 가려면 '소통능력'과 '리더십'이 필요함을 알게 된다. 현재 우리 자녀에게 필요한 교육을 하고 있는지 자문하게 된다.

선진지 견학으로 많은 것을 보고 듣고 느꼈다. 너무도 큰 것을 보니, 실현 가능성에 대한 확신과 자신감 부족으로 시작하기도 전에 의욕을 잃게 된다. 보여 주기 위해 포장한 것은 아닐까 하는 의구심도 든다. 평균 10년이라는 세월을 거쳐 성장한 이야기를 듣고 있으면 그저 한 편의 에세이 같기도 하다.

비난부터 감수하고 시작해야 하는 고된 보람의 길이다. 편하고 쉽게 차려진 밥상에 숟가락만 얹고 싶은 것이 우리 마음이다. 그러나 우리가 수고하여 아이들을 위한 밥상을 차려야 한다. 무엇부터 시작해야 할지 잘 알지 못하지만 선배들처럼 일단 따라가 보자! 이론으로 무거워진 머리를 현장으로 풀어 보자.

돌이켜 보니, 마을교육공동체 시작 동기와 과정보다 더 중요한 것을 알았다. 포기하지 않는 것이다. 자신을 성찰하는 것이다. 사업의 목적과 가치관을 위해 각자의 달란트대로 융합하고 소통하는 것이다. '선택권'의 가치를 실현하려 애쓰는 것이다. 그러다 보면, 어느새 나도 모르게 나와 내 아이가 성장한다.

부모가 행복하면 아이가 행복하고, 교사가 행복하면 학교가 행복하다. 누가 행복의 씨앗을 뿌릴 것인가. 견학에서 만난 현장 전문가의 말을 새겨 본다. "절대 포기하지 마세요! 욕먹고 있으면 잘하고 있는 겁니다." "나와 내 가정이 먼저라는 것을 절대 잊지 말고 초심을 늘 챙기세요!"

그래! 앞만 보고 달리지 말고, 처음의 순수함처럼 아이들과 함께하자. 행복한 추억을 쌓자. 공동체가 좋다는 것이 무엇인가. 힘들면 나누고, 지치면 쉬어 가고, 기쁨은 함께하는, 앞서거니 뒤서거니 밀고 끌어 주는 공동체 찬스가 있지 아니한가. 빨리 가려면 혼자 가고, 멀리 가려면 함께 가라! '가치'의 행복을 아는 자는 마을교육을 '같이'하라!

길잡이 교사

이효남

사전을 찾아보았다. 길잡이란 길을 인도해 주는 사람이나 사물을 뜻한다. 나아갈 방향이나 목적을 실현하도록 이끌어 주는 지침을 비유적으로 이르는 말이기도 하다.

2000년 어느 날, 저마다 새로운 밀레니엄 시대가 온다고 떠들썩할 때 '강사'라는 직업의 세계에 입문했다. 어떤 도구를 쓰면 어려운 내용을 쉽게 전달할까. 어떻게 하면 좀 더 재미있게 이해할까. 아마도 교육을 하는 사람이라면 늘 하는 고민일 것이다. 1시간의 수업을 위해 열 배 이상의 시간과 노력을 투자할 때도 있다. 시간과 방법과 과목을 달리할 뿐 마을교육도 마찬가지다.

마을교육공동체 역량 강화 프로그램에서 '길잡이 교사'라는 단어를 접했다. 퍼실리테이터facilitator(1. [지시하는 사람이 아닌] 조력자, 2. 일을 용이하게 하는 것, 촉진제)라고도 했다. 퍼실리테이션 기법에 관한 이야기는 2010년 평생교육 강사과정에서 처음 들었다. 그리고 2018년 그 기법을 통해 의제를 발굴하고 도출하는 경험을 했다. 참 민주적이라는 생각이 들었다.

마을학교 수업 현장에서 만나는 사람들은 다양하다. 유아부터 어르

신까지. 그 가운데 가장 어려운 대상은 청소년이다. 길잡이 교육을 적용하기 위해 교사의 많은 노력이 필요하다. 관심도 의욕도 없고, 반항하며 산만하기까지 한 아이들을 만나면 진퇴양난에 빠진다. 심지어 협박도 받는다. 내가 대상을 고를 수 있다면 얼마나 좋을까. 길잡이 교사의 갈등과 고민은 끝이 없다. 서로 합의된 선택을 하고, 협의를 통해 소통해야 한다.

전대마을학교는 길잡이 교육의 실습 현장이다. 길잡이 교사의 도전이기도 하다. 문화·예술은 기본이고 민주시민, 인권과 양성평등, 다양한 방법의 인문학과 치료학을 공부한다. 사람을 공부하고 자신을 성찰하는 것이다. 좋은 부모가 되기 위해 애쓰는 일들이 길잡이 교사의 기초가 되어 가고 있다. 인공지능 로봇 시대에 인간이 설 자리는 어디일까. 나와 아이들의 자존감을 회복하는 것이리라. 그것이 창의력의 바탕이라 생각

하기 때문이다.

교육적인 고민도 있다. 교과 연계 수업이다. 극히 일부만 학교 교과 훈련을 전문적으로 받아 본 적이 있다. 마을학교 구성원의 대부분이 3명의 자녀를 둔 엄마들이며 아직도 육아를 병행하고 있다. 그저 내 아이 잘 키워 보고 싶은 소박함으로 시작했다. 용기와 열정으로 말이다. 틈틈이 스터디 모임을 하고 짬을 내서 역량 강화에 참여한다. 주말을 반납하며 자격증에 도전하고, 빚을 내서 공부도 한다. 때로는 엄마와 아내를 마을학교에 뺏긴 남편과 아이들의 원망도 듣는다. 그러면 여기서 그만 멈출까 갈등하기도 한다. 활동을 쉬거나 건너기라도 하면 "선생님, 왜 수업 안 와요? 우리 언제 수업해요?"라고 묻는다. 그럼 다시 초심을 부여잡고 한 걸음 내딛기를 반복한다.

다른 어려움도 있다. 내 아이의 학교 학생들과 아이 친구 학교의 학생들 대부분이 대상자이다. 그러다 보니 학부모들 사이에서 소문도 빠르고 말도 많다. 그래서 더욱 조심스럽다. 어쩌면 이런 부분 때문에 길잡이 교사의 전문성과 인성이 요구된다.

길잡이 교사에 입문하게 되면 권위를 내려놓게 된다. 우리가 사회를 먼저 경험한 이유로 아이들 앞에 섰다면, 아이들은 순수함과 창의력으로 우리 앞에 선다. 그러니 서로 동등하다. 그렇게 생각하면 아이들이 내 말을 당연하게 들어야 할 이유가 없다. 아이들의 선택인 것이다.

참여하지 않으면 교육현장을 모른다. 많은 것을 기대하고 요구한다. 그 기대에 미치지 못하고 어떤 문제라도 발생하면 비난하고 공격한다. 그러면 방어적인 태도로 교육에 임할 수밖에 없다. 특히 안전 문제는 길잡이 교육도 예외가 아니다. 허용과 책임의 범위를 협의해야 한다. 내 아이만 잘 키워서 되는 것이 아니라 모든 아이를 잘 보듬어야 한다는 것을 깨닫게 된다.

돌봄과 육아는 부모의 몫이다. 그러나 시대가 변하고 여성의 사회 진출이 늘어나면서 사회 모두의 몫이 되었다. 교육복지의 개념이 되었다. 서로가 떠넘기는 것이 아니라 서로가 역할을 맡아야 한다. 모두가 길잡이 교사가 되어야 한다.

전대마을학교에서 길잡이 교사로 일한다는 것은 여러 가지 의미가 있다. 경력단절로 인한 상실과 무기력한 삶에 활력이 된다. 육아와 자아실현을 병행할 수 있다. 힘들지만 보람되고 행복하다. 지역의 화합을 이끄는 동기가 된다. 학부모들이 역할을 함으로써 학교와 선생님들의 협력자가 된다.

길잡이 교사에게 과제가 있다면 사회적 가치의 실현이다. 평생을 겸손하게 배우며 성찰하는 자세로 임해야 한다고 생각한다. 지식을 주는 교사는 있어도 삶을 가르치는 교사는 없다. 인생은 각자의 선택으로 이루어진다. '가치'를 '같이' 실현할 수 있는 일들이 많다. 그 중심에 길잡이 교사가 있기를 바란다.

코로나19,
그리고 마을축제

김경민

꽃자리어린이책인문학회는 2020년 당진교육지원청 마을교육공동체 사업에 조금 급하게 참여하게 되었다. 학교라는 공간 안에서 마을축제를 진행해 보고자 뜻을 함께했고, 인문학을 주제로 한 축제를 구성하고자 회의에 회의를 거듭하며 틀을 잡아 갔다.

인문학 축제는 인문학을 접할 기회를 제공하고, 그 가치를 공유할 수 있도록 기획한 축제이다. 여러 기관과 단체가 아동이 참여할 수 있는 인문학 축제를 진행하고 있다. 당진에는 도서관에서 주최하는 '독서문화축제'가 있고, 벼룩시장과 자원순환 체험 프로그램이 있는 '똘뱅이장터'도 있다. '당진학생예술축제'에서는 학생들의 예술작품을 전시하고 공연한다. 마을과 학교가 함께하는 '해나루 마을축제'도 있다. 이 외에도 많은 축제가 있지만, 우리는 이번에 학교 안에서 구성원들이 모두 함께하는 축제를 시도해 보기로 했다. 학교 안으로 찾아가는 축제를 특색 있게 구성하고, 특히 인문학적 가치를 깊이 있게 나누도록 하는 것이 축제 기획의 가장 큰 과제였다.

축제 구성에는 세 가지 전제가 있었다. 우선 단기간 행사여야 했다. 또 구성원 전체가 참여하여 가치를 공유해야 했다. 마지막으로 반드시

인문학적 가치를 깊이 있게 전달하는 형태여야 했다. 구성원 전체가 하나의 가치를 공유하는 것이 하루 이틀 안에 이루어지도록 하기 위해서는 많은 논의가 필요했다.

논의 끝에 다양한 콘텐츠를 소개하는 것보다는 가족과 함께하는 인문학적 소통에 초점을 두기로 했다. 초등 고학년 아동과 청소년은 양질의 소통을 위해서는 중장기적인 접근이 더 효과적이다. 그런데 초등 저학년은 양육자와 긴밀한 정서적 유대를 형성하고 있어 단기간으로도 새로운 소통의 방식을 익혀 실행해 볼 수 있다. 그런 맥락에서 대상은 초등 저학년과 그 가정으로 선정했다.

소통은 쌍방향이다. 그래서 가족이 함께 공유하지 못하면 한계가 있다. 효과를 극대화하려면 양육자에 대한 교육을 함께 진행하는 것이 좋다. 요즈음 아빠들의 육아 참여가 늘었다고는 해도 아직까지는 여성 양육자가 부담하는 부분이 많다. 부모교육도 대부분 여성 양육자를 대상으로 하니 남성 양육자들에게는 그 자체가 생소할 수 있다. 그래서 성별을 나누어 교육하는 방식을 택했다. 여성 양육자와 남성 양육자, 아동에 대한 교육을 각각 진행한 후 모두 함께 모여 소통하는 장을 만들기로 했다.

부모교육은 자신을 알고, 상대를 이해하고, 함께 소통해 가는 단계가 빠짐없이 이루어져야 한다. 그래야 소통에 대한 인문학적 접근이 가능하다. 단기간에 이를 진행하고자 MBTI 심리유형검사와 그림책을 통해 부모교육을 진행하기로 했다. 주제에 맞는 그림책을 선정하고 아이들 수업도 같은 그림책을 활용하도록 구성했다. 마지막 시간에는 대형 종이 집을 가족이 함께 조립하고 꾸민 후 서로 그림책을 읽어 주는 시간을 갖도록 준비했다. 양육자에게는 자신과 배우자를 더 잘 이해할 기회를, 아이들에게는 그림책을 통해 상상력을 펼칠 시간을, 그리고 열린 마음으로 가족이, 공동체가 함께 가치를 나누는 장을 제공하는 것이 인문학 축제의 골자였다. 부모교육 전문가, MBTI 강사, 그림책 연구진 등 부족함 없이 준비했다. 양육자 모두가 참여할 수 있도록, 저녁과 주말 시간으로 기획했다.

복병은 전혀 예상하지 못한 곳에 있었다. 2019년 말 시작된 코로나19는 모든 것을 집어삼켰다. 사람 간의 대면 활동이 질병 확산의 주원인으로 지목되고 나니 소통을 주제로 한 우리 축제는 설 곳이 없었다. 곧 잠잠해질 것으로 기대했지만, 바이러스는 갈수록 그 위력을 더했다. 대안이 필요했다. 설정한 목표와 가치의 틀 안에서 새로운 형태를 구상해야 했다. 공동체에 속한 구성원 모두가 공유하면서도 거리 두기를 준수해야 한다. 가정과 학교를 연결해야 하지만, 함께 모여서 진행하는 방식은 피해야 했다. 회의를 거듭하며 다양한 의견을 검토했다. 연말에는 독감과 코로나 바이러스의 트윈데믹이 예상되기에 시간이 많지 않았다.

우선 접촉을 최소화하고자 이틀이었던 축제를 한 시간 반으로 줄였다. 대상도 관내 작은 초등학교 저학년 아동으로 한정했다. 소통 증진이라는 포괄적 주제도 성평등이라는 구체적 주제로 좁혔다. 성평등 문제는 가사분담 등으로 어느 가정에서나 한 번쯤 고민했을 법한 주제여서 접근이 쉽다. 또 넓은 범위의 성교육으로 학교현장에서도 다루고 있다. 주제를 압축적으로 전달하기 위해 인형극을 관람하도록 했다. 꽃자리어린이책인문학회 인형극 연구팀의 도움이 컸다. 연구팀이 이동식 무대를 각

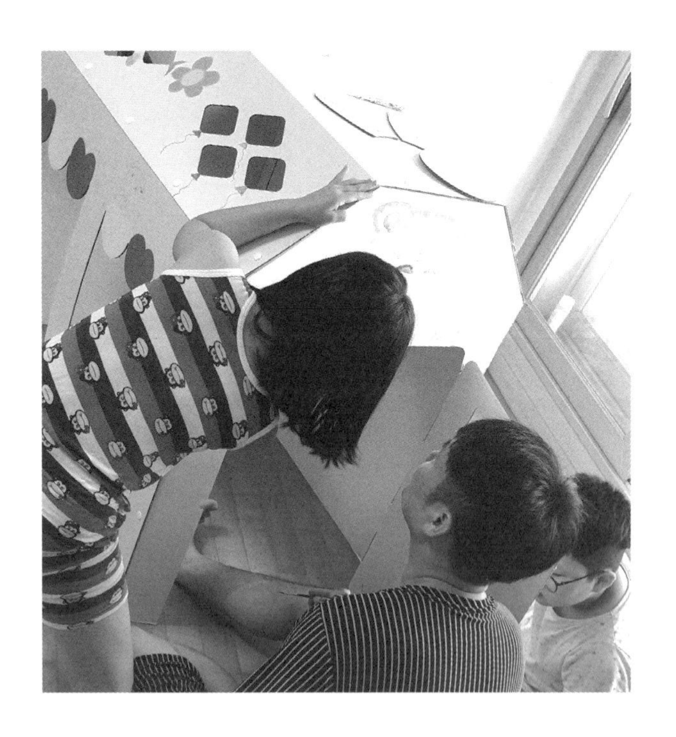

반에 설치하고 공연하기로 하면서 방역지침을 준수할 수 있었다. 강사는 동일 주제에 맞는 그림책을 읽어 주고 활동지 수업을 진행했다. 부모교육은 할 수 없었지만, 각 가정에서 활동할 키트를 지급하고 결과 사진을 공유하여 가족이 소통할 기회를, 그리고 공동체가 공유할 기회를 마련했다. 가정마다 사정이 달라 원활한 활동이 이루어질 수 있을지 걱정됐지만, 각 가정을 방문하거나 양육자를 학교에 초청하여 활동 방법을 안내할 수도 없었다. 그래서 우리는 온라인으로 안내 영상을 제공하여 가정 활동을 도왔다. 따로 또 같이! 이번 축제의 콘셉트가 되었다.

우려와 달리 축제는 즐거움 가득하게 진행되었다. 코로나19 상황에서도 많은 학교가 관심을 보였고, 아이들은 그림책과 인형극을 통해 어렵지 않게 '나다움'을 이해했다. 인형극이 끝날 때 주인공이 물어본다.

"얘들아, 우리 다음에 또 만날까?"

"네! 또 만나요!"

아이들이 목이 터져라 대답한다. 즐거운 이야기, 좋은 책과 추억을 담은 사진으로 아이들은 '나다움'의 소중한 가치를 기억할 것이다. 처음 기획했던 축제와는 다르지만, 결과는 부족하지 않았다.

한 공간에 여러 사람이 모이면 열기가 느껴진다. 그 후끈후끈함에 주춤하고 수줍었던 마음을 열고 하나 됨을 느낀다. 그것이 축제다. 그러나 코로나19가 확산된 환경에서 이 열기를 느끼는 것은 위험할 수 있다. 그래서 우리는 이어달리기처럼 마음에서 마음으로 열기를 전달하는 축제를 구성했다. 가득한 열정을 직접 느끼지는 못하지만, 아늑하고 따뜻한 마음만큼은 부족하지 않게 가정에 도달한 것으로 보인다. 연구를 거듭해야겠지만, 코로나 시대의 축제, 그 첫발이 우리의 기대와 다르지 않아 나아갈 힘과 희망을 얻을 수 있었다.

그림책으로
다 어울림

김동미

우리나라를 단일민족이라고 배웠다. 문화적 배경이 다양한 사람들이 결혼, 일자리 등의 이유로 우리나라에 와서 함께 산다. 이제 단일민족이라는 말이 어울리지 않는다. 특히 시골은 다문화 배경을 가진 아이들의 수가 점점 늘어나고 있다. 이제 그 아이들은 다른 나라에서 온 사람도 아니고, 우리와 특별히 다르지도 않다. 우리의 이웃이자 우리 아이들의 친구다.

다문화 부모와 아이들을 위한 프로그램이 필요했다. 송산종합사회복지관은 다문화 부모교육 '맘·아이·나 프로젝트'(2017년)를, 신평주민자치회는 다어울림아동독서캠프 '신평 다 어울림 Ⅰ, Ⅱ'(2018년, 2019년)를 꽃자리어린이책인문학회(이하 꽃자리)에 의뢰했고, 이를 진행했다.

'송산종합사회복지관 다문화 부모교육'은 7회로, '통하는 맘, 소통하는 아이, 그리고 나'라는 주제로 프로젝트를 구상했다. 나 알아 가기를 시작으로 남편·고부·이웃 간의 소통 방법, 아이와 놀이 및 정서 교감, 영양교육과 아이와 함께 하는 소풍 도시락 꾸미기, 학습정보 및 질의응답 시간을 계획하고 진행했다. 수강생은 대부분 중국, 베트남, 필리핀에서 온 미취학 아이를 둔 엄마들이라, 강의 중 복지관에서는 아이들을 돌봐 주었다.

꽃자리에서는 프로그램을 계획할 때 고민이 많았다. 다문화 부모를 대상으로 하는 프로그램은 처음이기 때문이다. 의사소통은 잘될까, 문화가 달라 실수를 하진 않을까. 하지만 이런 걱정은 기우였다. 교육 정도, 유입 전 사회적 지위, 가정에서 인정받는 정도, 심리적 위축 정도 등에 따라 개인적 차이가 있었지만, 그것은 일반 강연 수강생과 다르지 않았다. 강연은 내용 유추가 가능하고 쉽게 이해되는 그림책으로 이야기를 풀었다.

첫 시간에 함께 본 『살색은 다 달라요』는 다인종 다문화를 이해하는 그림책이다. 캐런 카츠는 다양한 인종과 나라 사람들의 피부색을 아름답게 표현했다. 먹고 싶은 계피 색깔, 살짝 구운 식빵 색깔, 땅콩 버터잼 색깔, 낙엽 색깔, 호박 보석 색깔, 아름다운 빛깔을 가진 이웃들을 소개하며 피부색으로 인한 편견을 사라지게 만들었다. 인종이나 출신 국가보다는 '저 사람은 무슨 색이지'를 먼저 자연스럽게 생각하게 해 주었다. 이렇듯 좋은 책으로 다가가니 엄마들도 하나둘씩 마음을 열었다.

캐런 카츠, 『살색은 다 달라요』, 보물창고

회차를 거듭하면서 그림책을 읽고 모둠별 만남에서 가족 간에 언어와 문화 이해 부족으로 겪는 여러 가지 어려움에 대해 이야기를 나누었다. 각기 다른 나라에서 왔지만 서로에게 아낌없는 격려와 힘이 되어 주는 소중한 시간이었다. 진행자는 그 어느 때보다 소통의 기쁨과 보람을 느꼈고, 책과 이야기로 하나 되는 마음을 만들어 낼 수 있다는 놀라운 경험을 했다.

'신평주민자치회 다어울림아동독서캠프'는 2018년 8회, 2019년 5회로 신평에 거주하고 있는 다문화 배경을 가진 아이들을 대상으로 진행했다. 다문화라는 공통된 환경이 성별과 나이에 상관없이 아이들에게 편안함을 주었다. 수업은 소중한 나, 가족의 이해(가족 얼굴 쿠키 만들기, 열두 띠 책 읽고 찰흙으로 나와 가족의 동물 띠 만들기), 친구와 이웃, 매너 교육을 통한 자존감 향상, 협동 작업을 통해 협력의 중요성 알기, 나를 표현하기 등의 내용으로 진행했다. 같은 시간대에 부모교육도 2회 진행했으나 아이들이 취학 후 일하는 엄마들이 많아 네댓 명만 참여했다.

'나에 대한 이해'로 시작한 수업이 '나를 표현함'에 이르면서 아이들은 조금씩 성장했다. 책을 읽어 줄 때 집중해서 듣는 모습, 조별 활동 시간에 자기 이야기를 자신 있게 말하는 모습, 밝아진 표정 등 캠프 진행 과정 내내 아이들이 변하는 모습이 인상적이었다.

또 주진행자의 역할이 중요하다는 것을 알았다. 진행자는 다르다는 시선을 받으면서 자란 아이들에게 신뢰를 주어야 한다. 그것은 편안한 느낌, 따뜻하게 품어 주는 것, 공감하고 존중해 주는 것으로 시작한다. 이런 마음이 통했을까? 강의가 진행될수록 입소문으로 동생, 오빠, 친척들까지 참여자 수가 점점 늘어나 마지막 수업에는 준비한 재료들이 모자라는 즐거운 상황까지 생겼다.

부모교육 시간에는 유치원 누리과정과 초등 저학년 통합교육과정 소개, 우리나라 통합교육, 창의체험 활동, 초·중·고 교과목 등을 소개했다. 엄마들이 많은 관심을 가졌다. 우리에겐 쉽고 당연한 것이 그분들에게는 어려운 일이었다.

지금 지역 농촌사회는 다문화 가정을 어떻게 융합하느냐가 매우 중요한 시점이다. 독립된 다문화센터를 만들어 지속적으로 부모교육 및 정보 전달이 이루어져야 한다. 체계적으로 운영되고 이들끼리 밀착하여 자체 교육이 가능한 원스톱 방식이 이상적이다. 또한 다문화와 함께하는 지역공동체 간 교류가 필요하다.

다문화 아이들의 경우 아직 우리 사회는 비영어권 아이들에 대한 금기가 있다. 그래서 학교에서 공개적으로 다문화 교육을 하면, 특별교육처럼 인식되어 더 위축되는 이유가 되기도 한다. 따라서 학교 밖에서 이들이 자유롭게 소통하고 도움받을 장과 이를 기획할 기관이 필요하다. 이들이 지역사회의 건강한 일원으로 자리 잡는 기회가 많이 주어지면 좋겠다.

수업 마지막 날이었다. 첫 수업 때부터 입은 굳게 다물고, 눈도 안 맞추고, 가만히 앉아 있지도 않고, 교실을 빙빙 돌기만 한 아이가 있었다. 하지만 모든 수업에 한 번도 빠지지 않았고, 귀만큼은 활짝 열어 놓고 있었다. 그 아이가 다가와 손을 잡고 이야기했다. 집에 병아리가 있는데 그중 한 마리를 주겠다고. 수컷이 좋은지 암컷이 좋은지 물었다. 따뜻한 그림책과 매주 토요일 만난 시간들이 아이의 마음을 열어 준 것 같아 감동의 순간이었다.

5부

가슴으로, 두 발로

따르고,
지키고,
이끄는 사람

김경민

"잘 꾸미고, 모델 같고, 우리랑 달라서 일 같은 거 안 하는 줄 알았지. 그런데…."

"하하, 제가요?"

"그래 이런 거 저런 거 묻히기 싫어하고, 그러면 일 못 해. 다음에도 꼭 부탁해!"

우연히 '전대마을학교'에서 활동하는, 또 활동하실 분들이 함께하는 자리에 다녀왔다. 조금 늦게 나타난 계상충 사무장님은 아침부터 일을 보고 오는 길이라고 했다. 여전히 아름답고, 우아했고, 더 행복해 보였다. 대화는 함께 계시던 장영란 선생님과 계상충 사무장님의 대화다.

처음 만난 것은 2015년 무렵으로 기억한다. 첫 출산 후 5년 만에 내 시간이 생기자 나는 공부를 한답시고 여기저기 쫓아다녔다. 이런저런 자격증도 따고, 이것저것 배우고, 인문학 강좌도 쫓아다녔다. 그러다가 도서관 그림책 강의에서 그녀를 만났다.

내 꼴로 말하자면, 5년 묵은 된장 꼴이었다. 간신히 철에 맞는 옷만 챙겨 입고 강의실에 앉아 있는데, 앞자리에 그녀가 있었다. 긴 웨이브 머리, 날렵한 자태, 잘 차려입은 옷. 당진에도 저런 사람이 있구나. 첫 느낌

이 그랬다. 한번 보면 잊기 힘든 특별함이었다. 강의가 끝나 갈 무렵 수강생이 돌아가며 소감을 말할 때 그녀의 목소리를 듣게 되었다. 나긋나긋하고 우아한, 여유 있는 말투. 왜 그림책을 공부하러 왔을까? 아이는 있을까? 뭘 하는 사람일까?

그림책 강의 이후 외모도 이름도 잊히지 않는 그녀를 조금씩 알아 가게 되었다. 나는 선입견을 품고 있었다. 내가 하지 못하는 것에 대한 시기와 질투로 빚어진 선입견 말이다. 잘 꾸민 그녀가, 폭 삭은 묵은지 꼴이 된 나와 다르니 애도 안 키워 봤을 것으로 생각했던 모양이다. 원래 섣부른 편견에 뒤통수 맞기 마련이다. 그녀는 무려 아이 셋을 키우는 베테랑 주부이면서 남편의 사업 뒷바라지까지 도맡아 하고 있었다. 학부모들과 그림책 동아리를 꾸리고 초등학교 아이들에게 책 읽어 주는 봉사도 하고 있었다. 언제나 바쁘지만, 손끝에 여유가 느껴지는 그런 사람이었다.

간간이 그림책 강의에서 만나며 동아리 소식도 전해 들었다. 2017년

가을 그녀가 활동하는 동아리에서 그림책 작가를 초청한 행사를 진행했다. 그 행사에서도 그녀는 빛났다. 잘 조직된 행사였고, 인상 깊어 후기도 남겨 두었다. 그 이후 그녀가 소속된 동아리가 부모교육을 기획하고, 학부모 단체로 활발히 활동한다는 이야기가 들려왔다. 그림책 공부도 계속해 나가고 있었다. 활동을 위해 상당한 거리를 마다하지 않고 교육을 받으러 다닌다는 소식도 들렸다.

2019년 충남여성정책개발원 지원사업으로 당진지역 경력단절 여성과 돌봄 현황을 조사하면서 그녀와 인터뷰할 기회가 생겼다. 전대마을학교가 교육지원청 사업에 선정되어 방과후학교를 진행 중이었기에 경력단절 이후 아동 교육 분야에 활동하는 좋은 사례였다. 비로소 그녀의 지난 세월을 들어 볼 수 있었다.

그녀는 그저 잘 꾸미는 사람이 아니었다. 자신만의 의류 사업을 성공

적으로 이끌었지만, 여느 성공한 커리어 우먼이 다 그러하듯이 출산의 시기를 맞았고, 육아와 병행할 수 없는 일의 특성상 일을 놓았다. 잔잔한 말솜씨로 이야기를 풀어내는 그녀의 목소리에서 지난날에 대한 향수와 돌아갈 수 있는 커리어에 대한 아련함이 느껴졌다. 접어 두었던 육아의 고충을 털어놓던 그녀는 힘주어 말했다. 앞으로 하고 싶은 일은 다른 것이라고. 우리 아이들이 살아갈 세상을 위해 일하고 싶다고.

우리는 잊을 만하면 한 번씩 마주쳤다. 비영리단체 '전대마을학교'를 설립할 때 행정처리를 조금 도왔다. 당시 그녀는 아이들과 제주도 한 달 살기를 하고 있었다. 내가 꿈꾸는, 그러나 감히 도전하지 못하는 한 달 살기. 그동안 무슨 생각을 했을까? 돌아와 단체의 형태를 갖춘 전대마을학교에서 그녀는 사무장을 맡았다. 그리고 전대마을학교의 성공적 운영을 위해 이리 뛰고 저리 뛰었다. 서류 업무와 기획 등 힘든 일을 짊어지고 있었다. 처음 전대마을학교 설립 시에 그녀가 일을 책임지는 것을 가족이 달가워하지 않는다는 이야기를 들었던 터라 어떤 무게를 지고 있을지 짐작이 갔다.

어디서 그런 힘이 나올까. 잠시 함께 공부했을 때 엄청난 두께의 『돈키호테』를 읽어 내며 열정을 쏟던 모습을 기억한다. 그녀는 교육학이나 사회복지, 평생교육과 같은 분야를 전공한 사람이 아니다. 그녀의 말처럼 해야 하니까 배워서라도 해내는 것이다. 곱게 지켜 길러 내야 하는 아이들이 있으니 없는 힘도 짜내는 것이다. 그녀는 아이들에게 주고 싶은 것을, 더 좋은 세상으로 정한 것 같다. 공동체를 만들고 궂은일을 마다하지 않는다. 덕분에 전대마을학교는 올해도 엄마의 마음으로 아이들과 따스한 추억을 차곡차곡 쌓아 가고 있다. 마을교육공동체에 참여하는 단체들과도 끈끈한 관계를 이어 가고 있다.

내가 기억하는 그녀는 열심히 배우는 사람이다. 좋은 뜻을 배우던 그녀가 배운 가치에 따라 아이들과 마을을 지키려 동분서주한다. 그리고 혼자 지키는 것이 아니라 같은 뜻을 가진 사람들을 이끌고 있다. 완벽하지 않을지도 모른다. 하지만 나는 따르고, 지키고, 이끄는 그녀가 보여 줄 세상이 기대된다.

새로 쓰는 만인보萬人譜 1

구자경

그를 처음 만난 것은 숯불 위에서 지글지글 익어 가는 양념갈비 냄새가 세 평 남짓한 갈빗집 방 안을 유영하며 사람들의 후각세포를 자극하던 어느 날 저녁이었다. 새로 부임한 교육지원청 장학사님과의 상견례가 있다는 소식을 받고 자리에 합석했다. 사실 이미 꽤 깊숙이 교육청 관련 업무에 참여하다 보니 새로 부임하는 장학사님과의 좋은 관계가 순탄한 업무 연속성을 위해 필요하다는 생각을 해 온 터였다. 맨 안쪽에 앉은 내 옆에 제주도 흑우까지는 아니어도 칡소 정도의 검붉은 피부와 얼핏 봐도 딴딴할 것 같은 근육질 몸매의 한 사내가 떡하니 자리했다. 신임 장학사님이란다. 맞은편에 앉은 후배가 소개하는 장학사님에 대한 첫인상은 깊디깊은 우물 속에 가라앉아 건져 올리기 어려울 만큼 내 머릿속에 깊게 박혀 버렸다.

"이분은 씨름선수 출신이십니다."

아, 그래. 맞다, 씨름선수. 누가 봐도 맨손으로 소를 때려잡았거나 씨름 정도는 했을 법한 몸이다. 순간, 좁은 좌식 의자에서 어렵게 일어나 약간은 수줍고 겸연쩍은 표정으로 자기소개를 했다.

"어… 씨름선수는 아니고요, 이번에 당진교육지원청으로 발령받은 윤

양수라고 합니다. 잘 부탁드립니다."

그런데 보기와는 다른, 그다지 굵지 않은, 그 큰 덩치의 울림통에서 나올 법한 소리라기에는 매우 여리고 매력 있는 목소리가 인상적이었다. 그동안 수많은 학생들을 봐 오면서 관상쟁이 아닌 관상쟁이가 되어 첫 인상만으로도 아이들의 성향이 대략이나마 보였는데, 이번엔 제대로 틀렸다. 그 이후에 이어지는 수차례의 모임과 술자리에서 우리는 교육에 대한 그의 생각에 머리를 주억거리게 되었다. 묘한 매력이 있었다.

보통 나는 상대가 찬란한 스펙을 가지고 있더라도 노력하고 실천하지 않는 이에게 그다지 호의적이지 않다. 협력과 나눔에 인색한 이에게는 나도 인색한 편이다. 다행스럽게도 그는 확실히 '실천가'였다. 예전에 누군가 나에게 '머슴 팔자'라고 했던 기억이 났다. 그의 팔자도 다르지 않아 보여 다행(?)이다 싶었다. 최소한 나 혼자서 마당을 쓸 것 같지는 않은 안도감이랄까? 전임 장학사의 업무량도 적지 않았었다. 발령 초기에는 다른 장학사님들과 일을 나누어 하는 듯하더니 어느 순간 누적되는 업무들은 전임자 승계 업무 반, 스스로 만들어 하는 업무 반이었다.

학교 교육의 영역이 교과서의 틀을 넘어선 지 오래다. 그런데 애석하게도 교과 지식의 틀을 넘지 못하고 있는 곳이 일반계 고등학교이다. 대학입시. 이 단어를 떠올리기만 해도 숨이 턱 막히고, 칠팔월 장대비가 앞을 분간할 수 없을 만큼 하염없이 내리는 것 같은 느낌부터 온다. 그런 나에게 당진행복교육지구 사업은 교육에 대한 좁은 시야와 답답했던 마음을 시원스레 뚫어 주었다. 5년간 이어지는 교육지원 사업의 규모가 작지 않다. 이 사업은 공교육 혁신부터 마을교육 활성화, 마을교육 생태계 조성을 위한 노력까지 활기 넘치는 교육현장을 만들기 위한 움직임의 시발점이었다. 이런 큰 규모의 사업은 정해진 매뉴얼대로만 움직일 수 없다. 돌발변수도 많고, 뜻하지 않게 계획을 변경해야 할 때도 있다. 이 모든 일을 도맡아 하고 있는 이가 윤 장학사님이다. 교육혁신의 의지와 철학이 없이는 불가능해 보인다. 소위 스펙 좋고 승승장구하고 있는 전문직들도 많지만, 현장에서 이만큼 해낼 수 있는 이가 몇이나 될까 싶다.

이런 윤 장학사님의 옆에는 늘 그림자처럼 따르는 이가 있다. 이혜영 주무관. 그녀 역시 고집스러울 만큼 행복교육지구 사업에 열중한다. 사실 그동안 행복교육지구 사업을 도왔던 주무관이 여럿 있었지만 그녀만큼 창의적이고 열정적으로 일하는 이는 드물었던 것으로 기억한다. 당진도서관에 개관한 학교 밖 초등돌봄센터 구축, 학생들의 진로탐색을 지원하는 진로체험학교 운영, 행복교육지구 기자단 운영, 당진교육 소식지 《아미》 발간, 행복교육지구 홍보 영상 제작 등 담당 장학사를 보좌하는 역할 이상의 주도적인 업무 수행 능력을 보였다.

세상에 욕심 없는 사람은 없다. 다른 건 모르겠지만, 이혜영 주무관

을 보면 일 욕심으로 똘똘 뭉친 사람이란 생각을 하게 된다. 성취욕도 대단하다. 행복교육지구 홍보 영상 작업을 하면서 기획 단계부터 아이디어 회의, 촬영 일정 조정, 촬영 대상 섭외까지 완벽함을 추구하는 그녀에게서 프로의 기질을 보았다. 이 주무관 같은 이가 군건하게 자기 역할 이상을 하고 있으니 장학사님이나 교육지원청은 얼마나 든든할까?

교육지원청의 주된 역할은 이름 그대로 학교현장을 '지원'하는 일이리라. 두 분을 보면서 교육지원청의 필요성과 역할에 대해 새삼스럽게 느끼는 바가 크다. 이제 과거 권위주의 시대 속 '장학사'를 상상하는 이는 없을 것이다. 교사가 발전할 수 있는 길을 열어 주고, 아이들이 성장할 수 있는 토대를 마련해야 하는 것이 지금 교육지원청이 할 일이다. 학교든 교육지원청이든 결과적으로 우리는 아이들을 바라보고 살아야 하는 운명이기 때문이다. 황무지에 새로운 길을 내는 데 든든한 동지가 동행하는 것보다 더 큰 행복이 어디 있겠는가? 두 분의 교육에 대한 열정은 더불어 살아가는 나무처럼, 함께 빛나는 별처럼 아름답다.

새로 쓰는 만인보萬人譜2

구자경

김효실 선생님을 처음 만난 것은 2년 전, 행복교육지구 소식지 취재 요청으로 선생님의 인터뷰 사진을 찍던 날이었다. 김철 팀장과 나는 촬영을 위해 카페에서 조명이 괜찮은 자리를 잡아 이야기를 나누고 있었고, 잠시 후 선생님이 카페로 들어왔다. 김철 팀장이 인터뷰를 주도했고, 나는 두 사람의 주변을 맴돌며 여러 장의 사진을 찍었다. 사진을 찍는 동안 언뜻언뜻 그들의 대화가 들리긴 했으나 귀담아듣지 않았던 것 같

다. 다만 "11년 차 당진 아줌마예요. 이제 당진이 제2의 고향이지요"라는 말만은 또렷하게 들렸다. 그 말이 단지 '당진에 오래 살아서'라는 의미로 들리지는 않았다. 며칠 후, 당진 재래시장에 체험학습 온 송악중학교 학생들을 취재하면서 선생님의 마을교사 활동을 직접 목격했다. 전통시장의 역사와 구역별 특징을 대략 설명해 주고, 시장 체험 과정에서 수행해야 할 과제를 주었다. 마을교사의 역할을 처음 접한 나에게도 흥미로운 모습이었다.

이후에도 간간이 김 선생님을 만났다. 마을교육공동체 모임이나 창의체험학교 취재 현장에는 늘 김효실 선생님이 있었다. 그런데 2019년 초부터 김효실 선생님 이름 앞에는 '행복배움터 두레 대표'라는 수식어가 붙기 시작했다. 단순히 한 개인으로서의 마을교사가 아니라 마을교육공동체의 대표라는 무거운 짐을 지고 등장한 것이다. 특히 지난해부터 필경사에서 진행하고 있는 '청소년 도슨트' 프로그램은 우리 학교에서 제작한 영화 〈그날이 오면〉과도 관련되어 있어 관심이 많이 갔다. 도슨트는 박물관이나 기념관을 찾는 이들에게 전시 내용을 소개해 주는 사람이다. '두레'의 청소년 도슨트 프로그램은 우리 지역을 대표하는 심훈 선생의 삶에 대해 공부하고 필경사를 찾는 외부인들에게 심훈 선생을 소개하는 '청소년 도슨트'를 길러 내기 위해 개발한 프로그램이다. 이러한 노력으로 두레의 청소년 도슨트 프로그램은 '3·1운동 및 대한민국임시정부 수립 100주년 기념사업회'에서 공모한 국민 참여 인증사업에 선정되기도 했다.

한편 두레의 활동은 우강 '보나된장'에서 진행한 전통 장 만들기 체험에서 빛이 났다. 마을기반 진로체험 활동의 일환으로 진행하고 있는 이 프로그램은 학교 교육과정의 빈틈을 채워 주면서 자갈 사이를 꼼꼼히

메꾸어 주는 모래알 같은 역할을 하고 있다. 여러 여건상 학교 교육과정에서는 다루기가 어렵지만 우리의 삶에서 꼭 필요한 교육, 이것을 두레 같은 마을교육공동체가 담당해 주고 있기 때문이다.

주위에서 '아이 키우기 좋은 마을'이라는 슬로건을 자주 본다. 김효실 선생님은 두 아이를 키우면서 정말 이곳이 아이 키우기 좋은 곳인지 반문하게 되었다고 한다. 결국 아이들이 행복한 세상을 만들고 싶어서 마을교육공동체를 결성하고, 마을교사의 길을 걷고 있는 것이었다.

김효실 선생님이 있는 곳에는 늘 든든한 버팀목 같은 존재가 있다. 장영란 선생님이시다. 합덕 지역의 마을교육공동체를 이끌어 나가고 있는 장영란 선생님을 보면 미당의 시에 등장하는 '국화'가 생각난다. '내 누님 같은' 장 선생님의 원숙미는 그동안의 삶을 통해 완성된 것이 아닐까 하는 생각이 든다. 삶의 궤적이 남긴 지혜와 여유는 아이들과의 만남에서 여실히 드러난다. 장 선생님과 대화를 나누다 보면 마을 아이들을 생각하는 남다른 사랑을 느낄 수 있다. 모 고등학교 기숙사 사감을 하고 있는 장 선생님은 주변에서 만나는 무기력한 아이들을 볼 때마다 그 아이들을 위해 무엇을 더 해 줄까 생각한다고 한다. 그러고는 곧바로 실행에 옮겨 마을교육공동체에서 아이들을 위한 프로그램을 기획하고 추진한다.

어린 시절의 기억을 떠올려 보면, 지난날 합덕은 규모나 세가 그 어느 곳에도 뒤지지 않는 지역이었다. 그러나 생산 기반 시설이 부족하고 정주 여건이 나아지지 않자 금세 인구 감소로 이어져 지금에 이르렀다. 지역의 활기 부족은 아이들에게도 영향을 미치고, 이를 타개할 방안 모색이 무엇보다도 필요한 상황이었다. 결혼 후 합덕에 정착하면서 이런 현실이 늘 안타까웠던 장 선생님은 마을학교 프로그램을 열어 아이들과 합덕의 정체성을 살릴 만한 상품을 만들어 보기로 한다. 합덕수리민속박물관과 서야고는 합덕제와 담장 하나를 사이에 두고 있다. 그래서 아이들과 합덕제의 명물인 '연蓮'을 활용할 방법에 대해 연구하기 시작했다. 수많은 시행착오를 거쳐 나온 결과물이 '연in파이', '연in피자', '합떡'이었다. 이 제품들은 연근과 연잎 가루를 주재료로 사용해 합덕의 지역색을 잘 담아냈다는 평가를 받았다. '연in피자'는 합덕수리민속박물관

체험을 오는 학생들에게 가장 인기 있는 체험 프로그램이다. '연in파이'와 '합떡'은 벌써 단체 주문이 들어올 정도로 인기가 높다.

장영란 선생님은 행복배움터 두레의 전통 장 만들기에도 열정을 쏟는다. 식생활의 일상이었던 장醬이 요즘 아이들에게는 '로컬푸드'나 '슬로푸드'의 대명사가 되어 버렸다. 두레에서는 전통 장 만들기 체험을 위해 수많은 시행착오를 거쳐 제조법을 완성했다. 이 체험은 아이들이 전통 장에 조금이라도 더 익숙해질 수 있도록 생활 속에 끌어들이는 노력이었다. 전통의 현대화가 마을 교육을 통해 되살아나는 모습은 마을교육이 지향해야 할 방향성을 말해 주는 듯하다. 그래서 장맛을 잘 모르는 요즘 아이들에게 과감하게 던지는 장영란 선생님의 한마디, "니들이 장맛을 알아?"는 그 어느 때보다도 울림이 크다.

10년 남짓한 역사를 가진 마을교육공동체이지만 지금도 힘겨운 발걸음을 내딛고 있는 것이 사실이다. 많은 이유가 있겠지만 그중 하나가 마을활동가들의 열정이 소진되었기 때문이 아닐까 하는 생각을 조심스럽게 해 본다. 행·재정적 이유로 첫발을 디딜 때의 의욕에 찬물을 끼얹는 사례들도 수없이 보았고, 사람 때문에 상처받는 경우도 종종 보았다. 바꾸어 생각해 보면, 마을교육공동체를 생동감 있게 만드는 방법은 마을활동가들을 응원하고 격려하며, 더 적극적으로 지원하는 것이 중요한 방법일 것이다. 마을활동가가 토박이든 외지에서 들어와 정착한 사람이든 그들은 마을과 아이들을 사랑하기 때문에 세상에 자신을 던지고 불사르는 것이다. 지금은 활기 넘치는 마을을 만들기 위해 고군분투하는 마을활동가들이 더 이상 지치지 않도록 안정적 지원이 필요할 때이다.

연인戀人과 연인蓮-in

이문희

합덕에 자주 간다. 솔뫼성지, 합덕성당, 합덕수리민속박물관, 합덕제 등 시간만 되면 둘러보는 곳이다. 작년과 올해 당진시 SNS 서포터즈와 당진교육 소식지 《아미》 기자단으로 활동하면서 사진을 찍고 기사를 쓰기 위해 더 자주 들르게 되었다. 그리고 그곳에는 좋은 사람들이 있어 더욱 그랬다.

인연因緣이 있어 연결되는 사람들, 그리고 어떤 장소 그 중심에 내가 있고 친구가 있다. 합덕에 종종 가는 이유 중 하나, 합덕수리민속박물관에 나의 연인戀人이 있기 때문이다. 알게 된 지는 5년이 되었는데 생각이 비슷하고 잘 통하는 사람이다. 비록 마음만일지라도 나는 그가 하는 일을 적극 지원한다. 그의 열정은 어디서 솟아나는지 궁금한데, 아마도 더 나이 들어도 시들지 않을 정열이다.

그는 학생들과 가까이에서 생활하며 일하고 있는 장영란이란 친구다. 어느 날 전화가 왔다. 학생들과 파이도 만들고 피자도 만들고 있으니 오라는 것이다. 학생들이 만든 파이랑 피자 맛은 어떨지 궁금하여 카메라를 들고 찾아갔다. 몇몇 학생들과 함께 연잎과 연근이 들어간 파이를 굽고, 다시 피자를 만들 도우에 토핑을 하고 있었다. 연잎과 연근이 들어

간 피자, 말로만 듣던 연인蓮-in 피자였다.

연잎과 연근을 재료로 만든 파이와 피자는 학생들이 공부할 때, 출출한 시간에 훌륭한 간식이 된다. 친구들을 위해 기꺼이 시간을 내어 만드는 학생들의 봉사가 있어 가능한 일이다. 물론 그런 자리를 주선하여 빛내 주는 장영란 친구의 뒷받침이 있으니 든든하고 많은 사람이 행복할 수 있다.

합덕에 자주 가는 두 번째 이유는 합덕제에 연蓮이 있기 때문이다. 합덕제는 깊은 역사와 함께 자리를 잡아가고 있는 연꽃으로 인해 합덕의 또 다른 핫플레이스가 되었다. 올여름에는 연꽃의 아름다움을 사진으로 남기기 위해 발바닥이 불날 정도로 돌아다녔다. 재미없는 표현이지만 그럴 만큼 열심히 연꽃들과 가까이 지냈다. 홍련, 백련, 수련 등 다양하고 많은 연꽃을 만났다. 그곳에서 나오는 연잎과 연근은 연in파이와 연in피자에 들어가 새로운 의미가 되었다.

다시 합덕에 갔을 때, 나의 연인戀人 장영란은 연in피자를 만들러 온 서야 고등학생들과 함께 있었다. 언제나 교육의 현장에서 학생들과 함께하고, 반짝이는 아이디어로 프로그램을 기획하는 아이디어맨이다. 마을교육공동체 행복배움터 두레의 마을교사이면서 당진시 문화관광해설사이기도 한 장영란 친구는 학생들이 당진시에 있는 문화유산에 알기 쉽고 재미있게 접근할 수 있도록 노력하고 있다. 그중 하나 인상 깊었던 것은 진로체험학교 도슨트 체험이다. 직접 도슨트가 되어 문화유산을 공부하고 해설하는 활동은 학생들에게 특별한 경험이 될 것이다. 연in피자도 그런 맥락에서 나온 결과물이다. 지역의 문화재와 특산물을 활용하여 마을과 학교가 함께할 수 있는 것을 고민한 것이다. 지역의 문화유산을 알고 지역 정서를 이해하여 마을과 학교, 학생들과 함께하는 프로그

램이다. 재미있고 유익한 프로그램을 기획하여 함께 더불어 사는 장영란과 같은 보물이 있어 많은 사람이 행복하다. 그의 뛰어난 순발력과 기획력, 그리고 일을 사랑하는 열정이 식지 않았으면 한다. 그가 늘 좋은 사람들에게 포위되어 있기를 바란다.

나의 연인戀人 장영란과의 인연因緣을 소중히 생각하면서 그의 아이디어로 탄생한 연인蓮-in 피자를 마음껏 먹어 보아야겠다.

봉자경과 혁코

이혜영

2020년 상반기 행복교육지구 업무 중 가장 기억에 남는 일을 꼽으라면 홍보 영상 제작이라고 말하고 싶다. 당진시는 행복교육지구 사업을 2017년부터 올해까지 4년째 진행하고 있지만, 행복교육지구가 뭔지 모르는 사람들이 많다. 그런 사람들에게 행복교육지구에서 하는 사업을 소개하고, 더 많은 참여를 유도할 필요가 있다고 생각했다. 장학사님은 항상 '포장'보다는 '내실'을 중요하게 여기고, 그렇게 사업을 해 오고 있다. 하지만 때로는 많이 알려지지 않아서 사업의 성과가 과소평가되기도 하고, 좋은 것을 더 많은 사람과 공유하지 못하는 것이 못내 아쉬웠다.

때마침 돌려쓸 수 있는 예산이 생겼다. 마을기반 진로체험학교 학생 안전 보험 가입을 위해 편성했던 예산인데, 충남학교안전공제회에 문의한 결과 보상받을 수 있다는 답신이 왔던 것이다. 일부는 올해 확보하지 못했던 진로체험학교 참여 학생 간식비로 변경했고, 남는 예산으로 다른 사업을 구상하기에는 어려움이 있었다. 나는 이때다 싶어 홍보 영상을 제작하면 어떻겠냐고 제안했다.

제안이 받아들여지면서 본격적으로 영상 제작을 위한 기획에 들어갔

다. 행복교육지원센터 직원들이 모여 여러 차례 회의를 했다. 동시에 영상 제작 용역 업체도 물색하기 시작했다. 그러면서 조금은 예상했던 장벽에 부딪혔다. 바로 예산 문제였다. 우리가 생각한 3~4분 길이의 영상을 제작하기에는 예산이 턱없이 부족했다. 계획 변경이 불가피했고, 과연 제작할 수 있을지도 불투명했다.

기획 회의에는 센터 직원뿐 아니라 그간 행복교육지구 사업을 함께 했던 선생님들과 홍보에 일가견이 있는 행복교육지구 교사 기자단 몇몇도 같이 참여했다. 타 시도 행복교육지구 홍보 영상부터 다른 교육 관련 홍보 영상들까지 모조리 찾아보며 분석했다. 예산 규모를 몰랐던 선생님들은 웹툰 방식, 드라마 〈이태원 클라쓰〉 패러디, 영화 〈기생충〉 패러디 등 반짝이는 아이디어를 쏟아 냈다. 결국 올해 상반기에 한창 유행했던 지코의 〈아무노래〉를 개사해서 도입부에 사용하기로 의견을 모았다. 유치원 원아부터 노인정 할머니까지, 교육장님, 시장님부터 센터 직원들까지 같이 모여 율동하는 모습을 그리며 기대에 부풀었다.

대강의 구상과 시나리오가 나오기 시작했고, 편집 비용만으로 3분짜리 영상을 제작해 줄 업체를 찾는 것이 문제였다. 게다가 그에 앞서 지코의 〈아무노래〉 저작권 사용 허락도 받아야 했고, 1년 치 저작권료를 제하고 나니 예산은 더 줄어들었다. 고심하던 그때 발 벗고 나선 분이 있다. 자칭 '봉자경'이라고 하는 호서고 구자경 선생님이다. 2년째 당진에서 마을기반 교육과정 프로젝트로 학생들과 함께 단편영화를 만들고 계신다. 구자경 선생님께서 직접 촬영을 도와주시기로 했다. 선생님께 부담을 드리면 안 된다고 생각했지만, 아무런 보상도 할 수 없었지만, 고민할 여유가 없었다.

촬영 감독이 정해지고 나니, 다음 단계는 노래 개사와 녹음이 문제가 됐다. 〈아무노래〉를 들어 본 사람들은 다 알겠지만, 개사하기가 까다롭다. 〈아무노래〉의 느낌도 살려야 하고, 행복교육지구 사업 내용도 담아야 한다. 사실 개사는 내가 해 보려고 했었다. 혼자서 연습장에 끄적거렸다 지웠다 하며 고민하고 있을 때, 경쾌한 '카톡' 소리와 함께 파일 하나가 전송됐다. 당진에서 웬만한 가수 빰치는 당산초 전종혁 선생님이다. 완벽하게 개사한 노래를 녹음까지 해서 보내 준 것이다. 그리고 선생님의 센스 있는 한마디, "혁코라고 불러 주세요".

예상치 못한 장벽이었던 저작권 사용 허락 문제를 한 달이 걸려 해결했고, 이제 촬영만 하면 되겠구나 싶었는데, 코로나19 확산으로 출연자 섭외가 어려웠다. 그야말로 산 넘어 산이었다. 활동 장면을 자연스럽게 촬영하려 했던 계획과 달리 등교 개학이 미뤄지면서 실제로 하지 않는 활동을 연출해야 했다. 그중 창의체험학교는 한 반을 섭외해야 했는데, 선생님들의 도움이 없었으면 어려웠을 것이다.

기지유치원 원아들의 활동 모습, 시장님과 교육장님 동반 촬영, 석문중학교 학생들과 노인정 할머니들 촬영 등 짧은 '아무노래' 율동 영상을

만들기 위해 8팀을 섭외했고, 여러 사람이 땀을 흘렸다. 다들 열심히 참여하고 지원해 주었다.

장학사님과 나는 사업 소개 장면에 사용할 사진들을 고르느라 3년치 소식지에 사용한 사진을 모두 찾아보았다. 4분여의 영상을 수십 번 돌려 보고, 머릿속으로 잘랐다 붙였다를 반복했다. 여러 번의 편집 검토와 시나리오 수정을 거쳐 마침내 완성한 홍보 영상이 내 손에 들어왔을 때는 기쁜 마음도 잠시, 솔직히 약간 허전한 마음이 들었다. 왜 그랬을까? 영상이 내가 기대한 것보다 못해서였을까? 지금도 그 이유는 잘 모르겠다.

내년에도 행복교육지구 홍보 영상을 제작할 것 같다. 기관장이 바뀔지도 모르고, 소개하는 사업들이 달라질 테니까. 그리고 좀 더 많은 예산을 확보해서 어느 용역 업체가 훌륭하게 제작할지 모르겠다. 적은 예산과 코로나19 등 여러 어려움에도 불구하고 홍보 영상을 멋지게 완성했다는 보람도 있지만, 이번 영상 제작에는 또 다른 큰 의미가 있다. 바로 봉자경과 혁코, 그리고 행복교육지구 사업에 참여하고 있는 당사자들이 직접 기획하고 참여했다는 것이다. '포장'보다 '내실'을 중요하게 생각하는 당진행복교육지구다운 홍보 영상이니까.

행복교육지구 주무관

이혜영

나는 행복교육지구 주무관이다. 충남의 14개 시·군 교육지원청 행복교육지구 담당자 명단에는 14명이 아니라 28명이 있다. 각 교육지원청마다 담당 장학사와 주무관이 1명씩 있기 때문이다. 혁신교육지구, 충남에서는 행복교육지구라고 부르는 이 분야에서 담당 장학사와 주무관이 함께 사업을 고민하고 서로 도와 가며 일을 한다. 교육지원청 내 다른 팀들과는 다르게 장학사와 주무관의 업무가 따로 있는 것이 아니라 사업의 성격, 규모, 난이도 등에 따라 가변적으로 책임과 역할을 나눈다.

행복교육지구는 학교현장의 공교육 혁신을 지원하는 사업도 있지만, 사업의 특성상 마을교육 활성화, 마을교육 생태계 조성 등과 관련한 사업이 큰 비중을 차지한다. 그래서인지 학교 교육과정 운영과 관련한 경험이나 전문적 지식이 없는 주무관도 충분히 할 수 있는 일인 것 같다. 물론 업무가 가볍다는 말은 아니다.

당진교육지원청에는 교육행정직이 주를 이루는 행정과와 교육전문직이 주로 팀장을 맡고 있는 교육과와 체육인성건강과가 있다. 교육행정직이라면 당연히 행정과에서 자기 역량을 발휘하면서 인정받고 싶을 것이다. 그렇게 하는 것이 승진에도 도움이 되니까. 교육과와 체육인성건강

과에서는 학생 교육과 직접적인 관련이 있는 일들을 하기 때문에 교육 전문직이 필요하다. 주로 장학사들이 굵직한 사업들을 구상하고 이끌어 나간다. 주무관들은 비교적 학생 교육과 직접적인 관련성이 낮거나 규모가 작은 사업들을 혼자 담당한다. 이는 여느 지자체의 교육 관련 부서와 다른 점이기도 하다. 지자체에서는 주무관들이 대부분의 사업과 실무를 추진한다.

2006년 초등학교 행정실장으로 첫 발령을 받고, 2019년 당진교육지원청에 오기까지 나는 10년 넘게 학교에서만 근무했다. 내가 했던 업무는 주로 학교 행정실에서 하는 학교 회계, 예산, 계약, 지출, 재산, 급여 등이다. 어찌 보면 교육 활동과는 동떨어진 업무들이다. 이런 표현은 정확하지 않은지도 모르겠다. 교육을 지원하는 일도 중요하니까. 행정실 업무가, 그 역할이 사소하다는 말은 아니다. 다만 그동안 했던 업무들이 내 마음을 교육으로부터 떨어뜨려 놓았었다는 것이다.

교육과에 와서 처음 맡은 업무는 행복교육지구 업무가 아니었다. 지금도 그때 기억이 생생한데, 교육과로 온 지 2개월이 채 안 된 어느 주말 저녁에 전임자로부터 행복교육지구 업무를 맡게 되었다고 전해 들었다. 교육지원청에 적응도 덜 했고, 하고 있던 업무도 제대로 몰랐고, 행복교육지구가 뭔지도 모를 때였다. 그럼에도 바뀐 업무를 받았을 때 알 수 없는 미소가 번졌었다. 잘 모르긴 했지만, 행복교육지구 업무는 학교에서 하던 업무와는 확실히 다를 거라는 기대감이 있었다.

2019년 3월 행복교육지구 업무를 맡자마자 많은 일들이 쏟아졌다. 행복교육지구 운영을 시작한 지 3년째 되던 해, 불모지에 2년간 뿌린 씨앗이 막 싹트려고 할 때였다. 행복교육지구 사업의 특성상 뿌린 씨앗이 싹이 트고, 꽃이 피고, 열매를 맺기까지는 많은 시간이 걸린다. 장학사님의 표현을 빌리자면, 밑 빠진 독에 물을 채우는 심정으로 일을 해야 한다. 지자체 교육경비, 교육지원청 자체 예산, 충남교육청 재배정 예산에 교육부 풀뿌리 협력체계 구축 사업비까지 더해져서 제때에 물을 주고, 거름을 주고, 열심히 가꾸며 무한히 기다려야 하는 중요한 시기였다.

주로 지자체 교육경비가 재원인 학교 지원 사업은 9개의 세부 사업에 69교를 선정하여 진행하고 있었는데, 그 예산의 성격상 집행의 경직성과 정산의 까다로움 때문에 학교와 지자체, 그 중간에 있는 교육지원청에서도 적지 않은 에너지를 소모하고 있었다. 교육지원청에서 직영하는 창의체험학교 업무도 적지 않았다. 원클릭 지원 방식이라서 현장 교사들의 기대와 만족도가 높은 사업이다. 그런 기대에 부응하기 위해 마을 체험처를 발굴하고, 마을교사를 선발하고, 교육기부자를 확대 모집했다. 마을교사들과 함께 체험처 곳곳을 답사하며 교육 활동도 준비했다.

2018년 하반기부터 풀뿌리 교육자치 협력체계 구축 사업을 시작했고, 2019년에는 풀뿌리 사업의 일환으로 마을학교 4개와 마을축제 1개를 민간단체에 위탁하여 운영했다. 마을학교 운영이나 위탁 사업을 처음 하는 민간단체 운영진들은 여러 차례 어려움을 이야기했지만, 교육지원청도 사정은 마찬가지였다. 민간위탁 사업이 처음이었던 것이다. 이렇듯 사례가 없고, 매뉴얼도 없는, 처음 겪는 일들이 너무도 많았다. 이런 점들이 행복교육지구 사업의 매력이기도, 어려움이기도 하다.

마을교육 생태계 조성의 밑거름이 되고, 기반이 된다는 시민학습공동체도 조직해서 한 달에 두 번씩 모이기 시작했고, 마을교육공동체 아카데미도 여러 차례 진행했다. 아미산자락에 있는 행복교육지원센터도 개관을 앞두고 있었다. 게다가 시내 과밀 학교의 돌봄 수요를 해소하고자 교육지원청 직영으로 학교 밖에 초등돌봄센터도 만들고 있었다. 이 모든 것들을 2019년 상반기에 진행했다.

공직사회는 특성상 길면 3년, 짧으면 1개월 만에 업무가 바뀌기도 한다. 행복교육지구 업무를 시작하고 이제 1년 반이 조금 넘었는데, 충남 주무관들 중에서 나는 꽤 오랫동안 이 업무를 담당하고 있는 편이다.

아마 윤양수 장학사님도 장학사들 중에는 노땅이 아닐까?

돌이켜 보면 많은 것을 잃었고, 얻은 것도 많다. 나도 모르는 사이에 나는 한창 엄마의 보살핌이 필요한 우리 아이들에게 너무나 미안한 엄마가 되어 있었다. 불 꺼진 대강당에서 울기도 많이 했다. 평생 되새기고 싶지 않은 기억도, 상처도 생겼다. 일이 힘들고 바빴지만, 분명 월요병이 없어진 적도 있었고, 아침에 출근하려 눈을 뜨는 것이 행복했던 날도 많았다. 사람들이 흔히 말하기를 즐기는 자를 당할 사람은 없다고 하는데, 정말 즐기면서 일했던 것 같다.

항상 내 자식만 챙기고, 우리 학교만 알던 나였는데, 어느새 다른 학교 아이들이 궁금하고, 마을의 다른 아이들이 바르게 성장할 수 있는 더 좋은 방법을 생각해 보게 되었다. 음식의 맛보다 예쁘게 플레이팅하는 것을 더 좋아하는 내가 포장보다 알맹이가 알찬 사업에 보람을 느꼈다. 뭔가를 해 놓고 당장 칭찬을 내놓길 기다리던, 어린아이 같았던 나는 무던한 기다림을 요구하는 행복교육지구에서 많은 것을 배웠다. 항상 아침에 일찍 와서 창문을 여는 사람, 창문을 열어 주는 사람이 누군지 모르지만 고맙게 생각하는 사람, 창문이 열려 있는지도 모르는 사람…. 나는 맨 후자였는데, 이제 창문을 열어 주는 사람을 고맙게 생각할 줄 알게 되었다.

도전하는 선생님, 꿈꾸는 아이들

조한준

"이거 정말 선생님이에요?"

5월 어느 날 방과 후, 깜짝 놀란 눈으로 달려온 옆 반 아이가 나에게 물었다. 손에는 음악 애플리케이션이 켜진 스마트폰을 들고 있었다.

"그럼! 선생님이 직접 작사하고 부른 노래야."

고등학교 2학년 때였다. 조용했던 교실, 종례를 마친 담임선생님께서 우리들에게 한 권의 책을 나누어 주셨다. 깔끔한 포장지에 담긴 얇은 책은 바로 시집이었다. 궁금한 마음에 그 자리에서 포장을 뜯어 시집을 살펴보았고, 시인으로 소개된 선생님의 성함을 볼 수 있었다. 선생님께선 평소 "교사가 꿈이었다." 말씀하셨고, 언제나 교사로서 우리 앞에 서 계셨다. 그래서였을까. 교사로서만 익숙했던 선생님의 시집은 나에겐 적잖이 충격이었다. 수업 중 "내가 썼지만 이 문장 참 좋지 않니? 선생님 시집이나 내 볼까?"라고 장난스럽게 말씀하시더니, 정말 시집을 내셨다. 선생님께서는 또 다른 꿈이 있으셨고, 이루기 위해 많이 고민하고 노력하셨을 것이다. 선생님의 노력과 시집은 꿈을 이루기 위해 언제든 도전할 수 있는 용기를 주었고, 내 인생의 길잡이가 되었다.

한창 진로를 고민하던 시기, 선생님은 말이 아닌 실천으로 가르쳐 주

셨고, 덕분에 나는 나름의 진로를 설계할 수 있었다. 구체적인 목표가 생겼고, 하고 싶은 것이 많아 고민이었지만 굳이 하나만 고를 필요는 없었다. 나는 우선 첫 번째 꿈이었던 교사가 되려고 학업에 열중하였고, 초등교사가 되었다. 두 번째 꿈은 음악과 함께하는 삶이었다. 음악을 전문적으로 배워 내 노래를 만들고, 음악으로 더 즐거운 교실을 가꾸어 가는 것. 하지만 수업 연구와 학교 업무만으로도 버거웠고, 또 다른 꿈을 꾸는 것은 쉬운 일이 아니었다. 하루하루 떠밀려 가듯 살아가는 현실 속에 나의 꿈은 조용히 묻혀 갔다.

"웬 기타야?"

언젠가 교사학습공동체에서 함께 수업 연구를 해 오던 동료 교사의 기타를 보고 물었다. 그 친구는 평소 기타를 연주하며 학생들과 소통하고, 개인적으로 작곡도 한다고 했다. 순간 가슴이 벅차올랐다. 용기를 내어 교사밴드를 만들어 보자고 제안했고, 막연히 꿈만 꾸던 음악 활동을 시작했다. 기초라고 하기에도 부족한 실력이었지만, 시작이 반이라는

마음으로 퇴근 후 빈 교실에서 꾸준히 만났다. 기타 반주에 맞추어 노래를 연습하고, 마음에 드는 코드에 멜로디를 얹고, 가사도 적어 보면서 우리만의 노래를 만들어 갔다. 그렇게 교사밴드 '남남'의 첫 노래, 〈그리운가 봐〉라는 담백한 곡이 탄생했다. 아무래도 직업이 교사이다 보니 가사를 쓸 때 학생들 생각이 많이 났다. 하지만 개인적으로 시작한 음악에서까지 선생 티를 내기는 싫었기에 학생들과 연인들이 모두 공감할 수 있는 노래를 만들었다. 음악 활동은 또 다른 꿈을 향한 노력이자, 취미생활이었으니까.

녹음한 곡이 음원사이트에 올라간 2019년 5월 8일, 아이들에게 노래를 소개하던 날 나는 긴장하고 있었다. 지나가듯 무심하게 소개했는데, 아이들이 노래를 검색하기 시작했다. 조용한 교실, 침묵을 깬 아이들의 반응을 지금도 잊을 수 없다.

"우와! 선생님, 너무 멋있어요."

"선생님, 노래 진짜 좋아요. 이제 가수인 거예요?"

"신기하다. 사인해 주세요!"

다음 날, 나도 미처 외우지 못한 노래 가사들이 교실에 울렸고, 음원 사이트의 댓글란은 아이들의 응원으로 채워지기 시작했다. 함께 노래한 동료 교사는 교실에서 사인회도 개최했단다. 학생들의 반응은 우리가 생각했던 것보다 더 뜨거웠고, 그만큼 더 행복했다. 며칠 뒤 갓 스무 살을 넘긴 첫 제자들에게서 앨범을 낸 게 맞느냐며 연락이 왔다. 연극영화과에 다니면서도 도전하지 못했던 자신들이 민망하다며 자기도 곧 멋진 작품을 보여 주겠다고. 나는 뿌듯한 마음으로 알겠다고 대답했다.

오랜 내 꿈을 이루기 위해 시작했고, 한 곡으로도 충분히 만족스러웠다. 하지만 선생님처럼 되고 싶다고 이야기하는 제자들을 위해 다음 앨범을 준비했다. 이제 더 이상 두 교사의 단순 취미생활이 아니었다. 어떤 노래를 부를까 고민하다가 용기를 준 아이들에게 보답하고자 학생들을 위로하는 노래로 의견을 모았다. 그렇게 우리는 학교폭력에 고통받고 힘들어하는 학생들을 위로하는 노래, 〈기대〉를 만들었다. 음반 정식 발매 전이었지만 우리 음악을 기다리는 학생들의 성화에 못 이겨 졸업식에서 먼저 공개하였다. 아이들은 노래를 듣고 많은 위로를 받았다고 이야기했고, 눈물을 보이는 학생도 있었다. 우리 노래를 좋아하고 공감해 주어서 참 고마웠고, 특히 뿌듯했던 것은 "선생님이 가수라니 신기해요. 저도 노력해서 그렇게 되고 싶어요"라는 말이었다.

소박한 우리의 도전이 아이들에게는 여러 꿈을 꾸는 계기로, 우리에게는 수업에서 느낄 수 없던 특별한 보람으로 남았다. 백문百聞이 불여일견不如一見이라 했던가. 아이들에게는 꿈을 가지라는 백 번의 말보다 나의 노래 한 곡이 더 강하게 다가갈 것이라 믿는다. 그리고 당연히, 꿈꾸는 아이들을 위해 앞으로도 음악 활동을 계속할 것이다.

아이 키우기 좋고, 살기도 좋은 당진

김효실

"행복배움터 두레 대표시죠?" 모르는 번호로 전화가 왔다. 마을학교를 운영하다 보면 늘 있는 일이다. 이런 전화가 제일 긴장된다. 무슨 일이 생겼나 싶어서이다. 무슨 일이 생긴 것은 아니지만, 그는 나를 상당히 놀라게 만들었다. 서산의 예비 마을교사들이 당진에 있는 마을학교를 벤치마킹하려는데 행복배움터 두레가 사례 발표를 하면 좋겠다는 것이다.

겨우 2년 차 마을학교 대표에게 강의 의뢰를 하는 용감하신 분은 공주대학교 평생교육원 박지훈 선생님이었다. 이제 막 성장하고 있는 단체라서 사례 발표를 할 입장이 아니라고 말했지만 도저히 거절을 못할 카드를 내밀었다.

"윤양수 장학사님이 추천해 주셨어요."

서둘러 장학사님께 전화를 드렸다. "코로나 때문에 활동을 많이 못해서 별로 발표할 게 없고요." 이리저리 핑계를 대며 빠져나갈 궁리를 하고 있는데 한 말씀 하셨다.

"그냥 하세요. 별거 없어요."

그날 저녁부터 열심히 PPT를 만들었다. 서산 예비 마을교사들의 당진 탐방은 7월 21일, 23일, 24일, 세 번에 걸쳐 진행됐다. 매번 다른 이들이 방문하기 때문에 같은 내용을 세 번 하면 되니 부담은 적었다. 오후 1시에 서산교육지원청에서 당진으로 출발, 전대마을학교를 둘러보고 당진행복교육지원센터로 이동하는 일정이었다. 행복교육지원센터에서 전대마을학교가 먼저 사례를 발표하고, 행복배움터 두레는 그 뒤 순서였다.

그런데 예기치 못한 일이 생겼다. 강의가 예정된 첫날 아침, 주최 측으로부터 다급하게 전화가 걸려왔다. 전대마을학교를 탐방할 예정이었는데 코로나19 재확산으로 어려워졌다는 것이다. 전대마을학교가 활동하고 있는 초등학교에서 외부인의 출입에 난색을 표한 것이다. 대신 행복배움터 두레의 전통 음식 체험장에 갈 수 있는지를 묻는 전화였다. 우리도 코로나 때문에 체험을 못해서 테이블이며 의자, 집기류 등을 다 창고에 넣어 뒀는데 큰일이었다.

상황이 상황인지라 바로 체험장으로 전화를 걸었다. 나의 급작스러운 전화에도 보나된장 김명순 대표님은 바로 준비하겠다고 하셨고, 장영란

선생님은 몇 시간 후에 들이닥칠 서산의 예비 마을교사를 위해 체험장으로 달려가셨다.

행복배움터 두레의 전통 음식 체험장을 방문하는 것으로 일정이 변경되었기 때문에 행복교육지원센터에서의 사례 발표도 내가 먼저 하는 것으로 당겨졌다. 마을학교 대표로서 내 생애 첫 강의를 차분하게 준비하고자 했건만 예기치 못한 일이 터지는 바람에 오전 시간이 홀딱 가버렸다.

'전대마을학교 잘 둘러보셨나요?'라는 인사말로 시작하려던 나의 멘트도 수정하고, 전통 음식 체험과 관련된 PPT도 편집했다. 체험장을 직접 방문하기 때문에 자료를 많이 넣을 필요가 없어졌기 때문이다. 편집 작업이 끝나자마자 나도 체험장으로 갔다. 도착해 보니 이미 완벽하게 준비가 되어 있었다. 하던 일을 멈추고 달려 나와 불과 몇 시간 만에 이렇게 준비를 해 놓은 것이다.

사람들이 곧 도착한다는 연락을 받고 장영란 선생님과 그들을 마중

나갔다. 그녀는 고추장의 재료가 되는 논두렁에 심어진 두렁콩을 설명하면서 사람들을 이끌고 체험장으로 향했다. 무더운 날씨에 다들 땀이 송글송글 맺혔지만 서산의 마을교사들은 에너지가 넘쳐 보였다.

나는 행복교육지원센터에서 사례 발표가 예정되어 있기 때문에 끝까지 보지 못하고 먼저 센터로 출발하였다. '첫 번째'라는 것은 긴장이 되고 설레기 마련이다. 행복교육지원센터에 앉아서 수업만 듣다가 앞에 나와 강의를 하는 것은 처음이다. 익숙한 공간이지만 낯설다.

센터로 오는 길에 운전하며 중얼거렸던 덕분인지, 일찍 도착해서 한 번 더 연습한 덕분인지 첫 강의지만 큰 문제 없이 끝났다. 초반에 긴장이 되긴 했는데 발표에 집중하다 보니 어느 순간부터는 떨리는 줄도 모르고 했다. 솔직히 장학사님이 아니었다면 강의는 거절했을 것 같다. 장학사님은 이렇게 안 될 것 같은 일을 던져 주고 성공하게 만든다. 그렇게 나는, 두레는 조금씩 성장했다.

'아이 키우기 좋은 마을 살기 좋은 당진'에 걸맞게 당진은 충남에서 마을교육공동체가 빠르게 성장하고 있는 지역이다. 다른 지역에서 선진지 탐방을 올 정도로 말이다. 지금은 행복배움터 두레를 비롯하여 많은 단체들이 새싹을 틔우고 있지만 5년 정도가 지나면 튼튼하게 뿌리를 내리고 열매를 맺을 거라고 믿는다.

내 기억으로 윤양수 장학사님은 2018년 9월, 당진으로 오셨다. 당진에 온 지 불과 2년밖에 되지 않았는데 당진에 엄청나게 씨앗을 뿌렸다. 행복교육지원센터의 구축, 마을교육공동체의 육성, 마을기반 진로체험학교 운영, 마을교육공동체 시민모임 조직, 시민 기자단 구성 등. 장학사님은 입버릇처럼 매일같이 천안으로 갈 거라고 말씀하시지만, 가실 수 없을 것이다. 열매 맺는 모습을 보기 전까지 말이다. 농사를 짓기 시작하면서 신석기인들이 정착을 하게 된 것과 같은 이유로.

기꺼이 자신의 시간과 에너지, 열정을 쏟아 내는 마을교육공동체 마을교사와 교육지원청 관계자를 보면서 가끔 생각한다. '아이 키우기 좋고, 살기도 좋은 당진이구나!'라고.

6부

도약과 성장의 끌개

민·관·학이 함께하는 행복교육지구

아이 키우기 좋은 마을 살기 좋은 당진 만들기

윤양수

마을교육공동체 만들기가 사회적 운동으로 확산하고 있다. 행복교육지구는 충청남도와 충남교육청이 협약을 맺고 공교육 혁신과 마을교육공동체 구축 사업을 추진하기 위해 지정한 지역을 말한다. 여기서 마을교육공동체는 공교육에 관여하는 구성원들이 학생들의 전인적 성장과 발달을 위해 서로 협력하고, 지역사회가 함께 발전할 수 있도록 연대하는 공동체를 말한다. 전자가 아동·청소년 복지체계를 새롭게 구축하는 일이라면, 후자는 지역공동체 회복 운동과 관련이 있다. 얼핏 보면 전자와 후자가 무관한 것처럼 보이나 교육이 양자를 매개한다. 즉, 교육이 민·관·학의 협력과 연대를 견인하는 끌개attractor 구실을 한다는 것이다.

이렇듯 행복교육지구 사업이 교육을 매개로 마을공동체 운동과 접속하면서 마을교육공동체 운동으로 확장된 것이다. 앞서 시작한 경기도와 서울에서는 이를 혁신교육지구로 명명한다. 지역별로 용어를 다르게 쓰고 있으나 공교육 혁신과 마을교육공동체 구축으로 요약할 수 있다는 점에서 그 의미는 크게 다르지 않다. 서울, 경기 지역의 혁신교육지구 사업은 짧게는 6년, 길게는 10년 이상의 공동체적 실천과 시행착오의 과정 속에서 지역의 요구와 상황에 맞게 진화해 가고 있다. 이는 관government 주도 행정의 한계를 넘어선 거버넌스governance(협치) 모델의 등장이나 90년대 이후 시민사회의 성장과도 무관하지 않을 것이다.

추가하자면 마을교육공동체는 교육을 매개로 지자체, 교육청, 학교, 시민사회가 연대하는 단위 혹은 관계망을 뜻한다. 여기서 마을은 일상적으로 유의미한 사회적 관계가 형성되는, 교육자치와 주민자치가 접속하는 단위village를 말한다. 물론 여기에 한정되는 것은 아니다. 접속의 강도로 물리적 거리를 넘어서는 연결망 또한 마을commune로 볼 수 있다. 읍면동 단위의 행정구역을 넘어선 단위가 될 수도 있다는 것이다. 행복교육지구 사업은 공교육과 사교육의 사이에서, 서울에서 제주도까지 같은 양상을 보이는 교육 문제를 해결하고자 시작한 정책 사업이다. 선발에서 성장으로, 경쟁에서 협력으로 교육을 재편하려는 것이다.

충남행복교육지구 사업을 당진에 맞게 옮기자면, 교육을 매개로 '아이 키우기 좋은 마을 살기 좋은 당진'을 만들어 가는 사업으로 요약할

수 있다. 앞서 언급했듯 마을교육공동체가 그 기반이 된다. 그런 만큼 민·관·학의 긴밀한 공조가 필요한 사업이다. 당진은 2016년 11월 충남 행복교육지구 시범지구로 지정되었고, 2017년 3월부터 행복교육지구 사업을 추진해 왔다. 2017년부터 2018년 상반기까지는 공교육 혁신을 위한 학교 지원 사업에 비중을 두었다. 2018년 하반기부터는 교육부 지원으로 풀뿌리 교육자치 협력체계 구축 사업을 추진하게 되면서 지역 사업을 추가했다. 교육부 지원은 지역 사업 설계coordination에 도움이 됐다.

2019년 상반기에는 풀뿌리 교육자치 협력체계 구축 사업비로 행복교육지원센터를 구축하고, 누리집을 만들었다. 센터는 행복교육지구 사업을 총괄하는 허브로 기능하는 곳이다. 교육장, 회의실, 사무실의 3실 규모로, 당진교육지원청 산하 아미행복교육원 별관에 자리 잡고 있다. 교육부 풀뿌리 교육자치 협력체계 구축 사업은 3년간 진행하는 사업이었다. 그러나 대전 대덕구 '고액 강연료 논란'이 불거지면서 3년을 다 채우지 못하고 조기 일몰됐다. 그럼에도 당진은 그 당시에 설계한 마을학교 운영, 마을축제 지원, 당진교육포럼, 시민아카데미, 시민학습모임 등의 지역 사업을 그대로 이어 가고 있다. 공교육 혁신, 마을교육 활성화, 마을교육 생태계 조성을 위해서는 학교 지원과 지역 사업을 균형 있게 추진할 필요가 있기 때문이다.

행복교육지원센터 구축 이후 변화가 생기기 시작했다. 우선 2019년 12월에 당진행복교육지원센터 운영 및 지원에 관한 조례를 제정했다. 2017년부터 2019년까지 행복교육지구 운영위원회를 개최할 때마다 논란을 거듭했고, 그렇게 3년간에 걸친 노력 끝에 얻은 성과였다. 조례 제정 후 당진시에서 임기제 센터장을 채용했고, 전담 인력도 배치했다. 2020년 2월 말부터 당진시 직원 3명과 당진교육지원청 담당자 3명이 한 사무실에서 일하고 있다. 실무 차원의 실질적인 관·관 거버넌스를 가동하게 된 것이다. 시 조례에 따라 행복교육지구 운영위원회와 실무협의회도 당진시에서 운영한다. 2019년까지 당진교육지원청에서 주관하던 일이다.

2019년에는 세 차례, 2020년에는 두 차례 행복교육지구 운영위원회를 개최했다. 실무협의회는 수시로, 사안에 따라 확대 회의를 개최한다. 행복교육지구 사업을 공유하고, 당진시 교육 현안에 대해 논의한다. 가령, 신도심 인구 밀집 지역은 돌봄 관련 민원이 상존한다. 돌봄 수요에 비해 돌봄 시설이 턱없이 부족하기 때문이다. 이에 당진시와 당진교육지원청 실무자들이 당진시 돌봄체계 구축과 관련하여 소위원회를 운영하기로 했다. 각기 개별적·분산적으로 추진하고 있는 돌봄 사업을 공유하고, 공동 대책을 마련하기 위한 것이다. 양 기관의 중복 투자와 예산 낭비를 줄이고, 돌봄체계 구축 사업을 체계적·계획적으로 추진하려는 것이다.

행복교육지구 사업은 한시적인 사업이다. 당진은 2022년 2월에 본 사업을 종료한다. 후속 대책이 필요했고, 그런 맥락에서 행복교육지구 운영 관련 조례를 제정했다. 이는 사업 종료 후에도 안정적으로 마을교육공동체를 만들어 가는 기반이 될 것이다. 교육 거버넌스 가동, 마을방과후체계 구축, 마을학교 지원, 진로체험체계 구축, 자유학년제 지원 시스템 구축 등 과제가 많다. 시민들과 함께 사업을 기획-실행-평가하는 참여·분유participation의 체제를 구축해 갈 것이다. 토론회와 세미나 등을 통해 의제를 공론화하고, 민·관·학의 역할을 환기하는 작업도 중요하다. 관 주도 행정의 한계를 넘어 실질적인 교육 거버넌스를 가동하려는 것이다. 행복교육지구를 운영하기 위해서는 지역교육에 관여하는 모든 구성원의 힘과 지혜가 필요하다.

행복교육지구 교육 거버넌스

윤양수

권불십년 화무십일홍權不十年 花無十日紅이라! 아미산 산길을 따라 벚꽃이 지나갔다. 권세도 없고 꽃길을 걷는 것도 아니지만, 당진에서 일하는 동안 하고 싶은 게 많다. 올해는 교육 거버넌스를 고민하고 있다. 민·관·학이 기획-실행-평가의 과정을 함께하는 거버넌스를 구축하려는 것이다. 거버넌스의 일반적인 의미는 다양한 이해관계자들이 참여·공유·협의를 통해 협력적으로 문제를 해결하는 방식을 말한다. 여러 주체들이 문제를 해결하는 과정에 함께 참여하는 상향식bottom-up이라는 점에서 기존의 관 주도 방식과 차이가 있다.

거버넌스governance 개념은 정치, 경제, 사회, 문화, 교육, 환경, 도시재생 등 여러 분야에서 다양한 맥락으로 사용한다. 행복교육지구에서는 운영위원회, 실무협의회, 소위원회, 읍면동 단위 거버넌스, 마을학교 운영위원회 등의 다양한 거버넌스를 가동할 수 있다. 2020년에는 소위원회(이하 분과)를 구성하여 가동하기 시작했다. 물론 조례상 꼭 필요한 조직은 아니다. 지역의 상황과 필요에 따라 구성하여 운영하는 것이다. 행복교육지구 운영은 한두 차례의 운영위원회나 소수가 참여하는 실무협의회만으로는 한계가 있기 때문이다.

분과는 사업 영역별로 혹은 주체별로 다양하게 구성하여 운영할 수 있다. 당진은 5개 분과를 운영하고 있으며, 2개를 추가로 구성할 계획이다. 진로교육 분과는 자유학년제 진로교육 지원 시스템 구축을 논의하고 있다. 창의체험학교와 유사한 방식의 마을기반 플랫폼을 구축하려는 것이다. 이와 관련하여 시 조례 제정도 검토한 바 있으나 시간을 두기로 했다. 학생 방과후활동 및 자유학년제 지원을 명시한 '행복교육지원센터 운영 및 지원에 관한 조례'로도 충분히 가능하기 때문이다. 물론 조례를 제정하면 다른 효과를 기대할 수 있을 것이다.

학부모 분과는 학부모 관련 사업을 계획하고 실행 방안을 논의하기 위해 분기별로 모임을 갖는다. 10여 명이 참여하고 있으며, 사안에 따라 추가 모임을 갖기도 한다. 마을학교 분과는 별도로 구성하지 않았다. 이미 당진시 평생학습과 평생학습지원팀에서 당찬마을학교 네트워크를 가동하고 있기 때문이다. 당찬마을학교는 2020년에 야심차게 시작한 사업으로, 14개소를 운영하고 있다. 코로나19로 어려움을 겪고 있으나 학생과 주민들의 요구에 맞게 자리매김해 갈 것이다. 교육지원청에서 지원하는 마을학교와 통합하는 과제가 남아 있다.

홍보 분과도 별도로 구성하지 않았다. 2017년부터 활동해 온 행복교육지구 기자단이 기능적으로 홍보 분과의 역할을 수행하고 있기 때문이다. 교사 기자단은 2017년부터 교육 소식지 《아미》(아이들의 행복한 미래)를 발간해 왔다. 2020년 2월에는 홍보의 시의성을 확보하기 위해 시민 기자단을 신설하고, 소통 채널을 확대했다. 교사, 시민 기자단은 교육지원청에서 통합적으로 운영하고 있으며, 누리집, 페이스북, 인스타그램, 블로그 등을 이용하여 교육 소식을 전하고 있다. 2020년 하반기부터는 당진시에서 청소년 기자단을 운영할 계획이다.

돌봄 분과는 2019년에도 한시적으로 운영한 바 있다. 시 3팀, 교육지원청 2팀의 담당자들이 양 기관의 사업을 공유하고, 돌봄체계 구축 방안을 논의했다. 올해는 아직 시작을 못했으나 곧 분과 모임을 가동할 계획이다. 아동·청소년 분과로는 당진시 여성가족과 아동친화드림팀에서 아동참여위원회를, 당진시 평생학습과 청소년팀에서 청소년참여위원회를 운영하고 있다. 이 외에도 민주시민교육 분과를 비롯하여 필요한 분과를 구성해 갈 계획이다. 분과 활동에는 100여 명이 넘는 학생, 교원, 학부모, 시민, 유관 기관 관계자들이 참여하고 있다.

2021년 차기부터는 읍면동 단위 교육 거버넌스도 지원할 계획이다. 읍면동 단위 교육 거버넌스는 두 가지 경로로 구성하여 가동할 계획이다. 하나는 읍면동 주민자치회를 중심으로, 다른 하나는 마을학교를 중심으로 가동하는 방식이다. 물론 주민자치회와 마을학교가 지역의 상황과 실정에 맞게 운영하는 것이 좋은 방식이다. 이처럼 교육 거버넌스를 구성해서 가동하고, 이를 주관하는 마을학교나 주민자치회에 운영비를 지원하려는 것이다. 당진교육의 도약과 지역사회의 발전을 위해서는 교육자치와 주민자치의 접속이 중요하기 때문이다.

기존의 행정이 관 주도였다면, 거버넌스는 다양한 이해 당사자인 지역주민들과 함께 만들어 가는 방식이다. 결과 중심에서 과정 중심 행정으로 전환하기 위해서는 민·관·학이 함께 힘과 지혜를 모으는 거버넌스를 적극적으로 가동할 필요가 있다. 활동의 흐름을 가로막는 고정된 위계와 자리, 기능과 역할을 제한하는 칸막이 혹은 분할의 경계를 가로지르고 넘나들어야 한다. 새로운 방식으로 지식과 정보, 생각과 의견을 나누고, 사업과 활동이 자유롭게 흘러갈 수 있는 통로를 만들어야 한다는 것이다. 행정은 결과 못지않게 과정도 중요하며, 거버넌스를 가동하는 과정은 민·관·학의 동반 성장과 지역사회의 발전으로 이어질 것이다.

물론 거버넌스라는 용어에 마법을 기대하지는 않는다. 거버넌스를 실제로 가동할 때에는 포지션이 다른 이해관계자들이 참여하기 때문에 이견과 갈등을 피하기 어렵다. 실무 단위에서부터 논의를 시작하고, 권한과 책임을 나누는 상향식 방식은 공유와 논의, 의견 조정과 합의 등에 시간이 걸릴 수 있다. 그런 점에서 거버넌스는 비효율적인 방식일 수 있다. 눈에 보이는 성과를 기대하기 어렵고, 어찌 보면 무용한 것처럼 보일 수도 있다는 것이다.

그럼에도 관 주도의 관치나 이를 반복하는 관·관 협치에 익숙한 관행을 개선하려면, 생산성이나 효율성의 논리를 넘어서야 한다고 본다. 이 같은 관념을 기반으로 거버넌스를 도구화하려는 태도 또한 경계해야 한다. 투자한 시간과 비용 대비 최대의 산출량을 얻으려는 태도와 접근 방식은 특정 주체를 배제하고, 거버넌스를 기능적인 도구로 전락시키는 결과를 피할 수 없기 때문이다. 조급증과 성과에 대한 강박을 내려놓고, 주춧돌을 잘 놓아야 한다.

꽃길일까, 가시밭길일까. 거버넌스는 공동의 문제를 해결하는 솔루션이 될 수 있지만, 어긋나면 마주 앉기도 싫은 테이블이 될 수도 있다. 권한과 책임을 나누는 일이다. 포지션이 다른 만큼 불편한 일도 많을 것이다. 그렇다고 시행착오와 실패가 두려워 피해 갈 생각은 없다. 지금은 더 나은 실패의 경험을 축적할 필요가 있다고 본다. 시행착오가 없다면 기존의 관념과 규범을 넘어서는 새로운 방식 혹은 감수성의 탄생과 발명도 기대할 수 없기 때문이다.

누구도 충분한 경험이 없다. 지역에 맞게 실현 가능한 방안을 찾아 계속 논의해 가야 한다. 학습과 활동, 도전과 실험의 과정 속에서 민·관·학이 함께 공진화해 갈 것이다. 권한과 책임을 나누고 협업하는 과정은 당진교육의 도약과 지역사회의 발전으로 이어질 것이다. 그럴 수 있을 때 아이들의 배움과 성장을 돕는, '아이 키우기 좋은 마을 살기 좋은 당진'을 만들어 갈 수 있다. 이는 시민의 성장과 지역사회의 역량 증진을 위해서도 필요한 일이라고 본다.

시민학습공동체 배움마실

이수영

2018년 겨울의 입새 당진교육지원청 홈페이지에서 '마을교육공동체 마을교사 양성과정 교육생 모집' 공고를 보았다. 공고문의 '한 아이를 키우려면 온 마을이 필요하다'라는 문구가 눈길을 끌었다. 마을교사라는 말을 들어만 보았는데 어떤 일을 하는지 궁금증이 생겨 강좌를 신청하게 되었다.

첫 강의는 '풀뿌리 교육자치 협력체계 구축 사업'을 주제로 진행되었다. 마을교육 생태계의 현황과 필요성, 지역 자원을 이용하여 당진에 알맞은 마을교육 생태계를 어떻게 조성해 나갈 것인지에 대한 강의였다. 앞으로 당진행복교육지원센터와 마을교육 거버넌스를 구축하여 마을교육공동체 사업을 확대·추진할 예정이라 했다. '마을교사, 마을학교, 마을교육공동체' 강의를 통해 지역의 교육력을 제고하고, 지역을 학습 생태계로 만드는 것, 마을 주민의 주체화를 이루려는 것이 바로 '마을교육공동체'라는 것을 알게 되었다.

그 후 '고산의 풀뿌리 교육공동체', '시흥시 마을교육공동체', '주민들과 함께 만든 공릉동의 보이지 않는 변화' 등 실제 운영사례를 알아보았다. 마지막으로 '마을교육 의제 발굴과 실천 과제 수립'까지 총 6회에 걸친 강의를 통해 당진행복교육지구가 무엇인지, 마을교육공동체가 무엇이며 앞으로 나아가야 할 방향이 무엇인지에 대해 알아볼 수 있었다.

어린 시절 친구들과 누볐던 마을에는 이웃 언니, 오빠와 같이 했던 다양한 놀이가 있었고, 무엇이든 고쳐 주던 이웃 아저씨와 집에 있는 간식을 내어 주던 아주머니가 있었다. 학교 운동회는 온 마을을 떠들썩하게 했던 축제였다. 이처럼 나의 학창 시절은 마을과 함께였다. 그러나 이제는 그런 마을이 남아 있지 않다고 생각했었고, 마을의 필요성도 잘 알지 못했다. 그런데 강의를 들으며 마을의 역할이 얼마나 중요한 것인지 깨닫게 되었다. 그래서 시민학습공동체를 만들어 함께 공부해 보자는 제안에 선뜻 마음을 내게 되었다.

2019년 1월 당진교육을 위해 활동하는 다양한 시민들이 한자리에 모여 첫 모임을 시작했다. 월 2회 만나서 한 권의 책을 나누어 발제하고 함께 공부하기로 의견을 모았다. 모임 장소는 회원들의 거처를 돌아가며

내어 주기로 했다. 첫 책은 『혁신교육지구란 무엇인가?』로 정했다. 이 책을 통해 혁신교육지구에 대해 알아보고, 당진행복교육지구를 어떻게 운영해야 할지에 대해 많은 이야기를 나눌 수 있었다. 그리고 3월 '2019 마을교육공동체 아카데미'가 진행되었다. '행복교육지구란 무엇인가?'라는 주제의 강연을 시작으로 '마을과 학교', '도봉구 마을 방과후 운영사례', '금천구 마을 방과후 운영사례', '몽실학교 이야기'까지 총 5회의 강의를 함께 들었다. 그리고 4월 '고산 풀뿌리교육지원센터' 탐방까지 시민학습공동체의 배움은 바쁘게 이어졌다.

그 후로도 혁신교육지구와 학습공동체 관련 자료를 공부하며 함께 배워 가는 시간을 가졌다. 잠시 8월 한 달 방학을 가지고, 2학기에는 『마을을 품은 집, 공동체를 짓다』로 시작했다. 마을과 공간, 공동체에 대해 알아 가며, '공간혁신'을 주제로 학교 공간의 변화를 포함하여 함께 공부했다. 그리고 11월 '풀뿌리 교육자치 협력체계 구축을 위한 정책 토론회(주제: 학교-마을 공간혁신, 어떻게 할 것인가?)'에 시민학습공동체를 대표하여 전대마을학교 이효남 대표와 (주)인재플러스 엄용철 대표가 토론자로 참여하게 되었다. 그동안 함께 공부했던 내용들을 토론회를 통해 많은 이들과 나누는 좋은 기회가 되었다.

2020년 2월 시민학습공동체의 이름을 '배움마실'로 정했다. '함께 공부하고 동반 성장을 추구하는 배움과 나눔의 학습공동체'로 비전을 설정하고, 함께 활동해 나가기로 뜻을 모았다. 2020년 1학기 학습 주제를 '사회적 경제'로 정하고, 우석훈의 『사회적 경제는 좌우를 넘는다』를 비롯해 관련 텍스트를 함께 읽어 가기로 했다. 그러나 코로나19 사태로 많은 것이 멈추어 버렸다. 학교가 문을 닫고, 일상도 멈추었다. 야속하게 시간은 흘러갔고, 5월이 되어서야 '배움마실'의 첫 학습모임을 진행할 수 있었다. 그러나 그것도 잠시 사회적 거리 두기 단계가 격상되어 학습모임이 다시 중단되었고, 예정되어 있던 여러 연수도 온라인으로 축소, 변경해 진행되었다. 여전히 코로나19로 인해 일정들이 자주 변동되고, 학습모임 진행에 어려움이 많지만, 우리만의 방식을 찾아가며 열심히 학습을 진행해 가고 있다.

처음 시작은 많은 이가 함께했었다. 그렇지만 학습모임은 마음만 가지고 할 수는 없는 일이었다. 함께하고 싶지만 자신의 일에 집중하기 위해 떠나가는 이가 많았다. 현재 시민학습공동체 배움마실에는 배움의 열정이 넘치고, 아이들을 위해 기꺼이 자신을 내어 주고자 하며, 배운 것을 함께 나누며 살아가고자 하는 이들이 남아 있다. 그리고 언제든 함께할 이들을 기다리고 있다. 앞으로 더 많은 이들이 함께 모여 다양한 의견을 나누고, 학습해 나가며 발전해 가는 시민학습공동체로서의 배움마실을 기대해 본다.

《아미》, 아이들의 행복한 미래를 위한 작지만 큰 움직임

전종혁

《아미》, 어느 유명 아이돌 그룹의 팬이라면 이름만 들어도 가슴이 설렐 것이다. 여기 당진교육지원청에도 《아미》가 있다. 바로 당진교육 소식지 이름이다. 《아미》는 당진을 대표하는 '아미산'과 '아이들의 행복한 미래'라는 문구에서 의미를 따온 이름이다. 2020년 기준으로 네 돌을 맞았다.

당진교육 소식지 《아미》는 4년 전 당진교육지원청이 행복교육지구로 지정되면서 함께 출발했다. 이 소식지는 당진행복교육지구 사업을 통해 교육현장에서 일어나는 크고 작은 변화를 공유하기 위해 만들어졌다. 나아가 학교 간에 새로운 교육 내용과 교육 시설 구축에 관한 정보를 교류하고, 추후 도내 타 시군에서 행복교육지구 사업을 준비할 경우 이에 대한 이해를 돕고자 했다.

《아미》의 첫걸음은 네 명의 교사와 함께했다. 시작은 쉽지 않았다. 출판이라는 생소한 작업은 교사들에게 낯선 도전이었다. 참고 자료가 없는 첫 시작이기 때문에 막연한 어려움도 있었지만, 한편으로는 따라야 할 정형화된 격식이 없기에 자유롭기도 했다. 이처럼 무無에서 유有를 창조하는 작업에는 막막함과 자유로움의 양면성이 있음을 새삼 느꼈다.

선행 선례가 없었기 때문에 하나하나 협의를 거쳐 우리의 방식으로 만들어 가야 했다.

소식지 제작 방향에 대한 고민도 그중 하나였다. 처음에는 기존 종이 신문의 형태인 타블로이드로 제작하려고 했다. 그러나 종이 신문의 수요가 줄어드는 상황에서 실용성에 대한 문제가 제기되었고, 논의 끝에 양질의 사진을 크게 실어 잡지 형태로 만들기로 했다. 연쇄적으로 양질의 사진을 어떻게 확보하느냐가 또 다른 고민이었다. 다행히 《아미》 기자 중에 사진에 조예가 깊고, 고등학교에서 다년간 학교 홍보지를 제작한 경험이 있는 선생님이 계셔서 도움을 받을 수 있었다.

이 외에도 취재 방식, 표지 디자인, 지면 구성 등 소식지를 만들기 위해 치열한 고민의 과정을 거쳤다. 최종 편집 작업을 위해 일주일간 인쇄소에서 밤샘 작업을 하기도 했다. 그리고 드디어 첫 소식지를 발간했다. 결과는 성공적이었다. 다른 교육 기관에서도 소식지를 발간하지만, 좋은 사진이 담긴 잡지 형태의 소식지는 쉽게 찾아볼 수 없었다. 그래서인지 많은 교육 기관에서 소식지를 참고하고 싶다는 연락이 왔다. 그동안의

호서고등학교

고3 등교 수업 시작,
달라진 학교생활 이모저모

등교 수업 사흘째, 다시 학교를 찾아가다

힘든 상황이지만
최선을 다해야

고생을 보상받는 기분이었다.

이렇게 치열했던 첫발을 내딛은 후 4년의 시간이 흘렀다. 이제는 12명의 교사 기자와 6명의 시민 기자가 함께하고 있다. 말 그대로 '기자단'의 면모를 갖췄다. 시대의 흐름에 맞게 SNS를 활용하여 실시간으로도 교육 현장의 목소리를 전하고 있다. 이러한 외연의 확장과 내실 있는 발전은 《아미》의 태동을 함께한 내게는 감개무량한 일이다.

그동안 《아미》가 또 하나의 생태계를 만들면 좋겠다는 생각을 자주 했다. 존재하는 무엇이든 생명력을 유지하기 위해서는 생태계를 조성해야 한다. 그렇게 해야만 일회성으로 사라지지 않고, 지속적으로 유지하며 발전할 수 있다. 교육도 마찬가지다. 교육과 관련된 정책, 사업, 행사 등은 생태계를 만들어야 일회성에 그치지 않고 해를 거듭하며 지속적으로 업그레이드할 수 있다. 지금 돌아보니 《아미》는 나름의 생태계를 잘 만들어 온 듯하다.

4년의 시간 동안 당진교육 소식지 《아미》를 발간해 오며 느낀 점이 있다. 《아미》의 기자들은 마치 무당 같다. 무당이 영매가 되어 보이지 않는 존재와 세상을 연결하듯 《아미》의 기자들도 당진이라는 작은 도시에서 드러나지 않았던 많은 인적 자원과 교육자원을 찾아내어 세상에 알린다. 세상 그 무엇이든 무심히 지나치면 아무런 의미도 갖지 못한다. 하지만 찾아내고 끄집어내어 의미를 부여하면 비로소 생명력을 가지고 역동하는 힘을 얻는다. 그런 의미에서 교육에 관심을 가지고 늘 새로운 소식을 찾아 전하려고 노력하는 《아미》 기자단에게 진심으로 존경의 마음을 표한다.

《아미》, 비록 나는 아이돌의 팬클럽은 아니지만, 이제 나는 '열정'과 동의어인 이 이름만 들어도 가슴이 설렌다.

수업 성장의 달, 수업에 꽃을 달다

전종혁

'수업의 질은 교사의 질을 넘어설 수 없다.' 교육은 전문가의 영역이다. 의사가 의술로 자신의 가치를 평가받듯, 교사는 결국 수업으로 자신의 가치를 평가받는다. 그러므로 좋은 수업을 위해 꾸준히 고민하는 것은 교사의 숙명이다. 고민은 혼자 할 때보다 함께 나눌 때 그 무게가 줄어들기도 한다. 당진교육지원청에서 행복교육지구 사업의 일환으로 '수업 성장의 달'을 운영하여 교사들이 함께 수업에 대해 고민하고, 답을 찾아갈 수 있도록 한 이유도 바로 그 때문이었다.

'제1회 수업 성장의 달'에는 120명의 초중등 교사가 참여하였고, 20명씩 6개의 분과로 나누어 진행했다. 그리고 4주 동안 학생 중심 수업, 교사의 자존감, 수업문화 개선, 교수·학습 개선, 학생 참여형 수업, 문제행동 개선이라는 6개의 주제를 놓고 함께 고민했다.

교육지원청은 교사들이 방과 후에 복무에 대한 부담 없이 '수업 성장의 달' 행사에 참여할 수 있도록 관내 학교에 협조를 구했다. 그리고 교사와 행정 주무관이 포함된 '수업 성장의 달' 지원팀을 조직하여 각 분과에 배정했다. 지원팀은 분과 모임에 필요한 장소, 물품 준비, 일정 조율을 담당했다. 또한 분과 활동 모습과 수업 장면을 수시로 촬영하여 사

진과 영상 기록으로 남기는 역할을 했다.

'수업 성장의 달' 행사는 만남의 장, 나눔의 장, 공감의 장 순서로 진행하였다. 만남의 장에서는 간단한 레크리에이션을 하며 서로 교감하는 시간을 가졌다. 나눔의 장은 분과 모임을 중심으로 해당 주제에 대한 고민을 나누고 해결하는 과정이었다. 마지막으로 공감의 장에서는 모든 분과가 한자리에 모여 4주 동안 수업을 디자인하고 적용한 사례를 나누었다. 그동안 활동했던 모습이 담긴 영상을 시청하고, 축하 공연도 즐기며 좋은 수업을 만들기 위해 함께 고생한 서로를 위로했다.

분과별 활동 내용을 살펴보면, '학생 중심 수업' 분과는 학생이 수업의 중심이 될 수 있는 유의미한 활동에 대해 고민했다. 학생들의 특성을 고려한 자리 배치 방법에서부터 학생이 스스로 질문하고 답하는 수업의 기술까지 다양한 노하우를 공유했다. 교사들이 의견을 모아 공동으로 수업을 디자인하고, 실제로 적용해 보기도 했다.

'교사의 자존감' 분과는 교사에게 많은 역량을 요구하는 오늘날의 교

육현장에서 교사가 자존감을 높일 수 있는 방법에 대해 고민했다. 교사의 자존감은 학생과 친밀한 관계를 형성하고, 교사와 학생이 모두 만족하는 수업을 했을 때 향상된다는 의견이 많았다. 이를 위해 정형화된 수업에서 벗어나기, 모두가 행복한 교실 만들기, 교사로서 나만의 수업 철학 갖기를 좋은 수업의 조건으로 설정하고, 실천하기 위해 노력했다.

'수업문화 개선' 분과는 교사의 강의식 수업에서 벗어나 학생들과 함께 대화하는 수업을 꿈꾸었다. 활발하게 상호작용이 일어나는 수업을 만들기 위해 학생들의 개인차를 존중해 주었다. 학생마다 학습 수준이 다르므로 학생들이 서로 소통하며 부족한 점을 보완할 수 있게 했다. 이를 위해 짝 활동, 모둠 활동 중심의 수업을 설계하고 적용하였다.

'교수·학습 개선' 분과는 수업에 대한 관심과 참여도가 부족한 학생을 수업에 끌어들이는 방법을 고민했다. 다양한 놀이를 수업에 적용하고, 스티커 보상과 같은 외적 강화로 학생들의 참여를 유도했다. 학습 수준차를 최소화하기 위해서 전체 활동과 수준별 활동을 수시로 전환하며 수업을 운영하고 사례를 공유했다.

'학생 참여형 수업' 분과는 무기력한 학생들의 눈을 반짝이게 할 수 있는 수업 만들기를 목표로 정했다. 이를 위해 지식시장을 수업에 적용했다. 지식시장은 학생 본인이 이해하고 있는 내용을 상대방에게 설명하는 지식 매매 활동이다. 능동적으로 수업에 참여하는 학생들의 눈이 어느새 반짝이고 있었다.

'문제 행동 개선' 분과는 학생들의 다양한 문제 행동 유형을 공유했다. 초중등 교사들이 함께 이야기를 나눈 결과 초등학생의 경우 과잉 행동, 주의력 부족이 많이 나타났고, 중고등학생의 경우에는 수업에 대한 무관심, 선생님에 대한 무례함 등이 문제 행동으로 나타났다. 교사들은 발달단계에 따라 변화하는 학생의 심리 상태를 이해하고, 관심과 사랑으로 그들의 내면을 들여다봐야 한다는 점에 공감했다.

'수업 성장의 달'은 성황리에 마무리되었다. '수업 성장의 달'이라는 4주의 시간은 좋은 수업에 대해 치열하게 고민하는 시간이자 수업에 대한 교사들의 열정을 확인할 수 있는 시간이었다.

'성장'이라는 단어는 때로 사람의 마음을 조급하게 만든다. 멈추지 않고 쉼 없이 정진해야 할 것만 같다. 그러나 '성장'은 신속한 변화를 의미하지 않는다. 학생에게 개인차가 있듯 교사의 성장 속도에도 개인차는 존재한다. 어제보다 더 나은 수업을 준비하기 위해 고민하는 교사라면, 그 자체로 이미 성장 가능성이 충분한 교사가 아닐까. 교사의 '성장'에서 무엇보다 중요한 것은 '속도'가 아니라 학생들을 진심으로 생각하고, 더 좋은 수업을 위해 고민하는 '방향'이다.

'수업 성장의 달'이 일회성 행사에 그치지 않기를 바란다. 교사들이

‘수업 성장의 달’이라는 울타리 안에서 많은 이야기와 고민을 나누고, 더 나은 수업을 위해 새롭게 시도하고 노력했던 모습을 기억한다. 그런 모습들이 앞으로도 자연스러운 교직 문화로 자리 잡아 가기를 바란다.

학교 문화예술교육을 고민하다

곽승근

학년 말 방학을 며칠 앞두고, 한 해 동안 문화예술 동아리 활동을 하면서 얻은 아이들의 작품을 학교 갤러리에 전시하였다. 당초 12월에 아이들의 공연과 전시회를 겸한 작은 발표회를 열기로 했는데, 코로나19 확산으로 등교가 중지되어 할 수 없게 되었다. 아쉬운 마음에 도예, 한국화, 수채캘리 동아리 활동 중에 나온 작품들을 선별해 갤러리에 전시했다. 연극, 방송 댄스, 오카리나 동아리 공연은 평소 활동 모습을 촬영한 영상을 유튜브에 공유하는 방식으로 대체할 수밖에 없었다.

2019년 학년 말, 교육과정 평가를 하면서 학부모와 학생들이 문화예술교육에 대한 욕구가 크다는 것을 알게 되었다. 도심이 아닌 면 지역에 사는 학생 대부분이 문화예술교육에 대한 접근이 어려운 현실을 반영한 결과였다. 학생들이 겪을 수밖에 없는 문화적 환경 격차를 조금이나마 줄여 주고 싶다는 생각에 선생님들과 학교에서 문화예술교육 기회를 제공하는 방안에 대해 고민을 나누기 시작하였다.

사실 문화예술교육이 주목받기 시작한 것은 세상이 원하는 인재상에 '창의력과 상상력'이라는 조건이 추가되면서부터이다. 인공지능으로 쉽게 대체할 수 없는 인간의 능력인 창의력과 상상력을 가진 사람으로 키

우기 위해서는 무엇을 해야 하는가? 이 질문에 많은 전문가들은 가장 먼저 문화예술교육을 이야기한다.

그렇다면 무엇이 문화예술교육일까? 선생님들과 문화예술교육 방안에 대하여 내린 결론은 예술을 내용으로 하거나 예술을 활용하지 않더라도 문화예술의 방법을 사용하는 교육이라면 그것이 문화예술교육의 철학과 핵심을 잘 구현하는 교육이라는 것이었다. 즉 아이들이 인지적 접근보다는 감성적으로 접근하게 하는 것, 자발성과 흥미가 전제되어야 한다는 것, 몸을 사용하여 직접 활동하고 체험하게 하는 것, 자기 생각을 표현하는 것, 과정에서 의미를 찾고 사유하게 하는 것, 나를 존중하고 다른 이에게 귀를 기울이며 소통하는 것 등의 방법을 사용하는 문화예술교육을 해 보자는 것이었다.

창의적 체험활동 동아리 시간을 이용하기로 하고, 우선 사전 조사한 학생들의 선호도를 바탕으로 우리가 내린 문화예술교육의 방향에 부합하는 6개의 예술 동아리를 선정하였다. 회화적 재능을 키울 수 있는 한국화, 조형적 재능을 키울 수 있는 도예, 나만의 글씨체를 만들 수 있는 수채캘리그라피, 음악적 재능을 키울 수 있는 오카리나, 몸짓을 통해 표현력을 기르는 방송 댄스, 언어와 비언어를 통해 소통능력을 키우는 연극 등이다.

수업의 전문성을 높이기 위해 해당 분야 전문 강사를 초빙해 본교 선생님들과 협력 수업을 하기로 하였다. 동아리 운영을 위한 막대한 강사비와 수업에 필요한 재료비 등은 각 부서별 예산을 조금씩 줄여 마련하였고, 부족한 예산은 당진시와 당진교육지원청에서 지원하는 방과 후 특성화 프로그램 운영비 등을 신청하여 충당하였다.

학년군 단위로 3~4학년은 목요일 3~4교시에, 5~6학년은 5~6교시에 2시간씩 2주에 한 번 실시하였다. 코로나19 감염병 확산으로 인해 등교가 지연되면서 문화예술 동아리 수업도 6월이 되어서야 시작할 수 있게 되었다. 6월 18일 자신이 선택한 동아리에서 첫 수업을 받은 아이들의

반응은 생각보다 뜨거웠다. 각 동아리별 수업을 마치고 돌아온 아이들은 나를 보자마자 "정말 재미있고 즐거워 시간이 금방 지나갔어요.", "왜 2주에 한 번씩만 해요? 매주 했으면 좋겠어요." 하며 끊임없이 말했다.

한국화 동아리 활동에 참여한 5학년 수환이는 수업 초기에 물감으로 장난치거나 6학년 형들과 싸우거나 떠들어서 많이 혼도 나고 주의를 받던 아이였다. 그런 수환이가 수업 마지막 날 "선생님, 6학년 때도 동아리 있어요? 저 한국화가 재미있어졌어요. 6학년 때도 한국화 동아리 있겠죠? 그럼 계속하고 싶어요. 어렵기는 하지만 재미있어요"라고 말했다. 협력 교사인 박영환 선생님은 수환이가 그런 말을 할 거라고는 생각지도 못했다며, 예술의 힘이 그런 게 아닐까 하는 생각과 동시에 뿌듯함을 느꼈다고 한다.

활동적이고 창의적인 학생들을 위한 예술 분야는 무엇이 있을지 고민하면서 선택했던 분야가 도예였다. 도예 동아리의 경우 재료비 부담이 컸지만, 직접 도예 하는 곳을 방문하지 않으면 접하기 힘든 분야로 학생들에게 새로운 경험을 심어 줄 수 있었다. 강사님은 도예의 기초부터 한 단계 한 단계 경험할 수 있도록 체계적으로 지도해 주셨다. 특히 물레를 직접 갖고 오셔서 학생들 한 명 한 명이 물레를 직접 돌리면서 그릇을 빚어 보는 경험을 하게 해 주시는 모습에서 학생들에 대한 사랑과 열정을 느낄 수 있었다.

평소 내성적이고 모든 활동에 의욕이 없던 5학년 민정이는 수채캘리그라피 활동이 끝나면 교실에 와서 그날 자신이 완성한 작품을 담임선생님께 자랑스럽게 보여 주곤 하였다. 5학년 전혜영 선생님은 어느 날 민정이 어머님으로부터 "민정이가 생일 선물로 수채캘리그라피 재료를 사 달라고 하는데 무엇을 사야 할지 모르겠어요. 강사 선생님의 연락처를 알고 싶어요"라는 전화를 받고 신기하고 놀라웠다고 말했다.

올 한 해 문화예술 동아리를 처음 운영하면서 생각지도 못한 어려움이 많았지만, 그중 가장 큰 어려움은 아무래도 지금 겪고 있는 코로나19 감염병이 아니었나 싶다. 코로나19 감염병으로 인해 등교 일정이 계속 바뀌고, 원격수업과 등교수업이 병행되면서 문화예술 동아리 시간 운영에 많은 어려움이 생겼다. 하지만 학생들의 예술적 재능과 경험의 폭을 넓혀 주고자 했던 선생님들의 바람과 학생들의 동아리 활동에 대한 열정으로, 최대한 원활히 운영하기 위해 학교 전체가 노력하였다. 또한 계속된 수업 일정 변경에도 기꺼이 개인 일정을 조정하면서 참여해 주신 문화예술 동아리 강사님들의 협조가 없었다면 원활한 운영은 어려웠을 것이다.

"선생님, 내년에도 문화예술 동아리 하는 거죠? 꼭 하고 싶은 동아리가 있어요."

"선생님, 동아리 부서 더 많았으면 좋겠어요. 꼭 더 많이 늘려 주세요."

학생들의 문화예술 동아리 활동에 대한 만족과 기대는 학생들의 말과 표현을 통해 그대로 느낄 수 있었다. 그런 만큼 앞으로 어떻게 하면 학생들에게 더 많은 문화예술활동의 기회를 제공할 수 있을 것인가에 대한 고민과 논의의 계기를 마련해 주려고 한다.

‘학교 밖’ 울타리를 넘어선 ‘돌봄’

안라미

2019년 1월 19일 10시, 그해 들어 가장 중요한 일정이 있는 날이었다. 목적지로 운전해서 가는 길에 나도 모르게 ‘제발’이라는 혼잣말을 중얼거렸다. 그토록 간절함이 차오르던 1월 19일, 그날은 바로 ‘돌봄교실 추첨’이란 거사를 치르는 날이었다.

워킹맘이자 예비 초등학생 학부모였던 내게 돌봄교실은 아이의 돌봄을 넘어 우리 가족의 일상이 달린 중요한 문제였다. 보조 양육자가 없는 상황에서, 돌봄교실에 당첨되지 않는다면 내 아이는 엄마의 퇴근 시간에 맞춰 2~3개의 학원을 도는 것 말고는 뾰족한 방법이 없었다.

하지만 학교라는 낯선 곳에 첫발을 디딘 아이가 적응해야 할 것들을 많이 만들고 싶지 않았고, 학원비 또한 부담인 관계로 이른바 ‘학원 뺑뺑이’는 시키지 않을 작정이었다. ‘당첨되지 않으면 거리가 멀더라도 작은 학교에 보내야지’ 하는 차선책을 생각하며 추첨 장소에 도착했다.

1분이라도 지각하면 입장 불가라는 문자를 받고, 나는 30분 전부터 추첨 장소에 도착하는 부지런을 떨었다. 추첨 장소는 과밀화로 늘 상위권에 이름을 올리고 있는 탑동초등학교! 그곳에는 나와 같은 처지로 보이는 학부모들이 상기된 표정으로 추첨을 기다리고 있었다. OX쪽지가 담긴 투명 추첨함이 등장하고, 드디어 한 사람씩 추첨을 시작했다.

매도 먼저 맞는 게 낫다는데, 내 차례는 끝에서 세 번째여서 추첨의 모든 과정을 지켜보며 마음을 졸여야 했다. 쪽지를 뽑아 펼쳐 보는 학부모의 표정이 극명하게 갈렸다. O를 뽑은 학부모들은 순서를 기다리는 학부모들의 마음을 알기에 최대한 절제하는 듯 기뻐했지만 반대로 X를 뽑은 학부모들은 대부분 아쉬움의 탄식을 그대로 내뱉었다.

80여 명 중에 70명 정도를 뽑는 추첨이기에 당첨률이 상당히 높았지만, 그 높은 당첨률에 포함되지 못한 학부모들은 더욱 아쉬움이 큰 듯했다. 나는 10 대 1의 유치원 입학 경쟁률을 뚫었던 금손의 위력을 다시 한 번 기대하며, 남아 있는 네댓 개의 쪽지 중에 하나를 선택했다. 쪽지의 동그라미를 보는 순간 쾌재를 부르고 싶었지만, 같이 갔던 지인들 중 한 명이 X표를 뽑은 이유로 기쁨보다 걱정을 먼저 나눠야 했다. O를 뽑은 학부모들이 X를 뽑은 지인을 위로했지만, 실상 위로가 될 만한 말은 해 주지 못했던 것 같다.

워킹맘들에게 자녀 돌봄은 그렇게 절실하고 간절하다. 아이들이 커가면서 복직을 하거나 생업 전선에 뛰어드는 엄마들은 더 늘어났고, 주변에 한부모 가정이 생겨나기도 했다. 그렇게 돌봄이 필요한 가정이 늘고 있지만, 탑동초등학교를 포함한 시내권 초등학교는 돌봄교실이 포화 상태에 이르러 더 이상의 기회를 제공하기가 쉽지 않을 듯 보였다. 결국 돌봄교실에 아이를 보내지 못한 워킹맘들은 연로한 부모님들께 신세를 지거나 '학원 뺑뺑이'를 선택했다. 그렇게 나름의 자구책으로 1학기를 보내던 어느 날 반가운 소식이 들려왔다. 2학기부터 당진도서관 1층에 2실의 돌봄교실을 운영한다는 것이었다. 이름하여 '학교 밖 초등돌봄센터!'

학교 밖이라니! 생소하고 낯설었지만, 뭔가 틀을 벗어던진 듯한 참신함이 느껴지기도 했다. 학교의 울타리를 넘지 못하고 몸살을 앓던 돌봄이 '학교 밖'에서 과연 새로운 해법을 찾아갈 수 있을까, 반신반의하며 학교에서 안내한 운영계획표를 확인했다.

기존 돌봄교실 이용자들에게 먼저 선택권이 주어졌다. 알차게 짠 프로그램들이 시선을 붙잡았다. 도서관의 특성을 살린 프로그램부터 토탈공예, 오카리나 같은 악기 수업, 큐릭스, 방송 댄스까지 이 풍성한 프로그램을 돌봄에서, 그것도 전액 무료로 누릴 수 있다니 신청하지 않을 이유가 내게는 없었다.

기존의 교내 방과 후 돌봄교실은 돌봄 위주의 활동이 대부분이었지만 학교 밖 초등돌봄센터에서는 돌봄뿐만 아니라 교육까지 세심히 챙기고 있다는 것을 알 수 있었다. 밖에서 눈대중으로 둘러본 시설 또한 아

이들이 좋아할 만한 공간으로 꾸며져 있음이 확실했다. 프로그램이면 프로그램, 시설이면 시설! 어느 하나 부족함이 없었다.

다만 학부모들을 망설이게 하는 것이 하나 있었다. 학교에서 돌봄센터까지 버스를 타고 이동해야 한다는 것이다. 당진도서관은 학교 바로 옆, 길 건너편에 위치하고 있지만 그 '선' 하나, '길' 하나를 넘는 것이 저학년 학부모들에게는 상당한 부담이었던 것 같다.

2개 교실 50명의 정원을 모집했지만, 1차 모집 결과는 미달이었다는 얘기를 전해 들었다. 그렇게 울타리 밖을 넘어가 보는 것, 누군가 가지 않았던 새로운 길을 선택하는 것은 학부모들에게 모험이었을 것이다. 서두르지 않는 그 마음도 같은 부모로서 십분 이해가 간다.

하지만 과감히 학교 밖을 선택한 이들은 초등돌봄센터가 주는 혜택을 고스란히 받으며 2학기를 보냈다. 1학기 동안 돌봄센터를 다닌 아이들은 오카리나와 하모니카 같은 악기로 제법 소리를 낼 줄 알게 됐고, 음악에 맞춰 난타를 할 줄도 알게 됐다. 하루가 멀다 하고 가져오는 만들기 작품들로 책장이 가득 차는 것도 뿌듯했지만, 무엇보다 7시까지 돌봄을 해 주는 덕에 행여 일이 조금 늦게 끝나더라도 아등바등거리며 운전하지 않아도 되어서 좋았다. 첫째의 초등 입학으로 큰 파장을 맞을 것만 같았던 워킹맘은 2년째 초등돌봄센터를 이용하며 큰 어려움 없이 무탈하게 직장생활과 가족의 일상을 유지하고 있다.

언젠가 학부모 모임에 나갔을 때 몇몇 엄마들은 내게 학교 밖 돌봄교실에 보내는 것이 부럽다는 말을 건넨 적이 있다. 도서관에 자주 다닌다는 한 엄마는 초등돌봄센터에 들어가는 양질의 간식과 프로그램들을 보고 놀란 적이 있다며 신청하지 않은 것이 후회된다고 했다. 그리고 학교 밖 돌봄을 함께 다녔던 친구들의 상당수는 2020년에도 다시 한 번

학교 밖 돌봄을 선택함으로써 그 만족도를 대신했다.

처음은 늘 모험을 동반한다. 그래서 우리는 늘 처음을 선택하기가 망설여지고 때론 두렵기도 하다. 하지만 지금보다 더 나은 결과를 얻기 위해서 누군가는 두려움에 맞서 처음을 만들어야 하고 누군가는 그것을 선택해야 한다. 행복교육지원센터에서 당진에 처음, 학교 밖 초등돌봄센터를 만들고, 학부모들이 그것을 선택한 것처럼 말이다. 과밀 학교의 돌봄 문제에 숨통을 틔워 준 적절한 '처음'을 만들어 준 것에 대해 행복교육지원센터에 학부모로서 감사와 응원을 보낸다. 이제 막 울타리를 넘어선 돌봄이 학부모들에게 새롭고 튼튼한 돌봄의 울타리가 되어 주길 바란다.

우리 마을 미술관

이수영

'미술'이라는 단어를 들으면 그림, 조각, 삼원색, 낭만파란 단어와 함께 학창 시절 힘들었던 미술 시간이 기억난다. 무언가를 그리고, 만들어 내야 하는 작업은 손재주와 예술적 재능이 부족한 나에겐 언제나 고역이었고, 그마저도 평가로 이어지는 활동이라 더더욱 '재미없다!'로 기억되는 시간이었다. 미술관 또한 숙제를 위해 유명하다는 곳을 한두 군데 방문해 본 것이 전부였기에 학창 시절이 지난 후 미술관은 자연스레 관심 밖의 공간이 되었다.

몇 년 전 이사 온 우리 마을에는 작은 미술관이 있다. 오가며 미술관 표지판을 보고 이런 데 '미술관이 있네' 생각하는 정도였고, 당연하게도 관심 밖의 공간이었다. 그러던 어느 날, 당진교육지원청 마을교사 연수에서 우리 마을에 있는 순성미술관 이병수 관장님을 알게 되었다. "마을 사람 만나니까 반갑네요. 오가다 커피 한잔 드시러 오슈." 관장님이 건넨 말씀에 용기 내어 순성미술관을 방문했다.

그곳은 내가 알고 있던 미술관과는 다른 '마을사랑방'이었다. 지역에서 활동하는 작가들의 작품이 전시되고, 누구나 편하게 오가며 미술을 즐기고 커피 한잔과 이야기를 나눌 수 있는 공간이었다. 관장님의 안내

를 받으며 미술관 구석구석에 있는 작품 설명을 들으며 미술관 이곳저곳을 둘러보았다. 모르고 보았다면 그냥 지나쳤을 작품들도 하나하나 자세히 볼 수 있었다. 그러던 중 손 모양의 작품이 모여 있는 곳에 눈이 갔다. "이건 무슨 작품이에요?"라고 관장님께 물어보았더니 아이들이 미술관에서 직접 만든 작품을 전시해 둔 것이라 하셨다. 학교와 마을이 연계되어 아이들이 직접 미술관을 방문해 작품을 관람하고 여러 가지 미술체험을 하는 수업이 있음을 알려 주셨다. 마을학교, 창의체험학교 등 그동안 아이들과 함께한 수업 진행 모습을 사진으로 보여 주며 여러 이야기를 들려주셨다.

얼마 후, 《아미》 기자단으로 활동하게 되었고, 행복교육지구에서 운영하는 프로그램 중 마을과 관련된 기사를 담당하게 되었다. 이번 취재는 '창의체험학교-면천읍성 안 그 미술관'이었다. 창의체험학교 '마을로 프로그램'은 배움터를 마을로 옮겨서 마을교사가 직접 교육 활동을 진행한다. 과연 마을에서 어떤 수업이 진행될까 하는 궁금증을 안고 취재에 나섰다.

화창한 날씨였다. 면천읍성을 한 바퀴 둘러보고 본격적인 취재를 위해 면천읍성 안에 있는 '그 미술관'으로 향했다. 아이들이 버스에서 내려 마을교사의 인솔 아래 미술관 입장을 기다리고 있었다. 미술관 1층에서는 작품 교체가 한창 진행 중이었다. 전시 작품이 교체되는 건 쉽게 볼 수 없는 기회인데 좋은 날 방문한 것을 환영한다는 김회영 관장님의 말씀과 함께 미술관 관람이 시작됐다. 미술관 이곳저곳을 둘러보며 미술관에 대한 소개와 함께 곳곳에 전시된 작품에 대한 이야기도 들을 수 있었다.

수업을 시작하기에 앞서 박지은 작가가 자신의 작품을 직접 설명하는 시간을 가졌다. 방금 전 미술관에 전시되어 있던 작품에 대해 작가로부터 상세한 이야기를 들을 수 있었다. 관람할 땐 무심히 쳐다보기만 했던 아이들도 작가의 설명을 듣고 작품에 관심을 보이기 시작했다. 그리고 미술가로서 활동할 수 있는 다양한 분야에 대한 이야기도 이어졌다.

평소 미술에 관심이 있던 아이들이 다양한 질문을 쏟아 내며 궁금증을 해소하는 시간을 가졌다.

아이들 앞에 손바닥만 한 나무판이 놓였다. 김회영 관장님의 "올해의 소망을 하나씩 그려 보세요. 그림이 어려우면 글자로 적어도 좋아요"라는 말과 함께 본격적인 수업이 시작되었다. 말이 떨어지기 무섭게 나무판에 열심히 그림을 그리는 아이, 그림 실력이 좋아 눈에 띄게 잘 그리는 아이, 간결하게 자신의 메시지를 담아내는 아이, 친구와 장난치기 바빠 딴청 피우는 아이, 그림은 못 그린다며 이리저리 선만 그어 대는 아이까지 아이들은 저마다의 모습으로 작품을 만들어 냈다. 뭘 어찌해야 할지 모르겠다고 투덜대던 아이도 친구와 함께 상의하며 자신의 생각을 나무판에 마음껏 그리기 시작했다.

그렇게 아이들의 소중한 소망이 작은 나무판에 담겼다. 자신의 소망이 담긴 나무판을 친구들에게 보여 주고 친구들의 작품을 함께 살펴봤다. 아이들은 친구의 소망에 꼭 필요한 부분을 덧붙여 주기도 하며 다양한 이야기를 나눴다. 올해가 가기 전에 모두의 소망이 꼭 이루어지기를 기원하며 창의체험학교 수업이 끝났다.

과거 내가 배웠던, 학교 안에서만 진행되었던 미술 수업과 오늘 미술관에서 진행된 수업은 전혀 다른 것이었다. 수업을 마친 아이들에게 미술은 어렵고 재미없는 것이 아닌 즐겁고 재미난 경험으로 기억될 것이다. 그리고 아이들에게 미술관은 나와 친구들이 만든 작품이 전시된 공간이며, 언제든 방문할 수 있는 곳으로 기억될 것이다. 앞으로도 다양한 '마을로 프로그램'을 통해 우리 마을에 있는 많은 공간이 새로운 배움을 제공하는, 즐거운 배움터가 되기를 기대한다.

그림책꽃밭 가는 길

김동미

우리 동네에는 내가 좋아하는 책방이 세 곳 있다. 당진 시내에 있는 '당진서점', 면천읍성 안에 있는 이층집 '오래된 미래', 송악 시골 마을에 있는 '그림책꽃밭'이 그곳이다. 동네 책방은 지식 공유 및 지역 내 문화 공간으로 우리에게 중요한 역할을 한다. 다른 지방에 사는 친구가 당진에 뭐가 유명하냐고 물으면 나는 우리 동네 책방을 먼저 이야기한다. 특히 내 삶의 일부분이 된 '그림책꽃밭'을 얘기하기 바쁘다.

아들아이가 돌이 되면서부터 나는 그림책 강의를 듣기 위해 당진에 있는 도서관을 찾아다녔다. 이맘때는 산후우울증이 오기도 한다는데 나는 그림책에 빠져 즐거운 나날을 보냈다. 하지만 아이가 세 살 네 살 커 갈수록 혼자 알고 느끼는 즐거움은 한계가 있었다. 그림책을 함께 읽고 공유하는 장이 필요했다. 그러던 차에 친구에게 반가운 소식을 들었다. 송악에 그림책 책방이 생긴다는 것이다.

2019년 8월 15일, 비가 많이 오던 날에 '그림책꽃밭'이 처음으로 문을 열었다. 책방은 스무 명 정도 손님들로 꽉 차 있었다. 한눈에도 예술가처럼 보이는 책방의 주인을 사람들은 '감자꽃'이라 불렀다. 아이와 함께 찬찬히 책방을 둘러봤다. 전체적으로 책방은 갈색과 오렌지색으로, 천장이

OLIVIA
알사탕

높고 중층으로 이루어졌다. 벽난로와 긴 탁자가 있고, 신발을 벗고 들어가는 곳은 소파와 카펫이 있어서 편하게 앉아 아이와 함께하기 좋았다. 이 분야에서 10여 년 일해 온 내가 보기에도 좋다는 그림책이 한자리에 다 모여 있었다. 책 옆에는 그림책 속 주인공 인형이 있고, 그림책 그림이 새겨 있는 컵, 액자, 방석들이 있었다. 누구보다 네 살 아이가 좋아했다. "나 저거 아는데. 『괴물들이 사는 나라』 괴물이잖아. 재는 '넉점반' 아이다"라며 책 속 주인공 인형을 보고는 자꾸 아는 체하고 싶어 안달이다. 그렇게 책방 구경을 하고 책을 사려고 보니 책방 주인은 『그림책에 흔들리다』의 저자 김미자 작가였다.

그날부터 아이와 나는 '그림책꽃밭'에 자주 갔다. 어느 날은 자연이 먼저 눈에 들어왔다. 주변이 논과 산으로 둘러싸여 경치가 참 좋았다. 넓은 마당 가장자리에는 예쁜 꽃밭이 보였다. 풍선덩굴, 코스모스, 해바라기 그리고 이름 모를 꽃들까지. 왜 여기가 '그림책꽃밭'인지 알 수 있었다. 풀밭엔 나비와 메뚜기가 날아다니고 나뭇가지엔 개미와 거미, 애벌레가 돌아다녔다. 아이는 책방과 마당을 오가며 왔다 갔다를 반복했다. 도서관이라면 열람실을 돌아다니는 아이를 말리기 바쁜데 이곳에서는 그럴 필요가 없다. 책을 보고 놀다가 배가 고프면 밖에 나가 가져온 음식을 먹는다. 꼭 소풍 온 것 같았다.

어느 날은 네 살 아이 어린이집에서 보내온 사진 속에 '그림책꽃밭' 풍경이 있었다. 어린이집에서 '그림책꽃밭'으로 견학을 간 것이다. 사진 속에서 아이들은 책방 주인 부부가 직접 구운 과자와 농사지은 고구마를 맛있게 먹고 있었다. 동네 책방이란 이런 것 아닐까. 책방에서 책을 읽는 것 말고도 다른 것을 경험한 아이들은 두고두고 그날을 기억할 것이다. 아이는 그날 자신이 골라서 사 온 『누구게』라는 책을 매우 좋아한다. 『누구게』는 그날의 즐거움과 이야기가 묻어 있는 책이다.

그 뒤로 '그림책꽃밭'은 몇몇 방송에 소개되었다. 책방이 다양하게 홍보되면서 다른 지역에서도 사람들이 찾아왔다. 책방 주인은 우리가 좋아하는 그림책 작가들을 불러 그림책 문화에 목마른 당진지역 엄마들의 갈증을 채워 주었다. 어느새 '그림책꽃밭'은 우리가 사랑하는 명소가 되었다. 그러나 아직 갈 길이 멀다. 정작 지역에서 오는 손님이 많지 않다. 교통편이 좋지 않다는 것만으로는 설명할 수 없다. 시골에 있는 소문난 카페들은 멀리서도 찾아오는 손님들로 북적대고 있지 않은가.

이유가 뭘까 생각해 보았다. 우선 어른들이 그다지 그림책에 관심이 없다. 부모들은 바쁘다는 핑계로 어떤 책이 좋은 책인가 고민하지 않는다. 부모의 요구가 많이 반영된 전집을 사는 경우가 허다하다. 단행본을 골라 사는 경우는 어떠한가. 이번엔 인터넷으로 구입하는 경우가 많다. 온라인 서점은 10% 할인은 물론 각종 혜택이 눈이 부시다. 주문하고 돌아서면 책이 집에 와 있을 정도다. 이보다 편하고 이보다 빠를 수가 없다. 이에 비하면 차를 타고 시골 책방에 가서 책을 사는 것은 효율이 떨어져도 한참 떨어진다. 그런데도 나는 일부러 책방에 간다. 책을 좋아하고 아이들을 생각하는 내 주위 사람들도 일부러 그곳에 가서 책을 고르고 산다. 아이가 서점에서 직접 책을 만지고 책을 둘러싸고 있는 환경이나 문화를 경험하는 시간이 중요하기 때문이다. 육아를 처음 하는 나 같은 엄마들은 책방에 와서 그림책의 흐름이나 새로운 정보를 얻는다. 나보다 먼저 아이를 낳아 그림책을 읽어 준 경험이 있는 책방 주인 감자꽃과 아이 키우는 얘기, 그림책 얘기를 나눌 수 있다.

실제로 나는 책방에서 몇 가지 중요한 경험을 했다. 그동안 나는 네 살 아이에게 꽤 글이 많은 그림책을 읽어 주고 있었다. 책을 좋아하는

아이가 내가 읽어 주는 책에 귀를 기울이는 모습이 좋아 나도 모르게 그렇게 된 것 같다. 그런 우리 모자의 모습을 몇 번 보시던 책방 주인 감자꽃이 내게 "왜 이렇게 빨리 가려고 해요? 쉬운 영유아 책을 더 보여 주세요." 하셨다. 순간 머리가 띵했다. 네 살 아이에게 많은 것을 주려고 했구나 생각하니 부끄러웠다. 또 어느 날은 아이가 서점 마당에서 꽃잎을 따고 벌레를 잡으며 놀고 있었다. 내 입에서는 "그거 만지면 안 돼"라는 말이 자동으로 나왔다. 이를 지켜본 감자꽃이 조심스레 알려 주셨다. "이것저것 만지고 놀아 본 아이가 나중에 자연을 더 알고 사랑하게 됩니다." 나는 아이에게 생명을 함부로 하지 말라는 것을 주입하기에 바빴던 것이다. 세상을 잘 살아가는 쉬운 방법을 알려 주는 분이 계시다는 것에 많이 감사했다.

초등돌봄전담사로 일하는 나는 작년에 돌봄교실에 필요한 책을 '그림책꽃밭'에서 구입했다. 나는 초등학생 1~2학년이 좋아할 만한 책을 책방 주인에게 추천받아 좋았고, 책방은 책을 팔아 좋았다. 무엇보다 큰 혜택을 받은 사람은 그림책을 보는 돌봄교실 아이들이다. 기존의 책들과는 분명히 다른 그림책이다. 아이들 눈높이에 맞는 그림책, 재미난 이야기로 아름답게 잘 만들어진 그림책은 아이들에게도 인기가 좋았다. 올해는 '꽃자리어린이책인문학회'에서 교육지원청 지원을 받아 프로그램을 운영하고 활동 도서를 지급했다. 이때도 '그림책꽃밭'에서 그림책을 샀다. 코로나19로 동네 책방에 손님이 없는 어려운 현실에 우리 지역 사람들이 조금이라도 힘이 되어 마음이 좋았다.

동네 책방이 지역에서 좋은 책을 알리고 문화 활동 중심지로 기능하기에 참으로 어려운 환경이다. 얼마 전 뉴스에 동네 책방으로 유명한 서울 대학로에 있는 '이음 책방'이 폐점한다는 소식을 들었다. 동네 책방의 의미와 귀함을 아는 이들에겐 안타까운 소식이다. 책을 좋아하는 사람들이 지역에 있는 동네 책방의 중요성을 알리고 아이들 손을 잡고 책방을 찾는 일이 중요하다. 특히 우리나라 학교, 공공기관은 실제로 지역 책방에 눈에 보이는 힘을 실어 줄 수 있다. 이곳에서는 학기나 분기별로 한 번에 대량으로 책을 구입한다. 이때 지역 책방을 이용하면 좋겠다. 이는 단순히 '책방을 돕는 일'이 아니다. 동네 책방은 지역문화의 작은 불씨 역할을 하고 있고, 우리들은 이 불씨를 꺼트리지 않기 위해 노력해야 한다. 지역에서 아이를 키우는 부모와 아이들이 내가 살고 있는 이곳에서의 삶의 의미를 찾고 재미있게 살기 위해 꼭 필요한 일이다.

나는 오늘도 시골 책방 '그림책꽃밭'에 간다. 오늘 그곳에서 내가 좋아하는 그림책 작가의 강연이 있다. 내가 사는 동네에서 이렇게 쉽게 그림책 작가를 만날 수 있다니 믿기지 않는다. 맛있게 찐 고구마를 나누어 먹으며 그림책 강의를 들어야겠다. 아름다운 시골 책방 '그림책꽃밭'에서.

김장으로 나누는 겨울 사랑

이문희

2020년도를 마무리하는 달이 곧 다가온다. 이맘때면 집집마다 김장을 담그느라 분주하다. 작년에 이어 올해도 김장 나눔 봉사활동을 취재하기 위해 마을학교 행복배움터 두레를 방문하였다.

작년에는 우강면 소재 '보나된장'에서 합도초등학교 6학년 학생들과 함께 김장 나눔 봉사활동을 실시하였다. 행복배움터 두레 마을교사들이 배추를 절이고, 무, 파, 갓, 새우젓, 고춧가루, 찹쌀풀, 마늘, 생강 등을

버무려 양념을 준비하였고, 학생들이 배춧속을 넣었다.

초등학생들이라 '김장 담그기 힘들겠구나!'라고 생각했는데 반전이었다. 꾀부리지 않고 열심히 참여하는 모습에 나의 편견이 미안하였다. 사실 어른인 나도 잘하지 못하는데 친구들과 함께 즐겁고 재미있게 척척 잘도 담갔다. 절인 배춧잎에 속을 넣어 친구의 입에 넣어 주기도 하고, 옆에서 함께하시는 담임선생님께도 드렸다. 날씨가 추웠다. 따끈한 차 한잔 마시며 언 몸을 녹이고, 다시 김장을 마무리하였다. 학생들에게는 이 행사가 초등학교 마지막 봉사활동으로, 값진 추억이 될 것이라고 생각하였다.

정성 들여 담근 김치는 합덕읍과 우강면 등 가까운 지역에 홀로 사시는 어르신과 경제적으로 어려운 분들에게 전달되었다. 행복배움터 두레 마을교사들은 봉사활동을 끝낸 학생들에게 김장김치를 한 포기씩 선물했고, 가족과 함께 먹으며 김장 나눔에 대해 이야기 나누도록 하였다.

2020년도 올해의 김장 나눔 행사는 행복배움터 두레 주관으로 합덕

수리민속박물관에서 진행하였다. 취재를 위해 부지런히 달려간 합덕수리민속박물관 초가에는 이미 김장 준비가 되어 있었다. 이번 행사에는 서야고등학교 학생들이 참여하였다.

마을교사들은 일찍부터 양념을 버무리고, 테이블에 비닐을 깔아 놓는 등 서야고 학생들이 오면 바로 배춧속을 넣을 수 있도록 준비하였다. 서야고 교장 선생님도 함께 오셨다. 고무장갑을 끼고 학생들과 나란히 서서 배춧속을 넣는 모습이 인상적이었다. 학생들이 김장 행사에 참여하는 것은 집에서도 보기 드문 일이다. 학교 공부에 바쁜 학생들이라 이 시간이 참 귀하고 의미 있는 일이라고 생각하였다.

초가 장독대에 놓인 항아리와 툇마루 등은 김장을 담그는 모습과 잘 어우러져 정겨웠다. 학생들이 마스크를 끼고 있어 밝게 웃는 잇몸이 보이지는 않았지만, 웃음소리가 김장김치에 맛난 양념을 더하는 것 같았다. 즐겁게 담그니 그 맛이야 더할 나위 없다. 깔깔거리는 웃음이 담긴 김치통을 받고 행복해하실 홀로 사시는 어르신들의 미소가 보이는 것 같았다.

서야고 학생들이 담근 김장김치는 합덕읍행정복지센터를 경유하여 어르신들과 어려운 이웃에게 전달되었다. 서야고 학생들의 김장 나눔 봉사는 작은 힘이라도 함께하면 누군가에게 큰 힘이 된다는 것을 알게 해주었다.

김장 나눔 봉사활동을 통하여 느끼는 것은 세상이 살 만하다는 것이다. 살기 힘들고 삭막하다고 하지만, 이웃을 배려하고 사랑을 나누는 사람들이 꽤 많이 있다. 이런 사실은 차가웠던 가슴을 훈훈하고 뜨겁게 만들어 준다.

이웃과 더불어 살기 좋은 마을을 만들 수 있는 장을 마련해 주는 것은 당진교육지원청의 지원이었다. 김장 나눔 봉사에 격려차 들른 윤양수 장학사와 이혜영 주무관의 참여 또한 잔잔한 지원의 힘이다. 정장 차림에도 양념이 묻는 것을 괘념치 않고, 고무장갑을 끼고 자리를 잡았다. 그런 마음이 마을과 함께 교육현장의 성공적인 결실로 이어질 것이다. 학생들과 마을 구성원들 간의 소통으로 함께 살아가는 의미를 알게 되는 것이다. 김장 나눔 봉사활동으로 여러 사람이 겨울을 따뜻하게 보낼 수 있게 되었다. 내년 김장 나눔 봉사가 벌써 기대가 된다.

에필로그

이름 없는 이름, 나당진

마을학교 행복배움터 두레에서 고고학을 불러냈다. 아이들을 선사 시대 고고학의 세계로 초대하는 프로그램이다. 첫 수업은 옹기토로 토기를 빚어 보는 체험이다. 한 아이가 자투리 시간에 빌렌도르프의 비너스를 빚었다. 선생님께 선물한다고. 토기를 뒤로 밀어내고 존재를 드러내고 있는 구석기 시대의 비너스!

장영란 선생님이 떠올랐다. 자칭 당진의 비너스! 각종 행사에서 자신을 소개할 때마다 사용하는 캐치프레이즈catchphrase이다. 장영란 선생님은 두레의 마을교사다. 두레 김효실 대표님을 닮은 것도 같다. 아이가 선생님께 드린 것인지, 행복배움터 두레가 아이들에게 준 시간인지 알 수 없는 선물이다.

이미-항상 당진에 있었지만, 보이지 않았던 분들이다. 아이들과 함께 활동하고 있었지만, 드러나지 않았던 분들이다. 우연한 인연으로 행복교육지구의 교육현장으로 불려 나온 분들이다. 내가 당진으로 불려 온 것처럼. 지금은 내가 이들을 불러낸 것인지, 이들이 나를 당진으로 부른 것인지 알 수가 없다.

나는 이런 이들을 나당진이라고 부른다. 나-당진이라고 불러도 좋을 것이다. 아이 키우기 좋은 마을 살기 좋은 당진! 이 같은 주문을 외는, 이름 없는 이름들의 집합이다. 있어도 보이지 않고, 드러나지 않던 상록常綠의 영혼들을 불러내는 무당舞당들이다. 보이지 않아도, 이름이 없어도 춤추는 이들이다.

당진이 이들을 불러냈고, 이들이 지금까지 보이지 않았던 당진을 불러내고 있다. 그렇게 불려 나온 이들이 당진을 바꾸고 있다. 이렇듯 다른 나가 되고, 당진이 달라지는 이중의 변환을 긍정한다. 나당진은 그렇듯 익숙한 관행과 습속을 바꾸는 이들의 이름이다. 사고의 문법과 활동의 감각을 바꾸는 이들이다.

불러내는 대로 쉽게 불려 나오는 이들은 없다. 불러내려는 시도가 없다면, 분할과 저지의 칸막이를 터널링하지 않고서는 한낱 공상에 불과할 뿐이다. 의도한 대로 불려 나오는 것도 아니다. 때로는 끝 모를 심연에 빠지기도 한다. 그럼에도 거기서 다시 시작한다. 그 심연 속에 보이지 않던 舞당들이 있기 때문이다.

도처에서 나당진을 만난다. 우선 당진의 교육자원과 인프라를 활용하여 학교 교육을 지원하는 이들이 그렇다. 창의체험학교 마을교사들이 아이들과 함께 마을 곳곳을 탐방한다. 교육기부자들은 학교로 아이들을 찾아간다. 이들은 재능과 시간을 아낌없이 기부한다. 창의체험학교는 관내 교사들이 설계하고 준비한다.

동료들에게 좋은 감응을 주는 교사들도 여럿 만났다. 혹자는 교사처럼 편한 직업은 없다고 말한다. 그럴까. 그들은 아마도 교사들의 고충과 스트레스를 시기하지는 않을 것이다. 교사들은 잡다한 일들로 떠밀려 가듯 살아가는 것이 일반적인 현실이다. 그럼에도 일과 활동, 학습과 성찰을 게을리하지 않는 이들이 많다.

주말이나 방학 때면 진로체험 교육장 운영진들이 마을 곳곳에서 아이들을 맞이한다. 미디어, 메이커, 드론, 머신러닝, 패션디자인, 화장품과학, 항공정비 등의 세계로 아이들을 초대한다. 마을학교 운영진들은 주중, 주말, 방학을 가리지 않고 아이들을 돌본다. 초등돌봄에서 방과후활동까지 교육 프로그램이 매우 다양하다.

마을교육연구회 교원들도, 시민학습공동체 회원들도 일상적인 학습과 활동으로, 각종 워크숍과 선진지 탐방으로 분주하다. 사회적 경제, 학교와 마을의 공간혁신, 마을방과후체계 구축, 진로체험체계 구축, 마을기반 교육과정 운영 등에 대해 지식과 정보, 경험과 노하우를 공유하고, 당진교육과 지역사회 발전에 대해 생각과 의견을 나눈다. 평소에는 각자 활동하고, 워크숍이나 세미나를 통해 접속한다.

행복교육지구 각종 소위원회(이하 분과)에서 활동하는 이들도 그렇다. 행복교육지구 운영은 한두 차례의 운영위원회나 소수가 참여하는 실무협의회만으로는 한계가 있다. 당진교육과 지역사회 발전을 위해서는 민·관·학 구성원들의 긴밀한 공조가 필요하다는 것이다. 물론 분과는 조례상 필수 조직은 아니나 필요한 활동이다. 행복교육지구 기자단도 빼놓을 수 없다. 교사 기자단은 2017년부터 학교와 마을의 교육 소식을 공유하는 소식지를 발간해 왔다. 2020년에는 시민 기자단을 신설하고, 홍보 채널도 확대했다. 이들이 사진과 영상, SNS와 지면으로 당진을 기록한다. 단순히 교육 소식을 전하는 기록을 넘어 또 다른 나당진을 불러내기도 한다.

모두 당진교육과 지역사회 발전을 위해 애쓰는 분들이다. 물론 이들 뿐만 아니라 각자의 거처에서 활동하는 이름 없는 이들도 많다. 주연을 욕심내는 사람도 없고, 조연으로 물러나는 이도 없다. 이들의 충만한 열정에 비해 무대는 작지만, 그것이 초라하다고 생각하는 이는 없다. 다만 따로 또 같이 드라마를 만들어 간다.

우연한 접속으로 좋은 관계를 맺고, 힘과 지혜를 모아 활동을 만들어 가는 충만한 삶이 가랑비에 옷 젖듯 서로에게 스며든다. 선물이다. 행복교육지구 업무를 맡지 않았다면 이들을 만나지 못하는 불운을 피하지 못했을 것이다. 몇몇이 아카이브 작업에 참여했고, 소박하게나마 지나온 시간들을 짤막한 에세이로 남긴다.

이들은 보이지 않던, 이름 없는 다른 이들을 불러낼 것이다. 그렇게 불려 나온 이들이 나당진으로 살아갈 것이다. 주문을 외고 있다는 의식도 없이 주문을 외며 끊임없이 나당진을 불러낼 것이다. 어딘가 이미-항상 나당진으로 불려 나올 이들이 존재하기 때문이다. 나당진! 춤추는 舞당들을, 그 작은 신들을 응원한다.

2021년 2월, 舞당들을 대신하여

윤양수

글쓴이 소개

계상충
언제나 배우고 알고 싶은 게 많은 1인. 마을에서 어떤 일을 벌여 볼까, 생각하며 즐거운 상상에 빠진다. 당진에서 동료들과 함께 배움, 성장, 공동체, 가치실현을 위해 열일하는 세 딸의 엄마다.

곽승근
유곡초등학교 교장으로 일하고 있다. 아이들과 선생님들의 말에 귀가 쏠린다. 종종 사람들을 만나 채우고 비우는 방식을 배운다. 듣고, 생각과 의견을 나누며 좋은 학교를 만들어 가려고 한다.

구자경
당진에서 태어나 고향을 지키고 있는 고등학교 교사이다. 어느 날 갑자기 영화에 꽂혀서 아이들과 함께 학교와 마을의 이야기를 영화로 만들기 시작했다. 단편영화 〈그날이 오면〉(2019), 〈학교는 오늘도 안녕하다〉(2020)를 제작했다.

김경민
당진 13년째, 딸 둘과 매일매일 재미있게 전쟁처럼 살아간다. 친척도 연고지도 없는 당진에서 그림책을 만났고, 아이들과 그림책을 즐기며 지낸다. 그림책이 좋아서 모인 사람들과 '꽃자리어린이책인문학회'에서 활동하고 있다.

김동미
그림책 『재미네골』 같은 마을을 꿈꾼다. 누구도 소외되지 않고, 함께해서 웃음이 끊이지 않는 곳. 아이들은 자연에서 마음껏 뛰놀고, 할아버지의 이야기에 빠져 상상의 나래도 편다. 이런 마을을 만드는 일에 나도 작은 보탬이 되고 싶다.

김옥규
초등교사로 학생들과 동행하고 있다. 때 묻지 않은 아이들에게 정화되어 동심을 되찾고 있다. 때론 교육이론과 현장 적용의 괴리로 인해 사색에 빠지기도 한다. T자형 인재가 되고 싶지만, 급변하는 세상을 따라가기에도 벅차다.

김효실
서울에서 29년을 살다가 당진 남자 만나서 13년째 이곳에 눌러살고 있는 어설픈 당진 아줌마. 당진에 살면서 운전도 배우고 김장도 배웠다. 사람 사는 멋과 맛을 즐기며, 우리 마을을 신나게 쏘다니고 있다.

안능수
사회과 교사로서 학생이 따뜻한 가슴과 차가운 이성을 갖춘 존재로 성장할 수 있는 길을 찾고 있다. 교실 안, 학교 안에서도 아직 만족스러운 길을 찾지 못했으면서도 살기 좋은 당진을 만들기 위한 움직임에 슬쩍 발을 담가 보려는 욕심쟁이다.

안라미
10여 년간은 '방송쟁이'로, 수년간은 '엄마'로, 지금은 '방송쟁이 엄마'로 살고 있다. 당진교육이 발전하길 바라는 평범한 워킹맘, 충남콘텐츠연구소 지음 협동조합 제작팀장으로 일하고 있다.

윤양수
당진 3년째, 지행의 미로를 헤매다 넘어지곤 한다. 공무원답게 일하고 싶지만, 공무원스럽게 변해 간다는 소릴 듣는다. 주(酒)기도문을 외며 멋진 날들을 보냈다. 쓴 책으로는 『수업 비평』, 『수업의 정치』(공저), 『교사들의 필리버스터』(공저)가 있다.

이문희
좋은 사람들과의 관계를 소중히 여기며 좋은 바이러스에 감염되는 것을 즐긴다. 당진의 곳곳을 누비다가 지금은 사진과 글로 흔적을 남기고 있다. 느림보지만 현재에 안주하지 않으며 나만의 패턴으로 잘 살아가고 있다.

이수영
좋은 사람들과 함께 이야기 나누는 걸 즐기는 수다쟁이. 보고 싶은 것, 궁금한 것이 많아 《아미》 기자단으로, 시민학습공동체 배움마실의 일원으로 함께 배우면서 소통해 나아가는 중이다.

이혜영
소심한데, 목소리는 우렁차다. 시키는 대로 하는 걸 좋아하지만, 가끔씩 무모한 용기를 낸다. 행복교육지구를 사랑하지만, 떠나게 됐다. 이제 나잇값을 하고 싶다.

이효남
당진이 고향이다. 15년 이상을 타향에서 살다가 귀향한 지 10년이 조금 넘었다. 남자 같은 이름을 가진 여자. 독신주의로 살다가 결혼해서 더 성장하고 있다. 특별히 잘하는 게 없는 것이 장점이며, 자유에 대한 욕구가 크다.

장영란
말년 운이 좋다고 생각하는 오십 대 후반의 당진 토박이다. 당진행복교육센터라는 발전소에서 에너지를 충전해 마을교사로 활동한 3년은 성장기였다. 늦은 성장기에 나와 당진을 톺아보고 마을과 학교를 이어 가고 있는 중이다.

전종혁
'따뜻함'과 '사람 냄새'라는 말을 애정하고, 울타리 속의 자유로움을 중시한다. 귀중한 인연의 제자들이 선생님의 품 안에서 세상에 지치지 않고, 온전한 인격체로 성장할 수 있기를 늘 기도한다.

조한준
혼자만의 꿈보다는 함께 꾸는 꿈을 더 좋아하기에 오늘도 아이들과 함께 행복한 미래를 그리고 있다. 평소 자신감 없는 성격에 소심한 면도 있지만, 사람들 앞에서 노래하는 가수로 변신하는 반전 매력도 있다는 소릴 듣는다.

한은경
마을교육공동체 어울림협동조합 대표. 아이들과 함께 교육공동체를 이루고자 마음만 먹고 있는, 좀 더 활발한 활동을 해 보고자 기지개를 켜는 중이다.

현연화
엄마가 행복해야 아이도 행복하다. 우리 아이들이 행복한 세상, 차별이 없는 세상, 누구나 꿈꿀 수 있는 세상, 그런 세상을 만들기 위해 행동하는 사람이고 싶다.

비고츠키 선집 시리즈 발달과 협력의 교육학 어떻게 읽을 것인가?

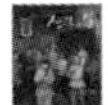
생각과 말
레프 세묘노비치 비고츠키 지음
배희철·김용호·D. 켈로그 옮김 | 690쪽 | 값 33,000원

도구와 기호
비고츠키·루리야 지음 | 비고츠키 연구회 옮김
336쪽 | 값 16,000원

어린이 자기행동숙달의 역사와 발달 I
L.S. 비고츠키 지음 | 비고츠키 연구회 옮김
564쪽 | 값 28,000원

어린이 자기행동숙달의 역사와 발달 II
L.S. 비고츠키 지음 | 비고츠키 연구회 옮김
552쪽 | 값 28,000원

어린이의 상상과 창조
L.S. 비고츠키 지음 | 비고츠키 연구회 옮김
280쪽 | 값 15,000원

비고츠키와 인지 발달의 비밀
A.R. 루리야 지음 | 배희철 옮김 | 280쪽 | 값 15,000원

수업과 수업 사이
비고츠키 연구회 지음 | 196쪽 | 값 12,000원

비고츠키의 발달교육이란 무엇인가?
비고츠키교육학실천연구모임 지음 | 412쪽 | 값 21,000원

비고츠키 철학으로 본 핀란드 교육과정
배희철 지음 | 456쪽 | 값 23,000원

성장과 분화
L.S. 비고츠키 지음 | 비고츠키 연구회 옮김
308쪽 | 값 15,000원

연령과 위기
L.S. 비고츠키 지음 | 비고츠키 연구회 옮김
336쪽 | 값 17,000원

의식과 숙달
L.S 비고츠키 | 비고츠키 연구회 옮김
348쪽 | 값 17,000원

분열과 사랑
L.S. 비고츠키 지음 | 비고츠키 연구회 옮김
260쪽 | 값 16,000원

성애와 갈등
L.S. 비고츠키 지음 | 비고츠키 연구회 옮김
268쪽 | 값 17,000원

흥미와 개념
L.S. 비고츠키 지음 | 비고츠키 연구회 옮김
408쪽 | 값 21,000원

관계의 교육학, 비고츠키
진보교육연구소 비고츠키교육학실천연구모임 지음
300쪽 | 값 15,000원

비고츠키 생각과 말 쉽게 읽기
진보교육연구소 비고츠키교육학실천연구모임 지음
316쪽 | 값 15,000원

교사와 부모를 위한 비고츠키 교육학
카르포프 지음 | 실천교사번역팀 옮김
308쪽 | 값 15,000원

혁신교육, 철학을 만나다
브렌트 데이비스·데니스 수마라 지음
현인철·서용선 옮김 | 304쪽 | 값 15,000원

혁신교육 존 듀이에게 묻다
서용선 지음 | 292쪽 | 값 14,000원

다시 읽는 조선 교육사
이만규 지음 | 750쪽 | 값 33,000원

대한민국 교육혁명
교육혁명공동행동 연구위원회 지음
224쪽 | 값 12,000원

경쟁을 넘어 발달 교육으로
현광일 지음 | 288쪽 | 값 14,000원

독일 교육, 왜 강한가?
박성숙 지음 | 324쪽 | 값 15,000원

핀란드 교육의 기적
한넬레 니에미 외 엮음 | 장수명 외 옮김
456쪽 | 값 23,000원

한국 교육의 현실과 전망
심성보 지음 | 724쪽 | 값 35,000원

4·16, 질문이 있는 교실 마주이야기 통합수업으로 혁신교육과정을 재구성하다!

통하는 공부
김태호·김형우·이경석·심우근·허진만 지음
324쪽 | 값 15,000원

내일 수업 어떻게 하지?
아이함께 지음 | 300쪽 | 값 15,000원
2015 세종도서 교양부문

인간 회복의 교육
성래운 지음 | 260쪽 | 값 13,000원

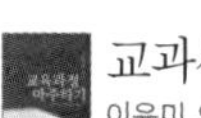
교과서 너머 교육과정 마주하기
이윤미 외 지음 | 368쪽 | 값 17,000원

수업 고수들
수업·교육과정·평가를 말하다
박현숙 외 지음 | 368쪽 | 값 17,000원

도덕 수업, 책으로 묻고 윤리로 답하다
울산도덕교사모임 지음 | 320쪽 | 값 15,000원

체육 교사, 수업을 말하다
전용진 지음 | 304쪽 | 값 15,000원

교실을 위한 프레이리
아이러 쇼어 엮음 | 사람대사람 옮김
412쪽 | 값 18,000원

마을교육공동체란 무엇인가?
서용선 외 지음 | 360쪽 | 값 17,000원

교사, 학교를 바꾸다
정진화 지음 | 372쪽 | 값 17,000원

함께 배움
학생 주도 배움 중심 수업 이렇게 한다
니시카와 준 지음 | 백경석 옮김 | 280쪽 | 값 15,000원

공교육은 왜?
홍섭근 지음 | 352쪽 | 값 16,000원

자기혁신과 공동의 성장을 위한
교사들의 필리버스터
윤양수·원종희·장군·조경삼 지음 | 280쪽 | 값 14,000원

함께 배움 이렇게 시작한다
니시카와 준 지음 | 백경석 옮김 | 196쪽 | 값 12,000원

함께 배움 교사의 말하기
니시카와 준 지음 | 백경석 옮김 | 188쪽 | 값 12,000원

교육과정 통합, 어떻게 할 것인가?
성열관 외 지음 | 192쪽 | 값 13,000원

학교 혁신의 길, 아이들에게 묻다
남궁상운 외 지음 | 272쪽 | 값 15,000원

미래교육의 열쇠, 창의적 문화교육
심광현·노명우·강정석 지음 | 368쪽 | 값 16,000원

주제통합수업,
아이들을 수업의 주인공으로!
이윤미 외 지음 | 392쪽 | 값 17,000원

수업과 교육의 지평을 확장하는 **수업 비평**
윤양수 지음 | 316쪽 | 값 15,000원
2014 문화체육관광부 우수교양도서

교사, 선생이 되다
김태은 외 지음 | 260쪽 | 값 13,000원

교사의 전문성, 어떻게 만들어지나
국제교원노조연맹 보고서 | 김석규 옮김
392쪽 | 값 17,000원

수업의 정치
윤양수·원종희·장군 지음 | 280쪽 | 값 14,000원

학교협동조합,
현장체험학습과 마을교육공동체를 잇다
주수원 외 지음 | 296쪽 | 값 15,000원

거꾸로 교실,
잠자는 아이들을 깨우는 수업의 비밀
이민경 지음 | 280쪽 | 값 14,000원

교사는 무엇으로 사는가
정은균 지음 | 292쪽 | 값 15,000원

마음의 힘을 기르는 감성수업
조선미 외 지음 | 300쪽 | 값 15,000원

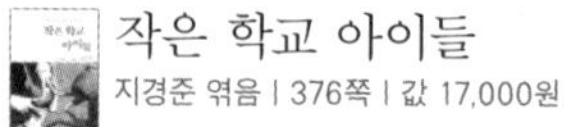
작은 학교 아이들
지경준 엮음 | 376쪽 | 값 17,000원

아이들의 배움은 어떻게 깊어지는가
이시이 쥰지 지음 | 방지현·이창희 옮김
200쪽 | 값 11,000원

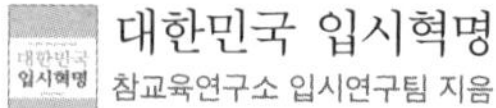
대한민국 입시혁명
참교육연구소 입시연구팀 지음 | 220쪽 | 값 12,000원

교사를 세우는 교육과정
박승열 지음 | 312쪽 | 값 15,000원

전국 17명 교육감들과 나눈 **교육 대담**
최창의 대담·기록 | 272쪽 | 값 15,000원

들뢰즈와 가타리를 통해 **유아교육 읽기**
리세롯 마리엣 올슨 지음 | 이연선 외 옮김
328쪽 | 값 17,000원

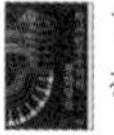
학교 민주주의의 불한당들
정은균 지음 | 276쪽 | 값 14,000원

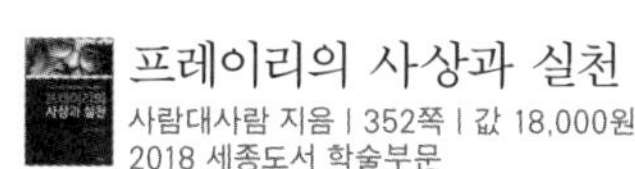

프레이리의 사상과 실천
사람대사람 지음 | 352쪽 | 값 18,000원
2018 세종도서 학술부문

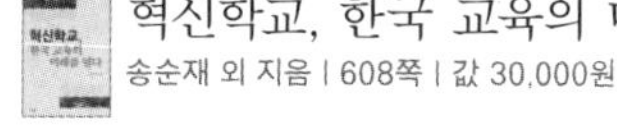

혁신학교, 한국 교육의 미래를 열다
송순재 외 지음 | 608쪽 | 값 30,000원

페다고지를 위하여
프레네의 『페다고지 불변요소』 읽기
박찬영 지음 | 296쪽 | 값 15,000원

노자와 탈현대 문명
홍승표 지음 | 284쪽 | 값 15,000원

선생님, 민주시민교육이 뭐예요?
염경미 지음 | 244쪽 | 값 15,000원

어쩌다 혁신학교
유우석 외 지음 | 380쪽 | 값 17,000원

미래, 교육을 묻다
정광필 지음 | 232쪽 | 값 15,000원

대학, 협동조합으로 교육하라
박주희 외 지음 | 252쪽 | 값 15,000원

입시, 어떻게 바꿀 것인가?
노기원 지음 | 306쪽 | 값 15,000원

촛불시대, 혁신교육을 말하다
이용관 지음 | 240쪽 | 값 15,000원

라운드 스터디
이시이 데루마사 외 엮음 | 224쪽 | 값 15,000원

미래교육을 디자인하는 학교교육과정
박승열 외 지음 | 348쪽 | 값 18,000원

흥미진진한 아일랜드 전환학년 이야기
제리 제퍼스 지음 | 최상덕·김호원 옮김 | 508쪽 | 값 27,000원
2019 대한민국학술원우수학술도서

폭력 교실에 맞서는 용기
따돌림사회연구모임 학급운영팀 지음
272쪽 | 값 15,000원

그래도 혁신학교
박은혜 외 지음 | 248쪽 | 값 15,000원

학교는 어떤 공동체인가?
성열관 외 지음 | 228쪽 | 값 15,000원

교사 전쟁
다나 골드스타인 지음 | 유성상 외 옮김
468쪽 | 값 23,000원

시민, 학교에 가다
최형규 지음 | 260쪽 | 값 15,000원

교육과정, 수업, 평가의 일체화
리사 카터 지음 | 박승열 외 옮김 | 196쪽 | 값 13,000원

학교를 개선하는 교장
지속가능한 학교 혁신을 위한 실천 전략
마이클 풀란 지음 | 서동연·정효준 옮김 | 216쪽 | 값 13,000원

공자뎐, 논어는 이것이다
유문상 지음 | 392쪽 | 값 18,000원

교사와 부모를 위한
발달교육이란 무엇인가?
현광일 지음 | 380쪽 | 값 18,000원

교사, 이오덕에게 길을 묻다
이무완 지음 | 328쪽 | 값 15,000원

낙오자 없는 스웨덴 교육
레이프 스트란드베리 지음 | 변광수 옮김
208쪽 | 값 13,000원

끝나지 않은 마지막 수업
장석웅 지음 | 328쪽 | 값 20,000원

경기꿈의학교
진흥섭 외 지음 | 360쪽 | 값 17,000원

학교를 말한다
이성우 지음 | 292쪽 | 값 15,000원

행복도시 세종,
혁신교육으로 디자인하다
곽순일 외 지음 | 392쪽 | 값 18,000원

나는 거꾸로 교실 거꾸로 교사
류광모·임정훈 지음 | 212쪽 | 값 13,000원

교실 속으로 간 **이해중심 교육과정**
온정덕 외 지음 | 224쪽 | 값 13,000원

교실, 평화를 말하다
따돌림사회연구모임 초등우정팀 지음
268쪽 | 값 15,000원

학교자율운영 2.0
김용 지음 | 240쪽 | 값 15,000원

학교자치를 부탁해
유우석 외 지음 | 252쪽 | 값 15,000원

국제이해교육 페다고지
강순원 외 지음 | 256쪽 | 값 15,000원

선생님, 페미니즘이 뭐예요?
염경미 지음 | 280쪽 | 값 15,000원

평화의 교육과정 섬김의 리더십
이준원·이형빈 지음 | 292쪽 | 값 16,000원

학교를 살리는 회복적 생활교육
김민자·이순영·정선영 지음 | 256쪽 | 값 15,000원

교사를 위한 교육학 강의
이형빈 지음 | 336쪽 | 값 17,000원

새로운학교 학생을 날게 하다
새로운학교네트워크 총서 02 | 408쪽 | 값 20,000원

세월호가 묻고 교육이 답하다
경기도교육연구원 지음 | 214쪽 | 값 13,000원

미래교육, 어떻게 만들어갈 것인가?
송기상·김성천 지음 | 300쪽 | 값 16,000원
2019 세종도서 교양부문

교육에 대한 오해
우문영 지음 | 224쪽 | 값 15,000원

혁신교육지구 현장을 가다
이용운 외 4인 지음 | 344쪽 | 값 18,000원

배움의 독립선언, 평생학습
정민승 지음 | 240쪽 | 값 15,000원

교육혁신의 시대
배움의 공간을 상상하다
함영기 외 지음 | 264쪽 | 값 17,000원

서울의 마을교육
이용윤 외 지음 | 352쪽 | 값 18,000원

평화와 인성을 키우는 자기우정
따돌림사회연구모임 우정팀 지음 | 240쪽 | 값 15,000원

수포자의 시대
김성수·이형빈 지음 | 252쪽 | 값 15,000원

혁신학교와 실천적 교육과정
신은희 지음 | 236쪽 | 값 15,000원

삶의 시간을 잇는 문화예술교육
고영직 지음 | 292쪽 | 값 16,000원

혐오, 교실에 들어오다
이혜정 외 지음 | 232쪽 | 값 15,000원

혁신교육지구와 마을교육공동체는
어떻게 만들어지는가?
김태정 지음 | 376쪽 | 값 18,000원

선생님, 특성화고 자기소개서
어떻게 써요?
이지영 지음 | 322쪽 | 값 17,000원

학생과 교사, 수업을 묻다
전용진 지음 | 344쪽 | 값 18,000원

혁신학교의 꽃, 교육과정 다시 그리기
안재일 지음 | 344쪽 | 값 18,000원

학습격차 해소를 위한 새로운 도전
보편적 학습설계 수업
조윤정 외 지음 | 225쪽 | 값 15,000원

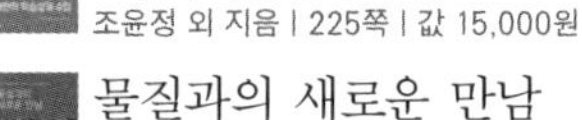

물질과의 새로운 만남
베로니카 파치니-케처바우 지음 | 240쪽 | 값 15,000원

미래교육을 열어가는
배움중심 원격수업
이윤서 외 지음 | 332쪽 | 값 17,000원

살림터 참교육 문예 시리즈 영혼이 있는 삶을 가르치는 온 선생님을 만나다!

꽃보다 귀한 우리 아이는
조재도 지음 | 244쪽 | 값 12,000원

성깔 있는 나무들
최은숙 지음 | 244쪽 | 값 12,000원

아이들에게 세상을 배웠네
명혜정 지음 | 240쪽 | 값 12,000원

밥상에서 세상으로
김흥숙 지음 | 280쪽 | 값 13,000원

우물쭈물하다 끝난 교사 이야기
유기창 지음 | 380쪽 | 값 17,000원

오천년을 사는 여자
염경미 지음 | 272쪽 | 값 16,000원

선생님이 먼저 때렸는데요
강병철 지음 | 248쪽 | 값 12,000원

서울 여자, 시골 선생님 되다
조경선 지음 | 252쪽 | 값 12,000원

행복한 창의 교육
최창의 지음 | 328쪽 | 값 15,000원

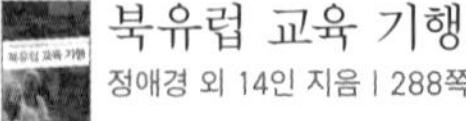
북유럽 교육 기행
정애경 외 14인 지음 | 288쪽 | 값 14,000원

시험 시간에 웃은 건 처음이에요
조규선 지음 | 252쪽 | 값 15,000원

다정한 교실에서 20,000시간
강정희 지음 | 296쪽 | 값 16,000원

교과서 밖에서 만나는 역사 교실 상식이 통하는 살아 있는 역사를 만나다

전봉준과 동학농민혁명
조광환 지음 | 336쪽 | 값 15,000원

남도의 기억을 걷다
노성태 지음 | 344쪽 | 값 14,000원

응답하라 한국사 1·2
김은석 지음 | 356쪽·368쪽 | 각권 값 15,000원

즐거운 국사수업 32강
김남선 지음 | 280쪽 | 값 11,000원

즐거운 세계사 수업
김은석 지음 | 328쪽 | 값 13,000원

강화도의 기억을 걷다
최보길 지음 | 276쪽 | 값 14,000원

광주의 기억을 걷다
노성태 지음 | 348쪽 | 값 15,000원

선생님도 궁금해하는 한국사의 비밀 20가지
김은석 지음 | 312쪽 | 값 15,000원

걸림돌
키르스텐 세룹-빌펠트 지음 | 문봉애 옮김
248쪽 | 값 13,000원

역사수업을 부탁해
열 사람의 한 걸음 지음 | 388쪽 | 값 18,000원

진실과 거짓, 인물 한국사
하성환 지음 | 400쪽 | 값 18,000원

우리 역사에서 사라진 근현대 인물 한국사
하성환 지음 | 296쪽 | 값 18,000원

꼬물꼬물 거꾸로 역사수업
역모자들 지음 | 436쪽 | 값 23,000원

즐거운 동아시아사 수업
김은석 지음 | 240쪽 | 값 15,000원

노성태, 역사의 길을 걷다
노성태 지음 | 324쪽 | 값 17,000원

교과서 밖에서 배우는 역사 공부
정은교 지음 | 292쪽 | 값 14,000원

팔만대장경도 모르면 빨래판이다
전병철 지음 | 360쪽 | 값 16,000원

빨래판도 잘 보면 팔만대장경이다
전병철 지음 | 360쪽 | 값 16,000원

영화는 역사다
강성률 지음 | 288쪽 | 값 13,000원

친일 영화의 해부학
강성률 지음 | 264쪽 | 값 15,000원

한국 고대사의 비밀
김은석 지음 | 304쪽 | 값 13,000원

조선족 근현대 교육사
정미량 지음 | 320쪽 | 값 15,000원

다시 읽는 조선근대 교육의 사상과 운동
윤건차 지음 | 이명실·심성보 옮김 | 516쪽 | 값 25,000원

음악과 함께 떠나는 세계의 혁명 이야기
조광환 지음 | 292쪽 | 값 15,000원

논쟁으로 보는 일본 근대 교육의 역사
이명실 지음 | 324쪽 | 값 17,000원

다시, 독립의 기억을 걷다
노성태 지음 | 320쪽 | 값 16,000원

한국사 리뷰
김은석 지음 | 244쪽 | 값 15,000원

경남의 기억을 걷다
류형진 외 지음 | 564쪽 | 값 28,000원

어제와 오늘이 만나는 교실 학생과 교사의 역사수업 에세이
정진경 외 지음 | 328쪽 | 값 17,000원

더불어 사는 정의로운 세상을 여는 인문사회과학 사람의 존엄과 평등의 가치를 배운다

밥상혁명
강양구·강이현 지음 | 298쪽 | 값 13,800원

도덕 교과서 무엇이 문제인가?
김대용 지음 | 272쪽 | 값 14,000원

자율주의와 진보교육
조엘 스프링 지음 | 심성보 옮김 | 320쪽 | 값 15,000원

민주화 이후의 공동체 교육
심성보 지음 | 392쪽 | 값 15,000원
2009 문화체육관광부 우수학술도서

갈등을 넘어 협력 사회로
이창언·오수길·유문종·신윤관 지음
280쪽 | 값 15,000원

동양사상과 마음교육
정재걸 외 지음 | 356쪽 | 값 16,000원
2015 세종도서 학술부문

교과서 밖에서 배우는 철학 공부
정은교 지음 | 280쪽 | 값 14,000원

교과서 밖에서 배우는 사회 공부
정은교 지음 | 304쪽 | 값 15,000원

교과서 밖에서 배우는 윤리 공부
정은교 지음 | 292쪽 | 값 15,000원

한글 혁명
김슬옹 지음 | 388쪽 | 값 18,000원

우리 안의 미래교육
정재걸 지음 | 484쪽 | 값 25,000원

왜 그는 한국으로 돌아왔는가?
황선준 지음 | 364쪽 | 값 17,000원
2019 세종도서 교양부문

공간, 문화, 정치의 생태학
현광일 지음 | 232쪽 | 값 15,000원

인공지능 시대의 사회학적 상상력
홍승표 지음 | 260쪽 | 값 15,000원

동양사상과 인간 그리고 사회
이현지 지음 | 418쪽 | 값 21,000원

장자와 탈현대
정재걸 외 지음 | 424쪽 | 값 21,000원

놀자선생의 놀이인문학
진용근 지음 | 380쪽 | 값 185,000원

좌우지간 인권이다
안경환 지음 | 288쪽 | 값 13,000원

민주시민교육
심성보 지음 | 544쪽 | 값 25,000원

민주시민을 위한 도덕교육
심성보 지음 | 500쪽 | 값 25,000원
2015 세종도서 학술부문

교과서 밖에서 배우는 인문학 공부
정은교 지음 | 280쪽 | 값 13,000원

오래된 미래교육
정재걸 지음 | 392쪽 | 값 18,000원

대한민국 의료혁명
전국보건의료산업노동조합 엮음 | 548쪽 | 값 25,000원

교과서 밖에서 배우는 고전 공부
정은교 지음 | 288쪽 | 값 14,000원

전체 안의 전체 사고 속의 사고
김우창의 인문학을 읽다
현광일 지음 | 320쪽 | 값 15,000원

카스트로, 종교를 말하다
피델 카스트로·프레이 베토 대담 | 조세종 옮김
420쪽 | 값 21,000원

일제강점기 한국철학
이태우 지음 | 448쪽 | 값 25,000원

한국 교육 제4의 길을 찾다
이길상 지음 | 400쪽 | 값 21,000원
2019 세종도서 학술부문

마을교육공동체 생태적 의미와 실천
김용련 지음 | 256쪽 | 값 15,000원

교육과정에서 왜 지식이 중요한가
심성보 지음 | 440쪽 | 값 23,000원

식물에게서 교육을 배우다
이차영 지음 | 260쪽 | 값 15,000원

왜 전태일인가
송필경 지음 | 236쪽 | 값 17,000원

한국 세계시민교육이 나아갈 길을 묻다
유네스코태평양 국제이해교육원 지음 | 260쪽 | 값 18,000원

평화샘 프로젝트 매뉴얼 시리즈 학교폭력에 대한 근본적인 예방과 대책을 찾는다

학교폭력 어떻게 만들어지는가
문재현 외 지음 | 300쪽 | 값 14,000원

학교폭력, 멈춰!
문재현 외 지음 | 348쪽 | 값 15,000원

왕따, 이렇게 해결할 수 있다
문재현 외 지음 | 236쪽 | 값 12,000원

젊은 부모를 위한 백만 년의 육아 슬기
문재현 지음 | 248쪽 | 값 13,000원

우리는 마을에 산다
유양우·신동명·김수동·문재현 지음
312쪽 | 값 15,000원

누가, 학교폭력 해결을 가로막는가?
문재현 외 지음 | 312쪽 | 값 15,000원

아이들을 살리는 동네
문재현·신동명·김수동 지음 | 204쪽 | 값 10,000원

평화! 행복한 학교의 시작
문재현 외 지음 | 252쪽 | 값 12,000원

마을에 배움의 길이 있다
문재현 지음 | 208쪽 | 값 10,000원

별자리, 인류의 이야기 주머니
문재현·문한뫼 지음 | 444쪽 | 값 20,000원

동생아, 우리 뭐 하고 놀까?
문재현 외 지음 | 280쪽 | 값 15,000원

코로나 19가 앞당긴 미래,
마을에서 찾는 배움길
문재현 외 지음 | 308쪽 | 값 16,000원

남북이 하나 되는 두물머리 평화교육 분단 극복을 위한 치열한 배움과 실천을 만나다

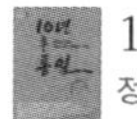
10년 후 통일
정동영·지승호 지음 | 328쪽 | 값 15,000원

분단시대의 통일교육
성래운 지음 | 428쪽 | 값 18,000원

한반도 평화교육 어떻게 할 것인가
이기범 외 지음 | 252쪽 | 값 15,000원

선생님, 통일이 뭐예요?
정경호 지음 | 252쪽 | 값 13,000원

김창환 교수의 DMZ 지리 이야기
김창환 지음 | 264쪽 | 값 15,000원

포괄적 평화교육
베티 리어든 지음 | 강순원 옮김 | 252쪽 | 값 17,000원

창의적인 협력 수업을 지향하는 삶이 있는 국어 교실 우리말 글을 배우며 세상을 배운다

중학교 국어 수업 어떻게 할 것인가?
김미경 지음 | 340쪽 | 값 15,000원

토닥토닥 토론해요
명혜정·이명선·조선미 엮음 | 288쪽 | 값 15,000원

어린이와 시
오인태 지음 | 192쪽 | 값 12,000원

언어던
정은균 지음 | 268쪽 | 값 15,000원
2019 세종도서 교양부문

감각의 갱신, 화장하는 인민
남북문학예술연구회 | 380쪽 | 값 19,000원

토론의 숲에서 나를 만나다
명혜정 엮음 | 312쪽 | 값 15,000원

인문학의 숲을 거니는 토론 수업
순천국어교사모임 엮음 | 308쪽 | 값 15,000원

수업, 슬로리딩과 함께
박경숙 외 지음 | 268쪽 | 값 15,000원

민촌 이기영 평전
이성렬 지음 | 508쪽 | 값 20,000원

참된 삶과 교육에 관한 생각 줍기